Peter Zürn

Japan zwischen Yen und Zen

Peter Zürn

Japan
zwischen Yen und Zen

– Vom Geist und Stil der Söhne der Samurai –

 **verlag moderne industrie**

CIP-Kurztitelaufnahme der Deutschen Bibliothek

Zürn, Peter:
Japan zwischen Yen und Zen : vom Geist u. Stil
d. Söhne d. Samurai / Peter Zürn. — Landsberg/
Lech : Verlag Moderne Industrie, 1987.
  ISBN 3-478-31440-2

© 1987 verlag moderne industrie AG & Co. Buchverlag, 8910 Landsberg/Lech
Schutzumschlag: Hendrik van Gemert
Satz: Fotosatz H. Buck, 8300 Kumhausen
Druck und Bindung: Spiegel, Ulm
Printed in Germany 310 440/587301
ISBN 3-478-31440-2

Inhaltsverzeichnis

Vorwort

In der japanischen Öffentlichkeit wird nicht bezweifelt, daß der Sinn unternehmerischen Handelns im Dienste am Menschen liegt. Als Unternehmenserfolg gelten dort sowohl die finanziellen als auch die sozialen Resultate, letztere in Form von guten Einkommen, verläßlichen Produkten und Beiträgen zum Gemeinwohl. Da in Unternehmen Menschen mit anderen Menschen auch für die Bedürfnisse dritter Menschen wirken, kann das wirtschaftliche Geschehen nur vor dem Hintergrund des jeweiligen soziokulturellen Umfeldes erklärt werden. So wie griechisch-römisches und christliches Gedankengut in den Handlungen der nordatlantischen Völker fortlebt – auch wenn es explizit nur noch kleinen esoterischen Kreisen geläufig ist –, so läßt sich Japan nicht ohne die Quellen des Shintoismus, der Morallehre des Konfuzianismus und dem Buddhismus insbesondere in seiner meditativen Ausprägung des Zen verstehen. Letztere ermutigt jedoch keinesfalls zur Passivität, sondern mißt der Aktion hohen Wert zu. Eisai, der Vater des Zen im mittelalterlichen Japan, stellte seine Lehre als förderlich für die allgemeine Wohlfahrt und die nationale Sicherheit dar. Es waren Zen-Mönche, die in den Tempelschulen (tera-koya) das Volk allgemeine Bildung lehrten, eine Tradition, die im 18. Jahrhundert von den Samurais zu einem relativ hohen Erziehungsstand der japanischen Nation weitergeführt wurde. Stille und Sammlung gerinnen im Zen zur Konzentration, aus der die Kraft zu sicherem Wirken wächst. Etwas vor Eisai hatte Hildegard von Bingen bereits geschrieben, daß die Kräfte der Seele gewaltiger als die des Körpers seien. Der Freisetzung dieser Kräfte dient Zen. Der technologische und wirtschaftliche Erfolg Japans beruht keineswegs allein auf der Übernahme occidentalen technischen Wissens.
Nun sollten wir heute Japan seinen Yen nicht neiden; können wir europäischen Unternehmer uns aber seines Zen bemächtigen? Leider sind hier die kulturellen Klüfte noch tief. Die japanische Gesellschaft kennt im Grunde nur die Wärme und Wahrheit (honne) in der Gruppe sowie die unverbindliche kühle Höflichkeit (tatemae) außerhalb der eigenen Gruppe.

6

Das globale und wirtschaftliche Zusammenwachsen erfordert zur Vermeidung von internationalen Katastrophen derzeit Verständnis und Überbrücken von Pluralitäten. Ob wir in der Meditation des Zen einander näherrücken können? Unsere abendländische Stärke liegt im Zergliedern, im Argument, im konträr geführten Disput; die japanischen Menschen hingegen, sagt Edward T. Hall »synchronisieren ihr Atmen«. Wer je in Japan gearbeit und an der Findung von Entscheidungen teilgenommen hat, der weiß um das Finden des Konsensus im Schweigen am Schluß der Beratung.

Wir hoffen, daß Peter Zürn zur Aufklärung beiträgt, daß Yen und Zen in Japan sich nicht ausschließen, sondern beide dem menschlichen Wollen und Streben in einer modernen Welt entsprechen, die Spiritualität sucht. Da könnten wir uns anschließen.

Darmstadt, im Mai 1987   Dieter Schneidewind

Einleitung

Mit einem in jüngster Zeit häufiger gebrauchten Bild zu den Meeren dieser Welt läßt sich vereinfachend das Mittelmeer als das Meer der Vergangenheit, der Atlantik als das Meer der Gegenwart und der Pazifik als das Meer der Zukunft bezeichnen. Zwar haftet diesem Bild die christlich-abendländische Schau mit griechisch-römischem Geschichtsverständnis an, die sicher auch für die transatlantischen Verkehrsströme zu Wasser, zur Luft und in der drahtlosen Technologie sowie insbesondere auf dem Gebiet des menschlichen Geistes und seiner Wissenschaften gilt.

Wenn andererseits Japan als »das neue Reich der Mitte« apostrophiert wird, so kommt darin eine Schau zum Ausdruck, die zu Recht ihren Ausgangspunkt bei Japans kulturellem Mutterland China und dessen mehr als dreitausendjähriger Geschichte nimmt, die in der gepriesenen Tang-Periode vom 6. bis 9. Jahrhundert unserer Zeitrechnung einen nicht wieder erreichten Höhepunkt erlangt hatte – wirtschaftlich, kulturell und mit dem damals mächtigsten und technisch fortschrittlichsten System der Welt. In jene Zeit fiel auch ein reger Austausch von Wissen zwischen Japan und China, wo die Philosophie, Kunst und Kultur des Zen (chinesisch: chan)-Buddhismus in voller Blüte stand.

Wie sehr gerade dieses Gedankengut des Zen, seiner Philosophie und Ästhetik und ihrer praktischen Ausprägung und Einwirkung auf das japanische Lebensgefühl bestimmend und in gewisser Weise bis zum heutigen Tage maßgebend war und ist, dem will dieses Buch mit den folgenden Kapiteln »zwischen Yen und Zen« nachspüren. Daß dabei die Welt des Yen, der japanischen Währung und all' dessen, was sie an materiellen Werten und Gegenständen symbolisch auch ganz konkret verkörpert, nicht vernachlässigt wird, dafür stehen nach der geschichtlichen, soziologischen und anthropologischen Grundlegung die speziell der Wirtschaft und ihrer stürmischen Entwicklung gewidmeten Kapitel.

Aber wie der Mensch nicht vom Brot alleine lebt, noch durch

oder für geldwerte Leistung allein, so werden auch Geschichte und Gegenwart eines Volkes nicht nur von seinen territorialen oder zivilisatorischen Erfolgen bedingt, sondern vom Geist, der seine Entwicklung durchdringt und bestimmt. Ausdruck findet dieser Geist ursprünglich in den Systemen und Strömungen von Religion und Philosophie – in Japan vor allem im Shintoismus, Konfuzianismus und Zen-Buddhismus. Mit seiner weniger transzendentalen als viel mehr ganz konkret-realen und auch auf die diesseitigen Lebensverhältnisse im Alltag und ihre Bewältigung bezogenen Lehre und Praxis hat Zen wohl in der Formung und Gestaltung japanischen Wesens eine ganz besondere Rolle gespielt. Mit den Worten von Lies Groening: »Zen hat durch Jahrhunderte das Wesen des japanischen Volkes in der Erweiterung seines Bewußtseins geprägt. Es hat das Bewußtsein des einzelnen in die Tiefe seiner eigenen Natur geführt – in eine Tiefe, die weit über die Grenzen einer intellektuellen, rationalen Erweiterung des Bewußtseins durch Wissenschaft und Technik hinausgeht. Die Disziplinen des Zen, bis zum heutigen Tage lebendig, sind Wegweiser in die eigene Natur, sind Bildungswege in das eigene Bewußtsein.«

Dazu kommt noch, daß Zen die anerkannte und eindeutige Grundlage darstellte für den Ehrenkodex des »Bushi-Do« der kriegerischen Samurai, die über ein Jahrtausend lang unstrittig die oberste Klasse der japanischen Gesellschaft darstellten. Auch darüber wird noch ausführlicher zu berichten sein, doch gilt es von vornherein festzuhalten, daß – auch nach Meinung anderer Autoren, wie zum Beispiel E.T und M.R. Hall – der Geist der alten Samurai-Krieger nach wie vor lebendig ist. Mit seinem Zen-Kern gehört er seinerseits zur japanischen Kernkultur, was vor dem Hintergrund der überwältigenden Wirtschaftserfolge gerne übersehen wird. Diesen Zusammenhang aufzuzeigen, soll eigentliches Anliegen dieses Buches sein. Bewußt stellt es sich damit in die Reihe derer, die sich bei der Suche nach den Gründen für die zunehmende Wettbewerbsfähigkeit und technologische Überlegenheit der japanischen Wirtschaft auf Aspekte der geistigen Welt der Japaner und ihrer Mentalität konzentrieren – einer Welt also, die trotz des heute auch in Nippon weit verbreiteten westlichen Lebensstils gekennzeichnet ist durch die Wahrung überlieferter östlicher Tradition, wie sie insbesondere im Zen seit Jahrhunderten ununterbrochen lebendig geblieben ist und weiterlebt.

Ob aus dem besseren Verständnis für Japan und die Japaner samt ihrer eindrücklichen Erfolge im weltwirtschaftlichen Geschehen schließlich auch noch eine Nutzanwendung zu ziehen sein wird im Sinne von Vorbild oder Beispiel auch für westliche und insbesondere deutsche Lebensgestaltung und Unternehmensführung, das muß und möge einer Schlußfolgerung am Ende der Ausführungen vorbehalten sein, wozu der interessierte Leser dann auch seinen eigenen Standpunkt zu finden und mit einzubringen aufgerufen sein wird.

1. Grundlagen und Grundzüge

1.1 Geographie und Geschichte

Der Inselstaat Japan mit seinen vier Hauptinseln (Honshu, Shiko-ku, Kyushu und Hokkaido) und mehr als viertausend kleineren Inseln liegt gleich der Sichel des zunehmenden Mondes vor der Ostküste Asiens: mit Fukuoka an der Südspitze unweit vom kore-anischen Festland und mit Sapporo im Norden nahe an den russi-schen Kurilen-Inseln, deren Status seit dem Ende des Zweiten Weltkrieges umstritten bleibt.

Die aufgehende Sonne, der das Land seinen poetischen Namen und das Symbol seiner Nationalflagge verdankt, grüßt Nippon auf der dem pazifischen Ozean zugewandten, offenen Seite, auch Sonnen-Seite genannt. Kein Wunder, daß sich dort auf einem schmalen Küstenstreifen zwischen Tokio und Osaka zwei Drittel der Bevölkerung von 120 Millionen drängen, die Japan immerhin an siebter Stelle der volkreichsten Länder dieser Erde rangieren läßt (hinter China, Indien, der UdSSR, den USA, Indonesien und Brasilien). Wenn man dazu weiß, daß fast 70 % der 378.000 Qua-dratkilometer großen Inseln (etwa 1/25 der USA, 1/5 von Indone-sien und ähnlich groß wie Malaysia) unzugängliches Waldland und Gebirge darstellen, dann bekommt man eine noch deutlichere Vorstellung von der drangvollen Bevölkerungsdichte, die im Großraum der Hauptstadt Tokio mit seinen 12 Millionen Einwoh-nern fast 12.000 auf den Quadratkilometer erreicht, gefolgt von fast 10.000 im Gebiet des Handelszentrums von Osaka und 9.000 in Kyoto, der alten Universitäts- und Tempel-Stadt. Demgegen-über wirkt die Präfektur Hokkaido mit ihren 71 Einwohnern pro Quadratkilometer menschenleer und unterbevölkert, wie über-haupt der Norden und Westen als die der Japan-See zugewandte Schatten-Seite von Nippons Inselreich auch im allgemeinen Be-wußtsein der Bevölkerung und der zivilisatorischen Entwicklung eher ein Schattendasein führt.

Seit der Sturm vor Japans Küsten 1274 und 1281 gleich zwei-mal seinerzeit die Invasions-Flotten der Mongolen zerstörte, bleibt er zwar als »Götterwind« (Kamikaze) in der verehrenden Erinnerung, bringt aber gleichermaßen immer neu verheerende Wirkung in Form von Taifunen und Wirbelstürmen über das Land, dem der Reis nach wie vor wichtigstes Grundnahrungsmittel ist, der neben dem grünen Tee Tischgewohnheit und landwirtschaftliche Anbauflächen dominiert. Staatlich subventionierte Festpreise sorgen allerdings nicht nur für politisch zu Wahlzeiten hilfreiche Privilegien der Landbevölkerung, sondern auch für »Reisberge«, deren Unvernünftigkeit in der Überproduktion denen der europäischen Gebirgslandschaft aus Butter und Schweinefleisch Konkurrenz macht.

Die zweite latente Bedrohung seitens der Natur – mit der die Japaner vielleicht enger zu leben gelernt haben als andere Völker – kommt von der pazifischen Erdbebenzone, die Japan zu einer der seismologisch sensibelsten und aktivsten Gegenden der Welt gemacht hat. Das große Kanto-Erdbeben von 1923 mit einer Stärke von 7,9 hat weite Landstriche einschließlich Tokio verwüstet und ist mit seinen Tausenden von Toten noch schreckhaft in der Erinnerung älterer Einwohner geblieben. Als positive Seite des vulkanischen Ursprungs genießen Japaner und ihre Besucher die zahllosen heißen Quellen insbesondere in ländlichen Gegenden, die der Gesundheit und dem Zusammenleben dienen und ihre geschätzte Fortsetzung im heimischen »Ofuro« gefunden haben, den man nur nach gründlicher vorausgehender Reinigung besteigt, da das gleiche heiße Wasser für mehrere Badegäste nacheinander und oft für mehrere Tage lang im hölzernen Bottich bleibt.

Auch der Anblick des schneekekrönten National-Berges, des 3.800 Meter hohen Fuji mit seiner fast perfekten konischen Vulkanform erinnert an die vulkanischen Ursprünge, wobei der Fujisan selbst seit seinem letzten größeren Ausbruch im Jahre 1707 erloschen scheint und heute Alpinisten, Naturfreunden, Malern und Dichtern gleichermaßen als Ziel und Symbol dient.

Die Gefahr der Erschütterung durch Erdbeben teilt Tokio mit dem berühmt berüchtigten San Andreas Graben zwischen San Francisco und Los Angeles auf der anderen Seite des Pazifik, die auch im Osten die nächstgelegenen westlichen Städte (8.700 km entfernt) sind – von dem dazwischen gelegenen Honolulu auf der Urlaubsinsel Hawai einmal abgesehen. Die nächsten größeren Nachbarstädte außerhalb Japans sind für Tokio Shanghai (1.750 km), Manila (3.000 km) und Singapur (5.300 km). Nimmt man auch das australische Sydney (mit 7.800 km) hinzu, so erhellt auch

14

aus dieser Entfernungstabelle die primär pazifische Dimension, die – schon vielfach angesprochen – für Japan vor anderen Orientierungen tatsächlich raum-bestimmend erscheint.

Mag auch vor zehn- oder zwanzigtausend Jahren Japan noch mit dem Festland verbunden gewesen sein, so ist doch die Entwicklung seiner nationalen Geschichte typisch die eines Insel-Reiches, das sich – rings von der natürlichen Grenze des Meeres umgeben und beschränkt – stärker nach innen und sui generis entfaltete, ohne dabei albionische Ambitionen auf die Weltmeere zu nähren.

Nach der Jomon-Zeit (8000 bis 300 v.Chr.) der Jäger und Fischer begann in der Yayoi-Zeit (300 v. bis 300 n.Chr.) der Reisanbau. Im sechsten Jahrhundert kam mit Buddhismus und Konfuzianismus das System der chinesischen Schriftzeichen über Korea nach Japan und übte einen grundlegenden geistigen, weltanschaulichen und kulturellen Einfluß aus, der noch heute maßgebend ist, wie zu zeigen sein wird. Das siebte Jahrhundert verstärkte noch den Austausch zwischen China und Japan, wo die Regierungsform der Tang-Dynastie als Vorbild diente. Mit der eigentlichen Machtergreifung der kaiserlichen Familie im achten Jahrhundert begann die Nara-Zeit, gefolgt von der Heian-Zeit (mit Sitz in Heian uns später Kyoto von 794 bis 1185).

Mit der Zeit des Shogunats, zunächst in Kamakura (1192 bis 1333) und später in Muromachi, einem Stadtteil von Kyoto (1338 bis 1573), begann der sagenumwobene Aufstieg der Samurai, die bis in das neunzehnte Jahrhundert hinein unbestritten die Herrschaft in Staat, Verwaltung und Wirtschaft ausübten. Nach der entscheidenden Schlacht von Sekighara im Jahre 1600 begann die Edo-Zeit mit der Herrschaft der Samurai-Shogune der Tokugawa in Edo, dem heutigen Tokio, mit der die definitive Abschottung Japans gegen alle ausländischen Beziehungen für über 200 Jahre einherging, die zugleich eine friedvolle und erfolgreiche Entwicklung im Inneren des Inselreiches ermöglichte.

Die selbstgewählte Zeit der Isolierung dauerte bis zum Jahre 1853, als der amerikanische Commodore Matthew C. Perry mit einer Flottille von vier Kriegsschiffen im Hafen von Tokio auftauchte und – mit einer Botschaft des U.S.-Präsidenten Millard Fillmore – die Öffnung japanischer Häfen und die Aufnahme von Handelsbeziehungen zwischen Japan und den USA erzwang. Es folgten ebensolche Verträge mit Frankreich, Großbritannien, Rußland und den Niederlanden – und es folgte unfehlbar der Niedergang der traditionalistischen Tokugawa-Bakufu-Regierung. Mit der Meiji-Restauration (1868 bis 1911) wird die Macht der kaiserlichen Familie (Meiji) wiederhergestellt und der Einfluß der traditionsreichen Shogune oder kaiserlichen Feldherren beendet. Die Meiji-Verfassung von 1889 besiegelt die Öffnung Japans für den Westen, dessen Kultur, Zivilisation und vor allem Technik. Mit der Meiji-Reform werden Japans Uhren neu gestellt. Zwar richtet sich die offizielle Zeitrechnung immer noch nach der jeweiligen Regentschaft – und trägt damit beispielsweise 1986 die Jahreszahl 61 als einundsechzigstes Jahr der Showa-Zeit, die mit der Thronbesteigung Hirohitos, des heutigen »Tenno Heiko« (Sohn des Himmels) als 124. Kaiser von Japan im Dezember 1926 begann. Dennoch aber hat mit dem Jahre 1868 endgültig der Weg Japans in eine neue Zeit begonnen.

Nach und neben Amerikanern und Briten waren es dann vor allem Deutsche, die im Japan der Jahrhundertwende starken Einfluß nahmen. Verfassung und Rechtswesen, Medizin und Gesundheitsversorgung, Eisenbahn, Postverwaltung und Schulsystem spiegeln in besonderem Maße die Maßstäbe der artverwandten Freunde in konkret-vertrauter Fremde wider, ganz zu schweigen von kulturellen Bereichen wie Philosophie und Musik von Kant bis Heidegger und Bach und Beethoven bis Hindemith und Karl-Heinz Stockhausen, was unter anderem dazu führt, daß fast jeder Japaner von Bildung nach etwas abendlichem Sake-Genuß seine abendländische Kultur durch das Singen vom Heideröschen oder anderen deutschen Volksliedern zu intonieren vermag. Und daß die von japanischen Schülern heute noch allgemein getragenen Schuluniformen, die – versammelt um die entsprechenden Führer-Fähnchen – zu Besuchen und Besichtigungen vielerorts oft das Stadtbild bestimmen, preußischen Ursprungs sind, wissen auch nur wenige. Was es sonst noch an Gemeinsamkeiten gibt zwischen den Söhnen der Samurai und den Nachfahren von Preußens verblaßter Gloria wird sich im Laufe der späteren Kapitel sicher noch herausstellen.

Die jetzige japanische Verfassung datiert vom 3. Mai 1947 und

trägt unverkennbar die Handschrift der amerikanischen Sieger-
macht und ihres Demokratie-Verständnisses. Es ist wohl vor allem
der Klugheit des Generals McArthur zu danken, daß Kaiser Hiro-
hito nach dem unrühmlichen Ende der Entente der sogenannten
Achsenmächte mit Stuka und Kamikaze (wie sich nun die Todes-
flieger genannt hatten), wofür der Tenno in der bedingungslosen
Kapitulation vom 15. August 1945, nach den Atombomben von
Hiroshima und Nagasaki, die Verantwortung übernommen hatte,
nicht als Kriegsverbrecher angeklagt wurde. Vielmehr beließ man
ihm und dem Chrysanthementhron eine neue und staatstragende
Rolle der Integration und Kontinuität, die sich für Japans Selbstverständnis und seinen demokratischen Weg in die Neuzeit positiv
auswirkte.

Der 3. Mai ist damit als Staatsfeiertag − nach Hirohitos Geburtstag am 29. April, dem Tag der Arbeit am 1. Mai und vor dem
Tag der Knaben oder Kinder am 5. Mai − Teil der berühmten
»goldenen Woche« in Japan: so genannt wegen der unverhältnis-
mäßig vielen Feiertage, die angesichts eines Jahresurlaubs von
durchschnittlich nur 10 Tagen und zu Beginn auch noch des
Wonne-Monats Mai, der auch in Japan den Frühling der Kirschblüten, Lilien und Chrysanthemen einläutet, traditionell gern zu
Hochzeitsfeiern genutzt werden, denen man allenthalben in den
Hallen der großen Hotels begegnen kann. Dabei ist das Bild immer dasselbe: die Herren, ob jung oder alt, im klassischen schwarzen Anzug und die jüngeren Damen inzwischen schon manchmal
westlich-modisch. Bei den älteren Damen dominiert eine feierliche
Form des Seiden-Kimono, den auch die Braut meistens trägt. In
ihrem Falle handelt es sich immer um ein besonders erlesenes
Stück, das Tausende von Mark kostet und großer Kunstfertigkeit
im sachgerechten Anlegen bedarf. Da der Kimono meist nur für
den Hochzeitstag gefertigt und getragen wird, handelt es sich um
eine recht erhebliche Investition. Teuer kommen auch die Geschenke, die man nicht nur entgegennimmt, sondern den geladen-
en Gästen mit nach Hause gibt − was zu einem intensiven
Austausch entsprechend größerer Glanzpapier-Taschen führt, denen man in Japan allenthalben begegnet und die im Gegensatz zu
unseren Plastik-Tüten gediegen und geschmackvoll wirken.

1.2 Gesellschaft und Gemeinschaft

»Liebe deinen Nachbarn, deine Arbeit, dein Land« – so lautet ein aufschlußreiches japanisches Sprichwort. Daran mag auf Anhieb überraschen, daß nicht von der Familie die Rede ist, die in Japan noch weitgehend intakt ist: nur bei jedem 1.000sten Ehepaar kommt es zur Scheidung! Dazu muß man auch wissen, daß noch immer jede dritte Ehe durch einen »Vermittler« (nakodo) gestiftet wird, der heutzutage allerdings weniger professionell und gegen Bezahlung tätig wird, als vielmehr aufgrund von Beziehungen oder Freundschaft, oftmals aus dem beruflichen Umfeld des einen oder anderen Partners der späteren Ehe.

Mag die Frau gelegentlich auch heute noch der Tradition gemäß auf der Straße einen Schritt hinter dem Manne gehen oder in der Unterhaltung das Wort erst ergreifen, wenn sie direkt angesprochen wird, so sagt dies wenig über die tatsächlichen Machtverhältnisse zuhause aus. Dort nämlich ist die Ehefrau neben der Sorge für das Heim und die Kindererziehung meist auch für die Verwaltung und Verwahrung des Familieneinkommens verantwortlich. Jedenfalls ist es vollkommen üblich, daß der Ehemann dies bei ihr oder auf dem gemeinsamen Bankkonto abliefert – nach einem geringen Abzug für seine persönlichen Bedürfnisse. Zum Ausgang mit den Kollegen nach dem Büro verfügt er ohnehin meist über zusätzliche Spesen der Firma, die in gehobenen Positionen beträchtliche Größenordnungen ausmachen können.

Das Zusammenleben der Familie findet allermeist in sehr beengten räumlichen Verhältnissen statt, so daß nur noch selten die größere Familie von drei Generationen unter einem Dach zusammen anzutreffen ist (»nahe genug, um etwas Suppe hinüberzubringen, bevor sie abkühlt« – wie man auf japanisch sagt).

Vom Nachbarn aber und seiner Rücksicht – die man auch ihm entgegenbringt – ist man in der Enge des Zusammenlebens und der meist sehr leicht gebauten, hellhörigen Häuser wirklich abhängig. Interessant übrigens, daß noch heute Wohnviertel am Rande der Städte relativ planlos und einzelnen Bauvorhaben folgend entstehen, was oft zu evidenter Regellosigkeit und Unübersichtlichkeit führt. Diese folgt nicht nur dem Bau von Häusern und vielleicht vielfach erst verspätet angelegten Straßen und Gassen, sondern findet auch Ausdruck in der Numerierung der Häuser, die sich nach der Zeit ihrer Entstehung richtet und keinerlei erkennbare Logik oder Reihenfolge zeigt. Nicht nur der Fremde ist daher schlichtweg nicht in der Lage, ein Haus zu finden, von dem er nur die Nummer kennt: auch Einheimische und Taxifahrer richten sich nach den Bezirken und Stadtteilbezeichnungen, die vor der Straße und Hausnummer ausschlaggebend sind und die Orientierung wenigstens dem Eingeweihten erleichtern.

Nachbarschaftlich gute Beziehung und Verbindung war auch früher für das Zusammenleben der dörflichen Landbevölkerung von grundlegender Bedeutung: Naßreisanbau kann man nur in Gemeinschaft betreiben. Gemeinschaftlich beziehungsweise in der Gruppe spielt sich auch im wesentlichen heute die Arbeit und Zusammenarbeit in den Betrieben ab. Am Anfang steht ein meist ziemlich strenges und eingehendes Verfahren der Auswahl und Aufnahme, bei dem festgestellt werden soll, ob der potentielle Neuling grundsätzlich zur Firma und ihrer Philosophie passen wird – was mindestens so wichtig ist wie sein konkreter Wissensstand, der ohnehin bei Hochschulabsolventen (aus denen sich fast zur Hälfte der Nachwuchs größerer Firmen rekrutiert) mit einem gewissen Standard vorausgesetzt wird. Ist er dann erst einmal aufgenommen, dann gehört er von vornherein – und oft ein für allemal, das heißt »arbeits-lebens-länglich« – dazu. Er ist dann in erster Linie ein Mann von Sony, Matsushita oder Hitachi und wird auch hinfort in seinem Inneren ebenso wie im äußeren Leben die Fahne der Vater-Firma hochhalten, der er in Treue und Loyalität dient und die sich um ihn, sein Ein- und Fortkommen kümmert. Daran besteht nach wie vor keinerlei Zweifel, und der einzelne wird auch nichts tun, um übermäßig aufzufallen: er ist Mitglied der Firma und in ihr einer jeweiligen Arbeitsgruppe, die es zu nützen gilt und von der man Schutz und Stütze auch erhält. So wird die Arbeit immer im Rahmen und Namen der Gruppe ausgeführt und nicht als die einer einzelnen Person. Die Früchte der individuellen Leistung kommen stets der Gruppe als Ganzer zugute, wobei die Arbeitsteilung meist nicht sehr weitgeht, sondern in gewissem Rahmen bei Bedarf auch jeder die Arbeit eines anderen tun kann – was eine hohe horizontale Mobilität ebenso bewirkt wie die Mobilisierung der kollektiven Stärke durch größtmögliche Steigerung der potentiellen Fähigkeiten der einzelnen Mitglieder der Gruppe innerhalb deren Grenzen. Konkurrenz und Kampf gilt höchstens einer anderen Gruppe innerhalb oder außerhalb der Firma, wo sich dann das übergreifende Gesamtinteresse erst wieder in der Liebe zum Land − zu Japan − findet und spiegelt. Dort hat dann die Liebesfähigkeit auch allzumeist ihre individuellen Grenzen: Nicht von ungefähr sind Deregulierung, Liberalisierung und Internationalisierung ein bleibendes und Langzeit-Thema auch der dritten Regierung Nakasone nach dem überwältigenden Wahlsieg vom Juli 1986. Nicht von ungefähr auch werden Japan und seiner Wirtschaft nationalistische Tendenzen vorgeworfen. Jeder Japaner gehört in erster Linie zu seiner Gruppe − seiner Firma − seinem Land, und er empfindet dies als ganz normal und natürlich. Sicher hängt dies mit der Übernahme überkommener Strukturen und Traditionen zusammen, aus denen Japan auch noch heute selbstverständlich lebt, während das geteilte Deutschland nach dem Zweiten Weltkrieg wie mit einem Schlag von seiner Geschichte getrennt wurde (nach einem Wort von Golo Mann) und Wiederanschluß an die Welt und höhere politische Ideale bewußt erst in der Internationalität der Europäischen Gemeinschaft suchte und noch heute gewisse Probleme mit der eigenen nationalen Identität hat.

Während sich hierzulande Wirtschaft und Gesellschaft im Gefolge der freiheitlich-demokratisch-kapitalistischen Wertordnung der USA recht großzügig individualistisch − um nicht zu sagen egoistisch − entwickelten, wofür deshalb die Grenzen der sozialen Marktwirtschaft bemüht werden mußten, galt und gilt in Japan noch immer das bei uns zeitweise leider nationalsozialistisch korrumpierte: »Gemeinnutz geht vor Eigennutz«.

Geographie und Geschichte des jahrhundertelang in weltferner Abgeschiedenheit und selbstgewählter Isolierung lebenden Inselreiches Japan dagegen haben zu einer verhältnismäßig geschlossenen und teilweise sogar verschlossenen, homogenen und in sich gekehrten Gesellschaft geführt, in der die jeweilige Gruppe − die Familie, der Betrieb, das Unternehmen, das Vaterland − die Gemeinschaft also stets und überall mehr zählt als der einzelne. Zwar gibt es Konkurrenz auch unter Gruppen oder beispielsweise Firmen, und es gehört zum Stolz des einzelnen, zu einer Firma oder

Institution »erster Klasse« (ichi ryu) zu gehören, die sich als Spitzenunternehmen nicht ohne Arroganz von anderen Organisationen zweiter oder dritter Ranges (ni-ryu, san-ryu) unterscheidet. Diese Zugehörigkeit zu einer bestimmten Gruppe oder Institution ist für Japaner akut wichtiger als etwa der soziale Hintergrund eines Menschen, was sie zu »Gruppen-Egoisten« werden läßt. Wie weit dafür auch die geschichtlich-gesellschaftliche Erfahrung des feudalen Shogunats mit seinen über die Jahrhunderte maßgeblich kriegerischen Samurai von Bedeutung war, wird noch aufzuzeigen sein.

Vor dem heutigen Hintergrund der vom Westen übernommenen Wissens- und Technologie-Revolutionen läßt sich jedenfalls sagen, daß Japan die entsprechende Freiheits- und Gleichheits-Revolutionen nicht teilt. Der breite soziale und nationale Konsens, dem die schweigende Kommunikation noch immer als die höchste Stufe der Verständigung gilt, findet mit seinen nicht-individualistischen und wenig emanzipatorischen Zügen noch am ehesten Anklang in der Brüderlichkeit, dem dritten und heute oft vernachlässigten oder sozialistisch mißverstandenen oder mißbrauchten Ideal der französischen Revolution.

1.3 Schule und Beruf

Schon mit dem »Erziehungsplan« der Meiji-Regierung von 1872 war in Japan die Grundschul-Pflicht eingeführt, die mit dem amerikanisch verordneten »Erziehungsgrundgesetz« von 1947 auf neun Jahre ausgedehnt wurde. 95 % aller Japaner besuchen heute nach Grund- und Mittelschule (6 + 3 Jahre) zusätzlich für drei Jahre die Oberschule, was also insgesamt zwölf Jahre dauert und zu einem sehr beachtlichen Bildungsniveau geführt hat, das in anderen Zivilisationsstaaten kaum in solchem Umfang erreicht wird. Dafür mag mit ausschlaggebend sein, daß der Intelligenz-Quotient (I.Q.) mit 111 im Durchschnitt in Japan höher ist als im Westen, was sich auch in einem Anteil von 10 % der Bevölkerung mit einem I.Q. von über 130 – gegenüber nur 2 % Anteil im Westen und den USA – ausdrückt.

Während der Schulbesuch in Japan grundsätzlich kein Problem von Durchfallen oder Sitzenbleiben kennt, kündigt sich im – prüfungsabhängigen – Übergang zur Oberschule allerdings schon das an, was als »Examens- oder Prüfungs-Hölle« bekannt ist und vor allem für den späteren Zugang zur Universität und Hochschule gilt. Dort gibt es eine klare Hierarchie und entsprechend strenge Aufnahmeprüfungen, die schon den Oberschul-Unterricht mitbestimmen, der ihrer Vorbereitung dienen soll. Im Gegensatz also zu der egalitären und antihierarchischen Zielsetzung von Grund- und Mittelschule, wo wirklich Gleichheit der Bildungschancen herrscht, werden die Oberschulen unter dem eindeutigen Wettbewerbs-Gesichtspunkt ausgesucht, ob sie auch voraussichtlich zum Folge-Studium an der begehrten Universität führen werden.

Um diese Kluft zu überwinden und sich günstigere Ausgangspositionen für den künftigen Bildungserfolg zu erringen, werden 30 bis 40 % der Schüler in den letzten Mittelschul-Klassen zusätzlich auf eine der schätzungsweise 50.000 (!) privaten Paukschulen (»juku«) geschickt, wo zusätzlich prüfungsrelevantes Wissen teuer vermittelt wird. Daß diese »jukus« selbst in den Schulferien und an Sonn- und Feiertagen kaum Unterrichtsunterbrechungen gestatten, wird ebenso hingenommen wie die Tatsache, daß manche Schüler damit zeitähnlich dem berufstätigen Vater bis zu 14 Stunden am Tage für den Besuch von Schule und Paukschule außer Haus sind: der Streß der Prüfungshölle fordert frühe Opfer, nicht zuletzt auch aus dem Portemonaie der Eltern, die den teuren Zusatzunterricht bezahlen müssen. Ganz im Gegensatz zu den Gemeinschaftsidealen und der gesellschaftlichen Konsens-Orientierung herrscht gerade in Japan ein härterer Konkurrenzkampf in der Schule als in vielen anderen Gesellschaften, vergleichbar am ehesten noch dem napoleonischen System der »Grandes Ecoles« in Frankreich oder den britischen Elite-Schulen.

Seine schärfste Ausprägung bekommt dieser Kampf in Japan in den Zulassungsprüfungen der renommierten Universitäten, die sich eine entsprechend drastische Auswahl leisten können. An der Spitze allgemeiner Anerkennung stehen die kaiserlichen Universitäten von Tokio (Todai, gegründet 1877, um den Führungsnachwuchs für den Staatsdienst heranzubilden) und Kyoto (1897), dicht gefolgt von privaten Trägern, wie etwa der katholischen Sophia-Universität in Tokio. Insgesamt gibt es 95 nationale Universitäten sowie 34 solche von Städten oder Präfekturen, wie zum Beispiel der Stadt Osaka. Der privaten Universitäten sind nicht weniger als 450 an der Zahl, angeführt an der Spitze von dem »Dreigestirn« der Waseda-, Keio und Hitotsubashi-Universität in Tokio, wobei lediglich letztere auch auf dem besonderen Feld der Wirtschaftswissenschaften einen der Ausbildung an europäischen oder amerikanischen »business schools« vergleichbaren Abschluß kennt.

Mit der besonderen Problematik von »Heimkehrer-Kindern« solcher japanischer Eltern, die jahrelang im Auslandseinsatz waren, versucht es die vor einigen Jahren erst gegründete Gakugei Daigaku – staatliche pädagogische Hochschule und Universität in Tokio aufzunehmen, für die auch besondere (einfachere) Aufnahmebedingungen gelten, um die jungen »Exil-Japaner« wieder in den heimischen Sprach- und Kulturraum einzugliedern.

Zwar ist jede Universitäts-Aufnahmeprüfung ein jedermann offenstehender, freier Wettbewerb, doch führt der Schwierigkeitsgrad dazu, daß die meisten Kandidaten sich nur durch entsprechende zusätzliche Vorbereitungen an privaten (und teuren!) Instituten (»yobikoo«) qualifizieren können. Nicht selten bewirbt man sich auch bei mehreren Hochschulen gleichzeitig, um wenigstens überhaupt zum Studium zugelassen zu werden, und sei es an einer der zahlreichen namenlosen Privathochschulen. Auf Anhieb schafft von den Erstbewerbern schätzungsweise ohnehin nur ein Drittel den begehrten Zugang zur höheren Bildung – die meisten versuchen es nach einem weiteren harten Jahr in der vorbereitenden »yobikoo« noch einmal und werden inzwischen vom Volksmund »ronin« genannt, wie früher die herrenlosen, vagabundierenden Samurai bezeichnet worden waren.

Hat man dagegen mit etwas Glück und viel Fleiß erst einmal den Eintritt zur gesuchten »alma mater« geschafft, dann hat man auch schon als Student seinen Herrn beziehungsweise seinen Platz in der Gesellschaft gefunden. Der in der Universität aufgenommene Student ist Mitglied einer Gruppe, die ihn nur noch nach den geltenden Regeln – mit dem entsprechenden Examen oder Diplom – entläßt. Der reguläre Abschluß nach vier Jahren ist nahezu jedem sicher, und der Antrieb zu besonderen Leistungen während des Studiums ist schwach und wird kaum honoriert – der Zugang war schwer und leidvoll genug! Dies führt auch dazu, daß sich unter den Absolventen bestimmter Universitäten – wie etwa der Todai – ein weiter wirkendes Zusammengehörigkeitsgefühl entwickelt, das auch bei der weiteren beruflichen Entwicklung hilfreich sein kann. Mit dem Diplom der Todai oder einer anderen führenden Universität hat der Absolvent keinerlei Problem der Berufswahl. Meist wird er schon vor Abschluß von einem führenden Unternehmen angesprochen und zu einer Auswahlprüfung eingeladen, die ihm nach der universitären Prüfungshölle als harmlos erscheinen wird. Allerdings verschieben sich die Gewichte hier doch ein wenig, denn neben Intelligenz und Sachwissen werden nun auch persönliche Eigenschaften gesucht, wie Teamfähigkeit und Gruppengeist, Rücksichtnahme und Anteilnahme, kurz die Integrationsbereitschaft in die künftige Gemeinschaft der Firma, in der sich normalerweise seine weitere berufliche Laufbahn ausschließlich entwickeln wird.

Über 40 % der Berufsanfänger sind heute Hochschulabsolventen, womit der Wirtschaft ein enormes Potential zur Verfügung steht und sich auch weniger die Frage eines »akademischen Proletariats« stellt, mit der wir uns in Deutschland bei mittlerweile 100.000 beschäftigungslosen Hochschulabsolventen beschäftigen. Die ca. 600.000 oder drei Viertel der 800.000 Prüflinge, die derzeit in Japan jährlich die Aufnahmeprüfung an eine Universität schaffen, haben damit gleichzeitig auch definitiv das begehrte Sprungbrett geschafft für die spätere berufliche Karriere, denn eine Universität zu besuchen – und eine möglichst gute dazu – gilt als wichtigste Voraussetzung für sozialen Aufstieg. Dafür also sind die drei oder vier in der Jugend investierten Jahre von unschätzbarem Vorteil, weshalb sie auch meist ebenso bereitwillig geopfert werden wie die Ersparnisse der Eltern. Welch bedeutende Rolle sodann der Rang der Universität spielt, an der jemand seinen Studienabschluß gemacht hat, darauf wurde bereits hingewiesen, und man kann sagen, daß die ranghöchsten Unternehmen in Industrie und Handel Bewerbungen überhaupt nur noch von Absolventen der ebenfalls ranghöchsten Universitäten entgegennehmen. Hier ergeben sich – bei allen Demokratisierungsbemühungen – doch Ansätze für ein wieder fast feudales, »geschlossenes System«, in dem der Rang der Universität auch den Zugang zu beruflichem Erfolg und sozialem Aufstieg von vornherein weitgehend determiniert.

Beachtlich ist auch, wie rasch sich die Jugendlichen nach der gewissen Muse und persönlichen Freiheit, die ihnen das Universitätsstudium gönnte, wieder an Zeitzwang, Form und Formalität der jeweiligen Betriebe gewöhnen. Während an der Hochschule eine gewisse Lässigkeit herrscht, die sich auch in Japan äußerlich in Bluejeans und Turnschuhen dokumentiert, gewinnen nach dem jeweiligen 1. April, dem allgemein üblichen Einstellungsdatum für den Nachwuchs, wieder die einheitlich dunklen Anzüge mit blütenweißem Hemd die Oberhand und sind im Gruppenbild der jeweiligen Stadtbezirke zur Morgen- und Abend-Stunde unübersehbar. Für den interessierten Blick des Ausländers drängt sich dabei das Bild der Uniform wieder auf, die er von den Schülern kennengelernt hatte und die hier fast eine uniforme Fortsetzung finden. Später wird der eine oder andere dann im Großraumbüro seiner Firma auch deren Firmen-Kleidung tragen, was nicht nur für Sektretariat und Nachwuchs gilt, sondern beispielhaft vom Management geteilt und vorgelebt wird. So kann es dem Besucher durchaus passieren, daß der Personalchef zur Verabredung, zu der er sich übrigens auf die Minute pünktlich im Empfangszimmer einfindet, ebenfalls die uniforme Firmen-Jacke trägt, die an die Zeit deutscher Bürokleidung in den »Kontoren« mit Ärmel-Schonern zurückerinnert.

Auch solche »Uniformität« steht unter dem Zeichen der Zugehörigkeit zur Gruppe, zur Gemeinschaft, die sich auch so dokumentiert. So stehen denn die ersten Wochen der Einarbeitung oder Ausbildung in einer Firma nach dem berühmten 1. April jeweils stets unter der Überschrift des Firmengeistes, auf den es sich vorbehaltlos einzulassen, einzuleben und innerlich einzuschwören gilt – dem das gesamte Tun und Lassen künftig ein- und unterzuordnen ist. Interessant sind in diesem Zusammenhang auch die bekannten Beispiele von Firmen – von denen weiter unten noch ausführlich berichtet wird – , die ihre Neuankömmlinge zunächst einmal für eine Zeit von Tagen oder Wochen in die für ihre Disziplin bekannten Zen-Tempel schicken, wo mit einem strikt geregelten Tagesablauf und mit der Übernahme praktischer Arbeit (sa-mu) ebenso wie mit der schweigend geübten Meditation im Sitzen (Za-Zen) gemeinsam mit den Zen-Mönchen ein zusätzlicher Grund an geistiger Stärkung und Disziplin gelegt wird, der oft für das weitere Leben anhält.

Nach der Verfassung, vor dem Gesetz und in der Zulassungsprüfung von Hochschule und Betrieb sind auch in Japan Mann und Frau gleichberechtigt – und bei den Oberschülern und Studenten überwiegt teilweise schon der weibliche Anteil. Aber selbst mit dem Examen einer so angesehenen Hochschule wie etwa der Todai von Tokio haben es die Absolventinnen dieser Tage noch schwer, eine angemessene Anstellung zu finden. Eine Ausnahme gilt nur für den Bereich der Grundschule, wo fast zu 60 % Lehrerinnen tätig sind. Ansonsten ist die japanische Geschäftswelt traditionell eine Männerwelt – und eine Änderung darin ist nicht abzusehen. Frauen kommen darin nur befristet vor – als meist jüngere Mädchen in Service und Sekretariat, wo sie ganz überwiegend nur bis zur ersehnten Heirat arbeiten. Bei der noch immer vielfach gebräuchlichen Art der Heiratsvermittlung sind die Büros der angesehenen Firmen nebenbei ein beliebter Platz der Brautschau, wo relativ rascher Erfolg garantiert ist. Dafür stehen auch die strengen Bräuche bei Einstellung und Ausbildung, die von den jungen Damen ein hohes Maß an Dienstbereitschaft, Umgangsform und feiner Art in Sprache und Ausdruck bis hin zur Kleidung verlangen, wie es früher in der Geisha-Schulung Brauch gewesen sein mag. Auch dort überwogen hoher Anspruch und ästhetische Gewandtheit wie kunstvolle Gewandung bei weitem den Inhalt dargebotener Dienstleistung, die entsprechend respektvoll gewürdigt wurde. Spuren davon meint man heute noch bei den modellhaft-attraktiven Mädchen etwa im feinen Kaufhaus Mitsukoshi zu bemerken, wenn sie mit grazilem Gebrauch der blütenweiß behandschuhten Hand den altmodischen Aufzug in Bewegung setzen und den Weg weisen oder winken. Auch die Verbeugung an der Tür bei jeder Etage wirkt nicht gekünstelt, sondern kunstvoll gekonnt und hat etwas von bescheidenem Stolz, der – wie berichtet wird – oft schon nach sehr kurzer Zeit der Ausbildung und Arbeit Scharen durchaus anspruchsvoller »Bewerber« anzieht.

So wird es wohl noch eine Weile dauern bis zur Verwirklichung gesetzlich garantierter Emanzipation, für die im Land der Kirschblüten und Chrysanthemen weniger mit dem Ernst von Tinte oder Tusche als mit dem Charme der Fächer gefochten wird. »Frauenherzen wie der Frühlingshimmel sind gleichermaßen unbeständig« – sagt dazu ein gern zitiertes japanisches Sprichwort.

Wenn allerdings eine so renommierte Zeitschrift wie PHP-Intersect (gegründet 1946 von Konosuke Matsushita, dem Patriarchen des Elektro-Riesen, von dem noch getrennt berichtet wird) ihre Titelgeschichte im Mai 1986 dem veränderten Einkaufs-Verhalten der japanischen Frau widmet, dann ist dies vielleicht mehr als nur ein Symptom in Richtung auf mehr Gleichberechtigung. So wurde auch in den japanischen Massenmedien genüßlich die Geschichte der Verlobung des Judo-Champions Yamashita berichtet, der beim Einkauf von Hemden im Wako-Kaufhaus an der Ginza in Tokio der benachbarten Krawatten-Verkäuferin aufgefallen war. Von seinem Bestellzettel verschaffte sie sich die Adresse, schickte Fotos, und es kam zu Verabredungen und schließlich, anstatt eines geplanten England-Aufenthaltes, zur Verlobung!

1.4 Vertikale Gruppengesellschaft und Rangordnung

Gleichzeitig mit dem Buddhismus kam aus China auch der Konfuzianismus im sechsten Jahrhundert nach Japan, wo er seinen ursprünglich primären Gehalt einer elitären Morallehre (»Führung durch Sittlichkeit, Herrschaft durch Formgefühl«) für den edlen Menschen teilweise verlor zugunsten der Gestalt eines streng gegliederten Systems der nationalen, ja nationalistischen Gesellschaftsordnung mit der Treue zum Herrscher als zentraler Tugend. Im Gegensatz zum zivilen China stand Japan jahrhundertelang im Zeichen der Shogune unter Militärherrschaft, die in der Edo-Zeit der Tokugawa ihren Höhepunkte hatte.

Die Bevölkerung war in vier Klassen eingeteilt: an der Spitze standen die Krieger (Samurai), darunter die Bauern (etwa 80 % der Bevölkerung), dann die Handwerker und als unterster Stand schließlich der der Kaufleute und Händler. Mag auch das niedrige

Ansehen der Kaufleute zunächst überraschen, so ist es doch aus der Zeit und ihren Wertsetzungen heraus verständlich: wo Loyalität und Standes- und Ehrbegriffe das weitgehend ritualisierte Leben bestimmten, war der Umgang mit Geld einfach verachtenswert. Erst mit der Meiji-Restauration kam es zu einer gewissen Umwertung, in der sich Macht und Geld, Krieger und Kaufleute zusammenschlossen und die arbeitslos gewordenen Samurai vielfach selbst Handelsunternehmen gründeten. Eines aber ist geblieben: Japan ist in der Struktur seines Unbewußten noch immer eine kämpferische Nation, und viele Japaner führen ihre Geschäfte so, wie sie Krieg führen würden – was die Konkurrenz aus USA und Europa im Kampf um die Anteile am Weltmarkt nur zu deutlich zu spüren bekommt.

Das Leben in der feudalistischen Gesellschaft richtete sich weniger nach abstrakten Normen und Vorschriften als vielmehr nach Brauchtum und Sitte. Zu wissen, was man bei welcher Gelegenheit tun darf, zu tun hat und was nicht, das ist für das Zusammenleben in Japan und seine vielen bindenden, wenn auch scheinbar unverbindlichen Regeln und Bräuche absolut notwendig und selbstverständlich. Früher konnte es sogar über Leben und Tod entscheidend sein, als noch der geringste Samurai das sogar gesetzlich verbriefte Recht zum »Niederstechen und Beiseitewerfen« (kirisute gomen) gegenüber unbotmäßigen Städtern oder Bauern hatte. Kleidung und Benehmen waren wichtiger als Leistung oder Versagen.

Noch heute gibt es ein fein abgestuftes und nicht leicht von außen zu durchschauendes System von Hierarchie und Rang innerhalb der Gesellschaft und ihrer jeweiligen Gruppierungen, was Chie Nakane das »Prinzip der vertikalen Beziehung« nennt. Dieses vertikale Prinzip und die Ordnung nach Rangstufen sind für das japanische Leben und Zusammenleben bestimmend. Das Gefühl für Rangordnungen ist im japanischen Sozialverhalten tief verwurzelt und bestimmt auch den Zusammenhalt innerhalb einer jeweiligen Gruppe sowie den Kontakt nach außen. Zur Beschreibung eines Menschen, wie sie beispielsweise in einfachster Form per Visitenkarte stattfindet – deren Austausch im japanischen Geschäftsleben zu einem vitalen Ritual mit erheblicher sozialer Implikation zählt –, stehen soziale Stellung, Titel und Firma oder

Institution im Vordergrund, während individuelle Qualitäten, Kenntnisse, Hochschulabschluß und Beruf relativ unwichtig erscheinen. Es gehört übrigens zur Etikette, die ausgetauschte Visitenkarte nach den entsprechenden Verbeugungen sogleich sorgfältig zu lesen und dann das eigene Verhalten, die Form der Anrede etc. darauf einzurichten. Dies ist deshalb von Bedeutung, weil es Ausdrücke und Verhaltenweisen gibt, die dem Umgang mit Höherstehenden vorbehalten sind – und keinesfalls etwa einem Niedrigergestellten gegenüber benutzt werden dürfen.

Grundsätzlich gilt – auch innerhalb der Firmen – eine Rangordnung der Seniorität, die mit dem Lebensalter, der Zugehörigkeit, der Prüfungszeit, dem Einstellungsdatum etc. zusammenhängt und wenig Raum läßt für die Anerkennung persönlicher Verdienste – die ja dem unbedeutenden Individuum zugute kämen und nicht der allein selig machenden Gruppe.

Aber wie gesagt, innerhalb derselben gibt es klare Rangstufen, und so setzt sich die Welt eines Japaners eindeutig aus dreierlei Kategorien zusammen: »Sempai« (Ranghöhere), »kohai« (Rangniedrigere) und »doryo« (Kollegen). Die einmal eingeführte Rangordnung, die noch stärker auf der innerhalb derselben Gruppe verbrachten Dienstzeit als auf dem Lebensalter basiert, bleibt allzumeist ein für allemal erhalten. So bleibt beispielsweise der verehrte akademische Lehrer ein »sensei«, auch wenn der Schüler später längst selbst Professor geworden ist. Andererseits macht es die Rangordnung in Firma oder öffentlicher Diskussion dem »kohai« fast unmöglich, einem »sempai« zu widersprechen – womit oft Widerspruch oder überhaupt freie, unabhängige Meinungsäußerung fast ausgeschlossen ist. Der Prozeß der Meinungsbildung und gruppeninternen Kommunikation ist für unsere Begriffe oft recht langwierig und kompliziert, doch wiegt das im Konsens getroffene und dann auch von allen mitgetragene Ergebnis den dornenreichen und zeitraubenden Weg der Entstehung wieder auf.

Loyalität zur Gruppe und zum Ranghöheren und die daraus resultierende Konformität von Empfinden und Verhalten sind die Grundlagen der vertikalen Gruppengesellschaft, die in Japan nicht in Frage gestellt ist, auf die man sich immer verlassen kann – und die auch entsprechend allseitig respektiert wird. Es gilt vor allem, dem anderen sein Gesicht zu lassen – und das eigene zu behalten, was Solidarität und Geübtheit im Umgang miteinander gemäß der Spielregeln voraussetzt. Daß diese anders dimensioniert und strukturiert sind als in der westlichen Welt, hat Ruth Benedict in ihrem berühmt gewordenen Buch: »The Chrysanthemum and the Sword« erklärt. Danach gibt es für Japaner nicht das uns geläufige Prinzip der Schuld, die japanische Gesellschaft funktioniert vielmehr auf der Basis des Prinzips von Schande oder Scham – die man sich gegenseitig ersparen sollte. Das setzt natürlich ein starkes Scham- und Ehrgefühl voraus, das aber dem Japaner sozusagen im Blute liegt und noch heute von Kindesbeinen anerzogen wird. So äußert sich auch Macht in Japan anders und auf viel subtilere Weise als in Deutschland: Wer über wirkliche Macht verfügt, zeigt sie nicht. Die anderen aber wissen darum und verhalten sich entsprechend, so daß die Hochachtung, die jemandem entgegengebracht wird, als ein sicherer Gradmesser gelten kann für die tatsächliche Macht und Stellung, die er innehat. Dies gilt nicht nur in der Zweck-Welt der Wirtschaft, sondern ähnlich auch in der mehr zweckfreien Welt der traditionellen Künste wie etwa Nó, Kabuki, Ikebana oder der Teezeremonie, von der im Zusammenhang mit den Zen-Wegen noch ausführlich die Rede sein wird. Das Haupt der jeweiligen Schule (iemoto) steht an der Spitze der Organisation, und diese Position ist auch normalerweise erblich. Der »iemoto« genießt das höchste Prestige, künstlerisch und menschlich, und hat davon auch entsprechende wirtschaftliche Vorteile für seine Organisation. Im Laufe der Zeit geht eine Vielzahl vertikaler Verbindungslinien durch die jeweils direkte Meister-Schüler-Beziehung vom »iemoto« aus, wobei das System verlangt, daß jeder einzelne an einer einmal geschaffenen vertikalen Linie zwischen Lehrer und Schüler festhält. Man erkennt auch hier die weitreichenden Implikationen einer ehernen Regel japanischer Ethik, die da besagt: »Niemand kann zwei Herren dienen«.

Die Herren, denen man in Japan dient, sind als Meister, Lehrer oder Chef meist verhältnismäßig alt, insbesondere wenn es sich um die Präsidenten größerer Firmen handelt, wo das Senioritätsprinzip durch die Jahrzehnte schon genügend Zeit hatte, Wirkung zu zeigen. Das für ausländische Beobachter auffällige »Regime der alten Herren« hängt darüber hinaus sicher auch mit der Verehrung für Alter und Weisheit zusammen, die nach östlicher Auffassung eng zusammenhängen. Nun gibt es auch hierzulande noch den Respekt vor dem Alter, aber auch den neuen Kult der Jugendlichkeit – was in Japan in verantwortlicher Position undenkbar wäre. Wenn man noch einen Schritt weitergeht, dann kommt man in Japan zur traditionellen Ahnenverehrung, die aus dem Umfelde der staatstragenden Religion des Shintoismus stammt und sicherlich auch dazu beigetragen hat, daß die Inhaber der höheren Ränge von Verantwortung in Wirtschaft und Gesellschaft jeweils auch schon persönlich die entsprechenden Altersringe der Seniorität angesetzt haben – ohne die wenig geht. Einziger Fall von Trübnis und Trauer bleibt natürlich der, wo die innere Entwicklung des Amtsträgers nicht der Erwartung gemäß mit Alter und Funktion gewachsen ist. Glücklicherweise aber sind Fälle von »Peter-Prinzip« in diesem steten Pyramiden-Wachstum äußerst selten, und es gibt gegebenenfalls auch im Rahmen der Gruppen-Solidarität doch Möglichkeiten zu wohlwollender horizontaler Verschiebung oder sonst ehrenvoller Versetzung. Entlassung oder Trennung wären trotz Inkompetenz wegen des Gesichtsverlustes kaum denkbar – es sei denn in Richtung auf ein angesehenes Amt in Würde und mit Weile.

Es bleibt noch ein Phänomen zu erwähnen, das dem Ausländer in Japan angesichts meist drangvoller Enge in überfüllten öffentlichen Bahnen oder Bussen auffällt: wie rücksichtslos nämlich diese von Alt und Jung in den Bahnhöfen »gestürmt« werden, um einen der begehrten Sitzplätze zu ergattern – was in dieser Hemmungslosigkeit nur so verstanden werden kann, daß dort jeder eines jeden anonymer Konkurrent ist, ohne Rücksicht auf Rang und Gruppe seinesgleichen, die ihn sonst leitet.

Daß aber auch älteren Personen und Behinderten nur selten Platz angeboten wird, ist nicht nur mit Ruppigkeit zu erklären; es galt – und gilt zum Teil noch immer – als unhöflich, die Gebrechlichkeit eines anderen überhaupt wahrzunehmen, geschweige denn, ihn durch das Anbieten eines Sitzplatzes deshalb bloßzustellen. Hier hat sich zwar die Sitte in der öffentlichen Meinung etwas gewandelt, doch handelt man in solcher Situation noch immer am besten unauffällig und wie unabsichtlich, um dem anderen sein Gesicht zu lassen, dessen Nonkonformität in Alter oder Leid er zu verbergen sucht.

Von Konformität bis hin zur Unverständlichkeit zeugen auch in manchen Firmen oder Büros die sogenannten »Fensterplätze«, mit denen man Mitarbeiter versorgt, die erkennbar in der Leistung nicht mehr mithalten können – von denen man sich aber kaum guten Gewissens trennen kann. Also stellt man ihnen einen Schreibtisch ans Fenster und bestellt dazu ein paar Zeitschriften, um sie unauffällig beschäftigt zu halten. Daß dies in Einzelfällen genauso grausam sein kann wie eine Trennung oder Entlassung, die dann vielleicht gar nicht unbedingt als »Ausstoßung«, sondern Hilfe empfunden werden könnte, steht auf einem anderen Blatt und scheint zumindest in Einzelfällen mittlerweile auch schon praktiziert zu werden. Hauptsache, die Trennung geschieht dann unter dem Vorwand weniger ehrenrühriger Fürsorglichkeit – am besten verbunden mit einem anspruchsvollen Abschiedsfest –, dann braucht keiner das Gesicht zu verlieren.

1.5 Führung und Gruppenzugehörigkeit

Während im Abendland bis hinein in die Wirtschafts-Welt der Industriegesellschaft unserer Tage dem einzelnen, der individuellen Persönlichkeit und ihrer Entwicklung das oftmals durchaus egoistische Interesse gilt, bilden in Japan zwischenmenschliche Beziehungen die Achse, um die sich alles dreht. Nichts geht ohne Empfehlung, Beziehung, persönlichen Kontakt: niemand käme auf die Idee, sich per Brief, Telefon oder Besuch an jemanden zu wenden, den er nicht kennt oder bei dem er nicht von einem gemeinsamen Bekannten eingeführt würde, was die Anknüpfung von Geschäften zu einem komplizierten und langwierigen Vorgang machen kann.

Gelangt man in Europa zur eigenen Identität nur durch oft schmerzhafte Ablösungsprozesse von Eltern und Altersgenossen und die Bereitschaft zur Distanz gegenüber anderen, auch etwa Kollegen oder Mitarbeitern im Betrieb, so gewinnt man in Japan Identität gerade erst in der Zugehörigkeit und Identifikation mit der jeweiligen Gruppe, als die sich in der Arbeitswelt in erster Linie das Unternehmen darstellt, für das man arbeitet (und nicht: »... bei dem man beschäftigt ist«..., wie man hierzulande eher sagen würde). Jeder versteht sich in Japan in erster Linie als Mitglied einer Gruppe, in die er durch zwei- und wechselseitige Abhängigkeitsverhältnisse fest eingebunden ist. Er gewinnt daraus Sicherheit, Geborgenheit, Nestwärme, Stärke – bis hin zu einem Selbstwertgefühl, das paradoxerweise erst aus der »Zusammenheit« mit anderen entsteht.

Solche gruppenorientierte Zusammengehörigkeit steht auch im Mittelpunkt von Führung und Zusammenarbeit und zwar auch für die Beziehung zwischen Vorgesetzten und Mitarbeitern.

Nach den bereits erörterten dominanten Prinzipien von Vertikalität und Seniorität sind Führer und Vorgesetzte in Japan meist älter, was eine breitere Basis an allgemeiner Lebenserfahrung und spezieller Betriebskenntnis mit sich bringt. In die wirklich maßgeblichen oberen Positionen gelangt man in Japan üblicherweise erst in einem Alter, wo sich die normalen Mitarbeiter bereits auf die Pensionierung einstellen, die mit 55 bis 57 Jahren für unsere Begriffe früh einsetzt. Oftmals geht damit allerdings noch eine berufliche Karriere einher, wofür nicht selten ein Wechsel zwischen den oberen Rängen von Regierung und Verwaltung und Industrie stattfindet. Auch normale Mitarbeiter arbeiten nach der offiziellen Pensionierung oft noch weiter – sei es in der eigenen Firma an anderer Stelle (was mit einer in Kauf genommenen Reduzierung von Verantwortung und Bezügen einhergeht), sei es bei einer anderen Firma oder als Selbständiger, vielleicht auch nur in Teilzeit. Solche Weiterbeschäftigung ist vielfach auch aus materiellen Gründen nötig, da die frühe Pensionierung oft nur ein karges Auskommen garantiert. Die Präsidentschaft der alten Herren wird dagegen erst mit deren Tod beendet oder mit einem honorigen Übergang in die Position eines Aufsichtsrates, Beirates oder Beraters, die mit den wenig besagenden offiziellen Titeln oft noch eine starke inoffizielle Stellung an Macht, Rang und Anerkennung beinhalten kann.

Immer aber ist und bleibt auch der Führer Teil der Gruppenorganisation, die ihn trägt und prägt und ohne die er nichts gälte. Auch als herausragender Verantwortlicher hat er keine eigene, unabhängige Domäne, sondern hat in erster Linie für ein gutes Leistungsergebnis seiner Gruppe zu sorgen, das wiederum in hohem Grade abhängig ist von Stimmung und Atmosphäre im Zusammenwirken. Dafür gilt wirklich dem »Zusammen« die absolute Priorität, was so weit geht, daß zumindest in öffentlichen Diskussionen strittige Themen, individuelle Werturteile oder präzis-kritische und konträre Aussagen verpönt sind und möglichst vermieden werden – worauf der Chef konsensorientiert hinzuwirken hat. Die eigentliche Aufgabe des Vorgesetzten wird also weniger in einer sachlichen Problemlösung gesehen als vielmehr in der Herstellung und Aufrechterhaltung guter zwischenmenschlicher Beziehungen innerhalb der ihm anvertrauten Gruppe. Dazu gehört es insbesondere, einen ungestörten Kommunikationsfluß zu ermöglichen, dem beispielsweise Großraumbüros und häufige Tee- oder Kaffee-Gespräche dienen, die nicht etwa kritisiert, sondern wegen der gewünschten und stimulierenden Wirkung auch im Großraum eher ermutigt werden. Dabei wird allerdings in Kauf genommen, daß die Effizienz des Arbeitsvollzugs im Einzelfalle leiden kann – was durch die allseitige Bereitschaft zu zeitlich fast unbegrenztem Einsatz und erheblichen Überstunden innerhalb wie außerhalb des Büros ausgeglichen wird.

Gerade letztere sind nur unter diesem Aspekt der Gruppen-Kohärenz wirklich zu verstehen, denn dem einen oder anderen mag der fast obligate Besuch in Bars oder Restaurants nach Dienstschluß gelegentlich auch eher lästig werden, wenn noch dazu vielfach ein bis zwei Stunden Bahnfahrt von der Familie trennen. Doch wenn der Chef einlädt, kann sich kaum einer entziehen – und bei der verbreiteten Bereitschaft zur Opferung privater Interessen zählt die Stärkung der Gruppe und ihrer Stimmung mehr als das eigene Wohl, das unablöslich mit dem Wehe der Gemeinschaft verbunden ist.

In diesem Sinne wird gelegentlich auch die Mittagspause mit dem Stäbchen-Essen aus der Lunch-Box genutzt, das die Gruppe auch gerne einmal informell gemeinsam einnimmt, wenn der Vorgesetzte zur Teilnahme bereit ist. Trotz aller Rang- und Hierarchie-Bewußtheit und -Respektierung können dabei dann leichter auch etwas sensiblere Fragen besprochen werden, die bei offiziellen Meetings gemieden werden, und der Vorgesetzte selbst gewinnt einen noch besseren Eindruck vom emotionalen Zustand der Gruppe und ihren möglichen Problemen.

Andererseits darf und soll auch der Vorgesetzte durchaus

34

Schwächen haben, die bei solcher Gelegenheit evident werden können. Anders als bei uns ist dann die Reaktion der Gruppe oder einzelner nicht etwa Schadenfreude oder der hämische Versuch, den Chef nun zu übertrumpfen. Man ist im Gegenteil bereit, seine erkennbar gewordenen Schwächen auszugleichen und ihm gerade um so mehr Unterstützung zu bieten, um seine schwache Seite zu relativieren – wie man es im anderen Falle auch von ihm und den anderen Mitgliedern der Gruppe für einen selbst erwartet. Die emotionale Sicherheit, die aus der engen Beziehung zwischen Führer und Anhängerschaft resultiert, schafft Stärke und Schutz auch für die schwächeren Mitglieder der Gruppe und verstärkt deren Leistungspotential insgesamt.

Die Eignung zum Chef oder Führer hängt in der japanischen Gesellschaft und ihren Gruppierungen, auch den Betrieben und Unternehmen, in erster Linie von der Fähigkeit des Betreffenden ab, auf seine Leute einzugehen, sie zu verstehen und für sich zu gewinnen. Dieser personale Aspekt seiner Führungs-Funktion steht eindeutig im Vordergrund und überwiegt bei weitem – je höher je mehr – das ursprüngliche fachliche Können. Die Mitarbeiter dagegen handeln viel weniger aufgrund von formalen Anweisungen oder Arbeitsbeschreibungen, sondern aufgrund der persönlichen Anziehungskraft des Führers im unmittelbaren menschlichen Umgang, dem die absolute Loyalität gilt.

Natürlich haben auch japanische Führungskräfte in den Spitzenpositionen von Politik und Wirtschaft eine starke persönliche Ausstrahlung, insbesondere in ihrer unmittelbaren Umgebung. Anders als bei uns hat Charisma dort einen weniger absoluten Stellenwert, sondern gilt mehr im Verhältnis zu den Anvertrauten, die mit Charme und Verständnis in einer Art von Paternalismus geführt werden, wie er in dem »oyabun-kobun«-Verhältnis zum Ausdruck kommt, das noch gesondert beschrieben wird und in dem die Verehrung für die Vater-Figur grundlegend und bestimmend ist.

Weder Napoleon noch Bismarck, kein Kennedy oder Adenauer entspräche der Idealfigur eines Führers in Japan, für die man am ehesten zu Kuranosuke Oishi zurückgehen muß, dem Anführer der berühmten »Siebenundvierzig Ronin«. Als extrem paternalistischer Führer erfreute er sich der vollkommenen Treue seiner 46

Gefolgsleute bis hin zum traditionellen japanischen Selbstmord (seppuku), der der Untreue oder einem Leben in Schande vorzuziehen war.

Diese außerordentlich beliebte Geschichte zeigt in den Augen der Japaner die höchste Form der persönlichen Beziehung, die in der Gefolgschaft und Treue des Mannes zu einem verehrten Führer besteht, der jedes andere Gefühl oder private Interesse – auch etwa im Hinblick auf Liebesleben und Familienbande – unterzuordnen war. Nach der (japanischen!) Soziologin Chie Nakane ist dies womöglich ein Schlüssel zum Verständnis und Selbstverständnis des japanischen Mannes überhaupt, jedenfalls aber für das Wesen des Samurai und seiner Gesinnung, wovon das nächste Kapitel noch gesondert berichtet wird. Hier sei zum Schluß nur darauf hingewiesen, daß Loyalität und Solidarität der japanischen Gruppenorientierung nicht mit Nachgeben und Unterordnen um jeden Preis verwechselt werden dürfen. Gerade das selbstgewählte Zurückstellen eigener individualistischer Bedürfnisse um der Bereitschaft willen zu Kooperation und Gemeinsamkeit, zum Einfügen und Zurückstecken, verlangt durchaus vom einzelnen viel Selbstbeherrschung und Charakterstärke, die Bewunderung verdienen.

1.6 Der Geist der Samurai (Bushi-Dô)

Nicht umsonst sichern Filme wie »Shogun« oder »Die sieben Samurai« im deutschen Fernsehen auch bei vielfacher Wiederholung bleibend hohe Einschaltquoten; erlangte der dem legendären »Musashi« gewidmete Samurai-Roman von fast 1.200 Seiten des Eiji Yoshikowa (1892 bis 1962), selbst Sohn eines ehemaligen Samurai, in der deutschen Übersetzung von Werner Peterich schon in der ersten Auflage 1984 100.000; erlebte das Buch des Dr. Inazô Nitobé (1862 bis 1933, ebenfalls aus angesehener Samurai-Familie geboren) »Bushidô – Die Seele Japans« seit seinem Erscheinen in Tokio 1899 eine Vielzahl von Auflagen und Übersetzungen in alle Weltsprachen, darunter bereits 1901 in Deutsch von Ella Kaufmann. All diesen Werken ist gemeinsam, daß sie mit dem Einblick in eine wichtige Epoche japanischer Geschichte zugleich und vor allem eine Vorstellung vermitteln von dem realistisch idealisierten Bild, das die zeitgenössischen Japaner von sich selbst haben – und das sich noch immer am vergangenen Glanz und metallenen Klang des Samurai und seiner beiden Schwerter (»Daito« oder »Katana«, das längere und »Shoto« oder »Wakizashi«, das kürzere) erhellt und erhält.

Auch für Europa war das Rittertum eine geschichtlich und kulturell bedeutsame Kraft und Zeit, der allerdings schon das unglückliche Ende Heinrichs II. von Frankreich im Turnier im Jahre 1559 den Todesstoß versetzte. Für den Bushidô und seine sprichwörtliche wie existentielle Todesverachtung läuteten die Todesglocken dagegen erst mit der kaiserlichen Verordnung aus dem Jahre 1876, die das Tragen von Schwertern in der Öffentlichkeit verbot. Inwieweit der »Weg des Schwertes«, Ken-Do, als eine der traditionellen Zen-Disziplinen auch heute noch begangen und geübt wird, soll in einem eigenen Kapitel später noch gezeigt werden. Seit 1876 jedenfalls hat das Schwert des Samurai, das als Sinnbild der Kraft und der Tapferkeit galt, seine Scheide nicht mehr öffentlich zum Kampfe verlassen.

Wenn man sich dagegen vergegenwärtigt, daß im ersten Halbjahr 1986 in der amerikanischen Millionenstadt Detroit nicht weniger als zwölf Kinder oder Jugendliche erschossen und 76 durch Schußwaffen von Altergenossen verletzt wurden, dann bekommt man einen Eindruck davon, wohin verfassungsrechtlich garantierte Erlaubnis zum Waffentragen andererseits und andernorts führen kann. Wo Schußwaffen schon in den Schulen und trotz Metalldetektoren so weit verbreitet sind – »bis zur Langeweile«, wie eine befragte Mitschülerin befand –, da braucht man sich nicht zu wundern, welch bizarre Blüten wildwestlicher Männlichkeits-Wahn treibt, bis hin zu den Schüssen von Dallas und Los Angeles. Amerika wirkt insofern noch immer wie ein etwas naives Kind im Kreise der Familie der maßgebenden Staaten dieser Erde, und leider sind die Pistolen, mit denen es spielt, tatsächlich scharf geladen.

Das Schwert des Samurai ist zwar ebenfalls noch immer scharf geschliffen, doch ist es heute nicht mehr der Gefährte vom Leben zum Tod, sondern ziert höchstens das traditionelle Kostüm des Samurai, das am Tag der Kinder oder Knaben, dem 5. Mai, die

Auslagen der großen Kaufhäuser oder auch Hotelhallen ziert, um zum fünften Geburtstag der Knaben dann auf den Gabentisch zu kommen, zu dem ihnen früher auf dem das Schlachtfeld symbolisierenden Go-Brett erstmalig ein echtes Schwert in den Gürtel der Samurai-Tracht gesteckt wurde, das sie dann mit fünfzehn Jahren – mannbar geworden – frei gebrauchen durften.

»Bushidô« als der Ehrenkodex der Samurai entstand in der Kamakura-Zeit und erreichte seinen Höhepunkt in der Edo-Periode vom frühen 17. bis ins 19. Jahrhundert unter der Herrschaft der Tokugawa, die durch halbautonome »Daimyo« (Landesfürsten) regierten. Diese wiederum beherrschten ihre Lehen mit Hilfe ihrer (erblichen) Samurai-Gefolgsleute, zu denen sich die ursprünglich frei umherziehenden »Ronin« entwickelten.

Gilt »Bushidô« als die »Seele Japans« und das Schwert mit seiner Mystik als die »Seele des Samurai«, so ist beides nicht verständlich ohne den immanenten Kern des Zen, das neben dem Konfuzianismus als das wahre Wesen des »Bushidô« gilt. Wenn darüber auch an anderer Stelle noch ausführlicher zu berichten sein wird, so sei doch hier schon auf die innere Seite als das Herz der Lehre (Kokoro), das Wesen des Weges, hingewiesen. Selbstdisziplin, Selbstbeherrschung und Selbstlosigkeit sind die dafür maßgeblichen Werte, wodurch der Samurai noch über Todesmut und Todesverachtung hinaus lernte, »jenseits von Leben und Tod zu gehen«, das heißt die Trennung der Welt in Subjekt und Objekt zu überwinden aus der Kraft des Geistes und der Meditation. Er lernte so, nicht das Schwert zu gebrauchen, sondern selbst das Schwert sein – womit der dualistische Waffengang im Gefolge der Überwindung des eigenen Ego überflüssig werden konnte. Ein Bild aus der alten Sage mag dies verdeutlichen, wonach zwei gleichermaßen berühmte und höchstgeachtete Schwertschmiede um die Kunst des vollkommensten Schwertes wetteiferten. Zur Prüfung ins Flußwasser gehalten, zerteilte das erste Schwert mühelos das Kirschblütenblatt in zwei Teile, das man auf die Schneide hatte zutreiben lassen. Der Sieg aber gehörte dem zweiten Schwert, dessen Schärfe das Blütenblatt im Fluß abwies und nicht zu zerteilen brauchte: Sieg gebührt dem, der aus der vollkommenen Gelassenheit und geistigen Überlegenheit heraus kampflos den Kampf gewinnt – dem der Gegner sich selbst unterwirft. Mit einem anderen Zen-Wort:»An einem Geist, der völlig frei von Gedanken und Erregung ist, findet selbst der Tiger keine Stelle, seine Krallen einzuschlagen«.

Mit der Wiederherstellung des Friedens durch die Meiji-Restauration waren Kriegshandwerk und militärisches Können weniger wichtig und gefragt als Verwaltungsgeschick; das kriegerische Können verfeinerte sich zur unblutigen Kriegskunst der Schwertkampfschulen des Ken-Do (s.u.), in der die meditativ fundierte Selbstbeherrschung und Charakterbildung gelehrt und gelebt wurde. Kriegerisches Können, geistige Disziplin und ästhetische Sensibilität verschmolzen zu einem untrennbaren Ganzen in der Säkularisation des »Bushidô«. Ein letztes Dokument von »Bushidô« und Betonung konfuzianischer Tugenden schlechthin stellt der kaiserliche Erlaß mit seinen Ratschlägen an allen Kämpfenden und Streitkräfte zu Lande und zur See aus dem Jahre 1882 dar, kurz vor Beginn des Pazifikkrieges. Als Grundlage der moralischen Erziehung des Heeres und der Marine wurde er in den Schulen gelesen und kommentiert und täglich von den Soldaten rezitiert. Dieses Dokument hob die fünf folgenden Tugenden besonders hervor: 1.) Von der Treue; 2.) von der Höflichkeit und Disziplin; 3.) von Mut und Tapferkeit; 4.) von der Glaubwürdigkeit und Loyalität; 5.) von der Einfachheit und Bescheidenheit – wobei als das Wichtigste zur Umsetzung in die Praxis einer Schlußbemerkung die Ehrlichkeit als die »Seele dieser Vorschriften« hervorgehoben wird, denn:»ohne Ehrlichkeit sind gute Worte und rechte Lebensführung nur äußerer und vergänglicher Schmuck. Wenn das Herz ehrlich ist, gibt es dagegen nichts, was nicht vollbracht werden könnte...«.

Edwin O. Reischauer, 1910 in Japan geboren, 1961 bis 1966 Botschafter der USA in Tokio und inzwischen emeritierter Harvard-Professor, schreibt in seinem Nachwort zu»Musashi« von Eiji Yoshikowa:»Obgleich die Samurai im modernen Japan weitgehend in Vergessenheit versunken sind, entstammen die meisten Angehörigen der neuen Führungsschicht dieser Feudalkaste. Ihre Philosophie wurde durch die Vermittlung des neu eingeführten Erziehungssystems zum geistig-ethischen Hintergrund des gesamten japanischen Volkes.«

Oder mit den poetischen Worten von Inazô Nitobé, mit denen

er 1899 seine Schrift über den »Bushidô«, die Seele Japans, einleitete: »Die Ritterlichkeit ist eine Blume, welche auf dem Boden Japans ebenso heimisch ist wie ihr Zeichen, die Kirschblüte; sie ist keine getrocknete Gattung einer alten Tugend, die in dem Herbarium unserer Geschichte aufbewahrt wird. Sie ist unter uns ein noch lebendiges Wesen von Kraft und Schönheit, und wenn sie auch keine greifbare Form und Gestalt annimmt, so durchdringt sie nichtsdestoweniger die Atmosphäre unserer Moral und zeigt uns, daß wir noch unter ihrem mächtigen Zauber stehen. Längst sind die gesellschaftlichen Bedingungen, die sie hervorbrachten und wachsen ließen, verschwunden, aber wie jene weitentfernte Sterne, die einst waren und nicht mehr sind, noch immer Strahlen zu uns senden, so erleuchtet das Licht der Ritterlichkeit, dieses Kindes des Feudalismus, noch immer den Weg unserer Sittenlehre und überlebt die Einrichtung, die ihre Mutter war.«

Tatsächlich hat die Vaterfigur des Samurai (Yoriko) auch heute noch für die Firmenchefs bewußt oder unbewußt Vorbildfunktion, und es kam nicht von ungefähr zu der Tusch-Schrift in jenem alten Gästebuch, die als pars pro toto symbolisch den Einband dieses Buches ziert: »Der Geist des Samurai mit der Geschäfstüchtigkeit des Kaufmanns« (Shi-kon sho-sai).

1.7 Werteorientierung, Religion und Kultur

So wie die griechische Philosophie, das römische Recht, das Christentum und die reformatorisch-protestantische Ethik die maßgeblichen Grundlagen der westlichen Kulturen und ihrer Industriegesellschaften bilden, so prägen Shintoismus, Buddhismus und Konfuzianismus japanische Denk- und Lebensweise bis in die Neuzeit hinein. Christentum und spezifisch christliche Denkweise und Welt- und Lebensanschauung konnten demgegenüber in Nippon nie wirklich Fuß fassen, seit sie im Gefolge des Jesuiten-Missionars St. Franz Xavier im Jahre 1549 nach Japan kamen, wo auch heute noch weniger als 1 % der Bevölkerung ihr Heil bei der allein selig machenden Kirche und ihren Dogmen suchen. Dieser einmalige missionarische Mißerfolg hängt sicher damit zusammen, daß japanische Lebenseinstellung nicht von der bekenntnishaften Ausschließlichkeit des »entweder-oder«, sondern von der erkenntnisgemäßen Versöhnlichkeit des »sowohl-als auch« geprägt ist. Nicht dogmatische Glaubenssätze, sondern pragmatische Ein- und Wertschätzung von Menschen und Situationen sowie zwischenmenschlichen Beziehungen, auf deren Konstellationen man sich nach den unausgesprochen-verbindlichen Regeln von Brauchtum und Sitte einstellt, regeln das Zusammenleben der Japaner.

So ist auch nicht außergewöhnlich, daß ein Japaner gleichzeitig zwei Religionen huldigt, etwa dem Buddhismus – nach dessen Ritual die meisten Beerdigungen stattfinden – und dem Shintoismus, dessen Priester mit den charakteristischen hohen schwarzen Lackmützen meist bei Heirat oder Taufe bemüht werden. Auch Grundsteinlegungen für bedeutsamere Bauten im säkularen Bereich finden fast immer mit einer shintoistischen Zeremonie statt, deren langanhaltend gesungene Töne im lauten An- und wieder Abschwellen jedem im Ohr bleiben, der sie einmal mitgehört hat.

Die Mehrdimensionalität und Toleranz japanischer Religiosität ergibt sich auch aus einer Statistik des Erziehungsministeriums, die (für 1980) neben der einen Million Christen 87 Millionen Anhänger des Buddhismus und 96 Millionen solcher des Shintoismus zählte (bei 120 Millionen Gesamt-Bevölkerung!). Wenn sich auch andererseits nur 20 der 65 Millionen japanischer Erwachsener selbst überhaupt als »religiös gläubig« einstufen, so hindert dies nicht daran, bei der entsprechenden Gelegenheit dieser oder jener Richtung anzuhängen. Aus diesem Synkretismus gewinnt der Japaner die Fähigkeit, scheinbar Unvereinbares philosophisch und religiös miteinander zu verbinden – und danach zu leben.

Die Verfassung des Jahres 1946 garantiert Religionsfreiheit mit folgenden Worten:
»Keine Religionsgemeinschaft darf vom Staat irgendwelche Vorrechte erhalten, noch irgendwelche politische Macht ausüben. Niemand darf gezwungen werden, an irgendwelchen religiösen Handlungen, Feiern, Riten oder Übungen teilzunehmen. Der Staat und seine Organe enthalten sich der religiösen Erziehung oder irgendeiner anderen religiösen Tätigkeit.«

Vor dieser Aktualität bleibt es interessant, sich zu erinnern, daß die Begriffe »Religion« und »Regierung« im Japanischen früher einmal identische Inhalte hatten. Der Begriff des »Shinto« als der ursprünglichen Religion Japans wurde erst im sechsten Jahrhundert geschaffen, als es galt, sich gegenüber der damals neuen Religion des Buddhismus abzugrenzen.

Shintoismus als der eigenständige und älteste Kult Japans entstand aus dem Animismus und der Naturverbundenheit der Ur-Japaner, die das Göttliche in allen ungewöhnlichen Naturerscheinungen und in den Geistern der Verstorbenen manifestiert sahen und verehrten. Shin-to, der Weg der Götter oder Unsterblichen (Kami), wird mit den Worten eines Gelehrten des 18. Jahrhunderts, Motori Norinaga, so erklärt: »Grundsätzlich kann alles kami sein – menschliche Wesen, Vögel, Tiere, Bäume, Pflanzen, Berge, Meere. Nach altem Brauch wurde alles als kami bezeichnet, was die Menschen in besonderem Maße beeindruckte, was die Qualität des Außerordentlichen besaß oder was ein Gefühl der Ehrfurcht erzeugte.« Mit einem Wort von Karlfried Graf Dürckheim würde man heute vielleicht vom Numinosen und seiner Berührung sprechen.

Bei solcher Weite und Vielzahl der Objekte göttlicher Verehrung wird auch erst das Wort der japanischen Mythologie von den »acht Millionen Göttern« (Yaoyorozu no kami) verständlich. Verehrung wurde schließlich vor allem auch dem zuteil, dessen Abstammung japanischem Mythos gemäß direkt auf die Sonnengöttin und damit den Ursprung Japans zurückgeht – dem Kaiser oder »Sohn des Himmels« (Tenno). Mit dem frühen 19. Jahrhundert bis zum Ende des Zweiten Weltkrieges wurde der Shintoismus zur Staatsreligion. Erst mit dem 15. August 1945 und seiner berühmten öffentlichen Rundfunkansprache, mit der er die bedingungslose Kapitualtion Japans gemäß der Potsdamer Deklaration der Siegermächte USA, UdSSR und Großbritannien annahm, entkleidete sich der 124. Kaiser Japans selbst seiner Göttlichkeit, um als mittlerweile dienstältestes Staatsoberhaupt der Welt seine nunmehr demokratisch legitimierte Integrations- und Repräsentations-Funktion auf dem Chrysanthemen-Thron wahrzunehmen.

Zu besonderen Feiertagen oder Gelegenheiten wie insbesondere Neujahr besuchen viele Familien traditionell einen Shinto-Schrein, wofür man meist nicht allzu weit zu gehen hat: gibt es doch auf ca. 1.000 Einwohner sowohl einen buddhistischen Tempel als auch einen Shinto-Schrein. Ganz unabhängig von den relativ seltener gewordenen Gottes- oder besser gesagt: Göttlichkeiten-Diensten verbinden sich mit vielerlei Anlässen traditionell Shinto-Zeremonien. Dazu gehört es beispielsweise, für den Erfolg bei der Universitäts-Aufnahmeprüfung zu bitten oder für Unfallfreiheit zum Erwerb des Führerscheins oder eines Fahrzeugs. Zur zusätzlichen Sicherheit haben viele Familien auch noch einen kleinen Schrein zuhause, was übrigens seit 1930 sogar Katholiken erlaubt ist: hatten es die Japaner doch geschafft, dem Papst klarzumachen, daß Shinto keine Religion im westlichen Sinne sei! So kann es sogar geschehen, daß man im wirtschaftlichen Alltag einem Manager begegnet, der – als Sohn eines hohen Shinto-Priesters geboren – selbst die Weihen eines Shinto-Priesters erhalten hat und als solcher im Alter von acht bis achtzehn Jahren lebte, bis er sich dann noch zum zusätzlichen Studium der Wirtschaftswissenschaften entschloß und die Priesterlaufbahn aufgab, deren Initiation ihm aber für immer erhalten bleibt.

Ein »Mönchs-Leben auf Zeit« gibt es auch in den zahlreichen buddhistischen Tempeln des Landes, wo einem ein Taxi-Fahrer, Student, Kaufmann oder junger Gelehrter in der Robe und mit kahlgeschorenem Kopf begegnen kann. Die Zeit im Kloster mag Monate oder Jahre dauern, wonach der Betreffende dann wieder in den jeweiligen beruflichen Alltag zurückkehrt. Anders als etwa in Burma, auf Ceylon oder in Thailand, wo traditionell alle Männer für einige Monate im Laufe ihres Lebens die dort orangefarbene Robe nehmen, zählen die buddhistischen Gelübde in Japan nicht zu denen des Teravada- oder Hinayana-Buddhismus (des »kleinen Fahrzeuges«), der nur die individuelle Vervollkommnung und Erlösung zum Ziele hat. Der japanische Buddhismus in all seinen verschiedenen Ausprägungen dagegen gehört wie der tibetische zum Mahayana-Buddhismus (des »großen Fahrzeuges«), dem es um die Errettung aller Menschen und Wesen geht. Noch über das Ziel des Arahat oder Heiligen hinaus gibt es für ihn deshalb das Ideal des Bodhisattva, in Japan in der weiblichen Form der Kwannon beziehungsweise Kuan-Yin verehrt, die für das allumfassende Erbarmen oder Mitgefühl steht. Zum Wesen eines Bodhisattva gehört es, daß er trotz erlangter Erlösung oder Erleuchtung nicht bleibend in das erstrebte Nirwana einkehrt, sondern freiwillig von neuem in das Rad der Wiedergeburten eintritt, um den noch unerlösten Wesen auf Erden aus ihrem karmischen Leiden zu helfen. Mit diesem Anspruch und Ideal der Verkörperung des Bodhisattva geht der Mahayana-Buddhismus noch über die christliche Erlösungs-Lehre in der Nachfolge Jesu hinaus – der übrigens auch östlicher Auffassung gemäß einer der großen Bodhisattvas war –, wenngleich beide unter der obersten Losung der Liebe stehen. Anders als beim dreieinigen Gott der Christenheit und den acht Millionen Göttern des Shinto gibt es allerdings im Buddhismus keinen persönlichen Gott, sondern höchstens ein überpersönliches Göttliches, das als Wirkkraft oder transzendentes Prinzip im einzelnen ebenso zum Ausdruck kommt wie in der Menschheit als Ganzem oder der Gesamtheit der Welt.

Mancher Japaner, der mit einer beruflichen neuen Aufgabe auch deshalb erwartungsvoll nach Europa und Deutschland kam, weil er von dem obersten Prinzip der Liebe in der christlichen Religion gehört hatte, war nicht gelinde enttäuscht von dem, was ihn hier im Nachkriegs-Deutschland davon in gelebter und oft recht lieblos betriebener Praxis wirklich erwartete.

Von den Anhängern des Buddhismus wird demgegenüber mehr eigene Anstrengung zu sittlicher Vervollkommnung erwartet, wie sie sich auch in Toleranz, Geduld und Gelassenheit ausdrückt, die den Umgang miteinander bestimmen sollen.

Geschichtlich kam der Buddhismus im sechsten Jahrhundert aus China über Korea nach Japan, wo er insbesondere bei der regierenden Schicht einen fruchtbaren Boden fand. Unter der Herrschaft des weisen Kronprinzen Shotoku, dem ein intensives Studium buddhistischer Schriften und Lehren attestiert wurde, fand buddhistisches Gedankengut eine weite Verbreitung, nicht zuletzt durch seine davon mit beeinflußte »Verfassung der siebzehn Artikel«, die auch für spätere Zeiten Maßstäbe für das Zusammenleben setzte. So besagt etwa Artikel 2, daß der Buddhismus verkündet werden solle, um die sittlichen Grundlagen des einzelnen zu festigen, und in Artikel 10 verlangt Shotoku Taishi vom himmlischen Kaiser selbst, daß er jede Neigung zur egoistischen Diktatur ablegen müsse.

Mit etwa dem dreizehnten Jahrhundert wurde der Buddhismus auch bei der allgemeinen Bevölkerung sehr beliebt – und ist es noch heute. Der Einfluß des Buddhismus auf alle Aspekte japanischer Kultur und Lebensart kann gar nicht hoch genug eingeschätzt werden, vielleicht gerade wegen seiner starken moralischen und menschlichen Implikation und unabhängig von den für andere religiöse Systeme typischen göttlichen Überhöhungen.

Solches gilt vor allem auch für das Zen als eine der noch in besonderem Maße lebendigen Richtungen des Buddhismus, dessen Geschichte und Gestalt unter dem Gesamt-Thema noch ein eigenes Kapitel gewidmet werden soll. Für Zen gilt noch vor anderen die starke Einbeziehung in die Alltäglichkeit des praktischen Lebens, wo sich immer neu Gelegenheit zur Übung und Bewährung bietet. So war Zen auch prädestiniert dafür, zum eigentlichen Inhalt des Samurai-Geistes zu werden, den es vom dreizehnten bis zum neunzehnten Jahrhundert mit bestimmte, formte und entwickelte.

Mehr noch als der Buddhismus gilt der Konfuzianismus in Japan als ein Moralkodex, der mit seiner sozialethischen Ordnung Mentalität und Geisteshaltung geprägt hat. Wie der Buddhismus kam er im sechsten Jahrhundert über Korea aus China ins Land, wo sein Führungsprinzip noch in der industriellen Gesellschaft uneingeschränkt Gültigkeit zu haben scheint. Bei Konfuzius selbst liest sich dieses so: »Die, welche das Leben des Staates ordnen wollen, müssen zuvörderst darangehen, ihr Familienleben zu ordnen. Niemand, der die Mitglieder seiner Familie nicht zu führen versteht, kann andere außerhalb seiner Familie führen. Um seine Familie zu ordnen, muß er sich selbst ordnen.«

Die fünf fundamentalen menschlichen Beziehungen stellen sich sodann in seiner Lehre wie folgt dar:

1) Die Beziehung zwischen Vater und Sohn, in welcher die Zuneigung des Vaters zum Sohn und die erwiderte Liebe des Sohnes zum Vater das ehrfurchtvolle Band ist;
2) Die Beziehung zwischen Herr und Untertan, in der Rechtlichkeit und bedingungslose Treue seitens des Untertanen und die Fürsorgepflicht des Herrn eingehalten werden müssen;
3) Die Beziehung zwischen Eheleuten, deren Rolle klar getrennt sein muß;
4) Die Beziehung zwischen Älteren und Jüngeren, in der Gehor-

sam und Ehrerbietung vor den Älteren unbedingte Höflichkeiten sind, die erwiesen werden müssen;
5) Die Beziehung zwischen Freunden, in der Vertrauen und gegenseitige Hilfe in Notzeiten und Bedrängnis zur moralischen Pflicht gehören.

Überwiegend gehören diese Beziehungen der bereits geschilderten vertikalen Rang- und Grundordnung an, wie sie sich noch heute unschwer allenthalben in der japanischen Gesellschaft zeigt und zu Recht als konfuzianistisch bezeichnet wird. Dazu gehört allerdings auch das Grundprinzip der universalen Polarität von Yang und Yin, Himmel und Erde, Männlichem und Weiblichem, die in einem kosmologischen Gesetz der Wandlung und Wiederkehr stehen, dem es sich harmonisch einzufügen gilt. Auch von daher wird eine bereits im Shintoismus angesprochene starke Naturverbundenheit der Japaner erkennbar, die mit dem Wechsel der Jahreszeiten ebenso zu leben gelernt haben wie mit den insularen und menschlichen Grenzen und Begrenztheiten. Daraus resultiert nicht nur vermehrte Toleranz im Umgang mit seinesgleichen, sondern auch ein für asiatisches Lebensgefühl ganz allgemein charakteristischer Respekt für alles Kreatürliche und die Mysterien des Lebens. Dies dürfte wohl sein, was Arnold Toynbee einmal den »orientalischen Sinn für selbstlose Liebe« genannt hat, der Japaner und ihre Religiosität kennzeichnet – jenseits aller Glaubenssätze von Religionen und über diese hinaus.

Kultur ist transponierter Geist – und in Sprache und Schrift wird der Geist Welt und Wort, weshalb diesem Medium der Werteorientierung noch eine gesonderte Anmerkung zu widmen ist. Selten sind die Ausländer, die es in Japan zu guter Kenntnis von Sprache und Schrift gebracht haben, aber selten sind selbst die Japaner mit einer umfassenden Kenntnis aller Schriftzeichen, von denen es immerhin nicht weniger als 40.000 in Kanji gibt, der ursprünglich chinesischen und mehr als 3.000 Jahre alten Zeichenschrift. Etwa 3.500 davon muß man kennen, um die Oberschule zu absolvieren, 2.000 Typen kennt die japanische Schreibmaschine, und ebensoviele sind notwendig für die Lektüre der Zeitung.

Mit dem komplizierten und umfangreichen System der Ideogramme des Kanji allein aber ist es noch nicht getan. Zwei weitere

Silbenschriften gibt es auf japanisch: jeweils 46 Zeichen in Hiragana für japanische Wörter und in Katakana für Fremd-Wörter, die man nur so schreibt und deshalb auch immer als solche erkennt; und schließlich gibt es noch das Alphabet der lateinischen Buchstaben, für Fremdsprachen und die Kommunikation mit den Ausländern, den »gaijin«, die in Japan immer Fremde sein und dies selbst bei langjähriger Vertrautheit bleiben werden.

Mit manchen Zeichen des Kanji aus dem kulturellen Mutterland China sind in Japan heute nur noch Gelehrte und Schriftmeister vertraut, was mit zu dem Zen-Weg des »Sho-Do« oder der »Tusch-Spuren« geführt hat, über den an andere Stelle ausführlicher berichtet wird. Hier sei aber schon der Hinweis erlaubt, daß über alle Kategorien des Ästhetischen und der Inhaltsvermittlung hinaus die Schriftzeichen eines Meisters dem Eingeweihten einen Einblick in seinen jeweiligen Seelen- und Geisteszustand geben, der noch jenseits der Grenzen von Kunst und Wissenschaft der Graphologie angesiedelt ist und den Grad und Umfang seiner Erleuchtungs-Erfahrung widerzuspiegeln vermag.

So überrascht es auch nicht, daß ein aus Kanji-Silben zusammengesetztes Wort im Japanischen bis zu zwanzig verschiedene Bedeutungen und unterschiedliche Schreibweisen haben kann. Der jeweils richtige – und keineswegs immer bindend-eindeutige – Sinn ergibt sich nur aus dem Zusammenhang, und dieser kann oft nur erfaßt werden, wenn auch die jeweilige Ausgangslage in Stimmung und Absicht des Verfassers bekannt oder zumindest erkennbar ist. Dem dient nach wie vor Handgeschriebenes am besten, was denn auch im geschäftlichen Umgang überwiegt und wofür ein System wie Telefax über die lokalen Grenzen hinaus ideale Voraussetzungen schafft. Auf diesem Wege kann beispielsweise der delegierte Manager der japanischen Gesellschaft in Deutschland oder den USA jederzeit augenfällig mit seinen wohlvertrauten Kollegen in der Heimat korrespondieren und aus ihrem jeweiligen Schriftbild noch über den eigentlichen Inhalt hinaus Rückschlüsse und Informationen ziehen, die ihn am Stimmungsbild der maßgeblichen Gruppe auch aus der Ferne konkret partizipieren lassen, was wiederum bessere Voraussetzungen für seine eigene Entscheidungsfindung schafft.

Wo also Schrift und Sprache schon im normalen Alltag und Umgang eine solche Fülle bieten an Nuancierung und Differenzierung, da verwundert es weniger, daß selten abstrakt rationale Aussagen getroffen werden, wie sie unserer cartesischen Denkweise lieb und gewohnt sind. Statt dessen muß man sich in Japan schon dazu bequemen, immer und immer wieder neu hinzuhören, um auch in der Übersetzung der Schattierungen gewahr zu werden. Man braucht Geduld und Einfühlungsvermögen und die Bereitschaft, andere auch anders und der jeweiligen Gemäßheit folgend zu sehen und zu verstehen – auch zu verstehen, daß das freudige: »Hai!« oder Ja im Einzelfall nichts anderes zu bedeuten braucht als: »Ja, ich habe mich bemüht, Ihren Worten zu folgen« – was weit von Zustimmung oder nur Verständnis entfernt sein kann. Umgekehrt sollte man sich auch vom fehlenden »Nein« nicht verleiten lassen, Einverständnis zu unterstellen: es unterbleibt, um auch in einer Ablehnung das Gesicht gewahrt zu lassen, wofür die Schroffheit westlich gewohnter Verneinung keinen Raum ließe – was wiederum nicht mit mangelnder Bestimmtheit oder Konsequenz verwechselt werden darf, wie manch langwierige Verhandlung zeigt.

2. Japanische Grundbegriffe und Wesenszüge

2.1 Wa, die Harmonie

Die Silbe »Wa«, die für Harmonie steht – und als Schriftzeichen synonym Japan oder das japanische Volk bedeuten kann – wird oft in Verbindung mit anderen Worten oder Silben gebraucht: wajin = alter Japaner, wabun = schreiben, washitsu = Zimmer, wakon = alter japanischer Geist (s. u.), womit immer etwas spezifisch Japanisches ausgedrückt wird. Und in der Tat kann das Prinzip oder Konzept der Harmonie und harmonischer Entwicklung und Orientierung wohl zu Recht als der japanische Grundbegriff schlechthin bezeichnet werden.

Das beginnt damit, daß der Mensch in Japan die Natur so akzeptiert, wie sie ist. Zwar fühlt er sich ihr gegenüber nicht so hilflos ausgesetzt, wie etwa der alte Mexikaner, der die Natur durch Opfer für den Regengott und andere Götter günstig zu stimmen suchte. Der Japaner kennt die drohenden Gefahren von Erdbeben und Taifunen, denen der Volksmund charakteristischerweise die alten Männer als dritte mögliche Plage an die Seite stellt – von deren Herrschaft man sich ehrenhaft nur noch durch den natürlichen Lebensablauf (sprich: Tod) befreien kann. Aber anders als der hilflos Ausgesetzte anderer Ur-Kulturen suchte der Japaner sich immer mit den starken Kräften – auch in der Natur – harmonisch und im Gleichgewicht zu arrangieren, anstatt ihnen Widerpart zu bieten und sich auf die Gefahr des Untergangs hin damit anzulegen – er lebte mit der Natur, nicht gegen sie.

So ist die vorherrschende flache Leichtbauweise der klassischen Häuser aus Holz, Reisstroh und Papier auf dem japanischen Lande eine quasi natürliche Reaktion auf die latente Gefahr von Erdbeben und Taifunen, denen sie am wenigsten Angriffsfläche bietet. Auch die Hochhäuser, die mittlerweile durchaus das Stadtbild etwa von Tokio und Osaka beherrschen, zeichnen sich durch sogenannte erdbebensichere Fundamente im Untergrund aus, was durch heutige Technik ermöglicht wird, die dabei allerdings nicht in Teilen der Korruption zum Opfer fallen darf, wie es wohl bei den zuletzt 1985 in Mexiko eingestürzten Bauten der Fall gewesen sein muß. Was dem Japaner dagegen fremd ist, ist sich die Erde durch Vergewaltigung untertan zu machen, wie es falsch verstandene Nachfolge im Christentum bis an den Rand selbstgeschaffener Abgründe vermochte, wovon die Katastrophen vom Challenger-Absturz bis zur Tschernobyl-Explosion in West und Ost beredtes Zeugnis ablegen und zusätzlich zu Raumfahrt und Atomenergie in der Gentechnologie noch neue Gefahrenherde der Mutation und Manipulation entstanden sind. Dabei ist noch nicht einmal vom »normalen« Fischsterben, Walderkranken etc. die Rede, das man natürlich im Industriestaat Japan auch als potentielle und kollektive Drohung kennt. Über die Art, damit umzugehen, lieferte im Frühjahr 1984 beim Management-Symposium in Davos der damals 73-jährige Präsident von Nissan Motors, Takushi Ishihara, eindrucksvolle Zahlen:

Nachdem sich im Zuge der raschen Industrialisierung nach dem Zweiten Weltkrieg die Zahl der zugelassenen Personenwagen von 1960 bis 1980 verfünfzigfacht (!) hatte, wurden 1973 im Gefolge der ersten Erdölkrise drastische Schutzmaßnahmen der Regierung für Luft und Wasser getroffen. Als deren Konsequenz − die nicht in endloser Abgasdiskussion über Katalysator und andere Techniken zerredet, sondern gesamtheitlich getragen und unterstützt wurde − konnten die Abgaswerte bei entsprechend wesentlich niedrigerem Benzinverbrauch bis 1978 auf nur mehr 10 % (!) der Ausgangswerte von 1973 gedrosselt werden. Vielleicht findet sich hier ein zusätzlicher Grund für die zunehmende Beliebtheit japanischer Kraftfahrzeuge auch in Deutschland − bei allem Respekt vor dem Dreistern aus Untertürkheim und dem weiß-blauen Mandala aus München, die gerade in Japan in den letzten Jahren spektakuläre Markterfolge erzielt haben.

Noch über die Harmonie zwischen Mensch und Natur hinaus hat »wa« natürlich vor allem den Einklang der Menschen untereinander zum Ziel, wo ebenfalls Ungleiches als ungleich akzeptiert und nicht künstlich egalisiert, sondern in polarer Spannung fruchtbar gehalten werden soll.

Als Leitprinzip des Zusammenlebens im japanischen Gemeinwesen fand »wa« erstmalig Ausdruck in der Verfassung der 17 Artikel, die Prinz Shotoku Taishi (574 bis 622), legitimer Thronfolger und Regent für Kaiserin Suiko, seinem Volke im Jahre 604 gab und deren erster Artikel lautete:

»Die Harmonie ist hochzuschätzen, und der Verzicht auf Widerspruch ist ehrenwert. Alle Menschen haben ihre Eigeninteressen, und es gibt wenig Einsichtige. Deshalb gehorchen sie zuweilen nicht ihren Fürsten und Vätern und streiten sich mit ihren Nachbardörfern. Wenn aber die Oberen und die Unteren sich harmonisch und freundlich verhalten und Eintracht in ihren Gesprächen herrscht, dann setzt sich das den Dingen Angemessene von selbst durch. Was bliebe da noch, das nicht gelingen und vollbracht werden könnte?«

Shotoku Taishi war ein Mann von ungewöhnlichem Talent und großer Weisheit − mehr Philosoph als Politiker. Ihm verdankt unter anderem auch der Daianji-Tempel in Nara seine Gründung, dessen derzeitiger bejahrter Abt Seikô Kôno in den über fünfzig Jahren seines Amtes einem Gelübde aus dem Jahre 1966 gemäß bereits über 100.000 mal das japanische Schriftzeichen »wa« mit Tusche zu Papier gebracht und verschenkt hat. Als Vorsitzender der japanisch-deutschen Gesellschaft von Nara auch so manchem Besucher aus der Bundesrepublik persönlich bekannt geworden, versucht er damit seinen Teil zur Verwirklichung des Weltfriedens beizutragen, den er schon in Shotokus Verfassung programmatisch angelegt sah. In der Tat stand Japan im achten Jahrhundert, der Nara-Zeit, in einer hohen Blüte friedvoller Entwicklung, nicht zuletzt durch den staatlichen Schutz des friedliebenden Buddhismus, den Artikel 2 der Verfassung von 604 garantierte. Auch die weiteren Artikel des Kodex von Shotoku Taishi haben für Japan programmatischen Charakter behalten, wenn sie sich auch in Anlehnung an die Regierungsform der chinesischen T'ang-Dynastie in erster Linie an die kaiserlichen Hofbeamten richteten, denen empfohlen wurde:

»Erkenne, daß Anstand die Grundlage von Recht und Ordnung ist (Artikel 4); Nimm keine Bestechungsgelder (Artikel 5); Sprich Recht und Treue gegenüber dem Kaiser und in Menschenliebe gegenüber dem Volk (Artikel 6); Stelle den richtigen Mann an den richtigen Platz (Artikel 7); Komm so früh wie möglich ins Amt und bleibe über die normale Dienstzeit hinaus (Artikel 8); Lebe nach dem Grundsatz: Arbeite, und du wirst dafür belohnt werden (Artikel 11); Verrichte deinen Dienst ruhig, indem du die Amtsgeschäfte rasch erledigst (Artikel 13); Sei nicht eifersüchtig auf das Glück eines Kollegen (Artikel 14)« − alles Grundsätze, die sich in ähnlicher Form noch heute in den Leitsätzen japanischer Firmen wiederfinden können. Von besonderem Interesse im Hinblick auf die Regierungform ist Artikel 10, mit dem eine Art von konstitutioneller Monarchie für den Kaiser von Gottes und der Mehrheit Gnaden eingerichtet wurde:

»Jeder Mensch hat einen eigenen Willen. Was bei dem einen Zustimmung findet, stößt bei einem anderen auf Ablehnung. Wir vertreten in der Tat unterschiedliche Auffassungen. Möglicherweise bin ich kein Heiliger, vielleicht ist der andere kein Dummkopf. Wir sind alle gewöhnliche Menschen, und niemand vermag zu sagen, was absolut richtig ist. Jedermann sollte die Entscheidung der Mehrheit akzeptieren, selbst wenn er glaubt, man sei alleine im Recht.«

Das tief verankerte Streben der Japaner nach Erzeugung und Aufrechterhaltung von Harmonie und Frieden, das mit entsprechender Rücksichtnahme auf die Gruppe und den anderen praktisch alle Lebensbereiche durchdringt, ist von eminent praktischer Bedeutung auch im geschäftlichen Alltag. Zwar gibt es die Verfassung, das Recht, Gesetze und Verträge, die man respektiert, doch kommt man am liebsten ohne sie aus und regelt Fragen geschäftlicher oder persönlicher Beziehung auch persönlich. Von Interesse in diesem Zusammenhang ist auch die Tatsache, daß es das Wort »Recht« überhaupt erst seit der Meiji-Zeit gibt und die Beziehungen deshalb noch heute mehr in moralischen denn in rechtlichen Kategorien gedacht und gefühlt werden. Für ein streitiges Austragen von Konflikten, für Dialektik, Dogmatik und Unversöhnliches ist in diesem »metajuristischen« Weltbild und seiner gelebten wie geliebten Ausformung und Einverständlichkeit kein Platz. Ein Mann von Welt behält nicht Recht, sondern bewahrt Ruhe und strebt von vornherein nach Harmonie, worin der Konfliktfall überflüssig wird.

Dafür stehen konkret einige Zahlen-Relationen, wonach beispielsweise in der Bundesrepublik Deutschland auf 10.000 Einwohner 8 Rechtsanwälte und 210 Rechtsfälle kommen − auf 10.000 Einwohner in Japan nur ein einziger Rechtsanwalt und ganze 14 (!) Rechtsfälle. Noch extremer fällt der Vergleich der Kriminalitätsziffern aus zwischen Japan und den USA, nämlich 1:1.000! Natürlich gibt es auch in Japan gewisse Gewerbe wie das sogenannte »Water-Business« von Restaurants und Bars oder das

Transportwesen wie Taxis, die fest in der Hand der kriminellen Unterwelt sind. Diese aber ist ihrerseits wieder klar und hierarchisch gegliedert und hat ihren eigenen Gruppen-Kodex, so daß höchst selten einmal ein paar nächtliche Schüsse von rivalisierenden Gangs die Öffentlichkeit beunruhigen. Grundsätzlich ist auch dort alles »harmonisch« geregelt, und im Gegensatz zu New York, Chicago oder auch Frankfurt/Main(hattan) hat kein Besucher zu irgendeiner Tages- oder Nachtzeit in Tokio oder Osaka ein Gefühl persönlicher Unsicherheit auf der Straße oder im Hotel. Sehr angenehm empfindet er übrigens neben der persönlichen Sicherheit und der allgemeinen Freundlichkeit und Dienstbereitschaft dort auch die Tatsache, daß der Service wirklich ihm und nicht seinem Portemonnaie gilt, denn die westlich-aggressive Sitte und Erwartungshaltung für Trinkgelder ist absolut unüblich, weshalb sogar der Liftboy dem Neuling im Lande der aufgehenden Sonne mit lächelnder Abwehr klarmachen wird, daß er keine Münze anzunehmen bereit ist für den Dienst, der ja ohnehin seine (bezahlte) Sache ist.

Um Konflikte im Geschäftsleben etwa zwischen Ausländern und Japanern zu vermeiden, findet japanischem Brauche gemäß für eventuell auftretende Meinungsverschiedenheiten tunlich etwa folgender Passus Aufnahme in einem Vertrag:

»Bei jeder maßgeblichen Veränderung der Situation oder bei Meinungsverschiedenheiten über die Auslegung und/oder Anwendung dieses Vertrages werden die Parteien sich um die Anpassung beziehungsweise Auslegung bemühen, die der vorherigen relativen Position beider Seiten am ehesten entspricht. Beide Parteien werden sich um die Beilegung von Meinungsverschiedenheiten durch freundliche Gespräche bemühen und eine für beide Seiten akzeptable Lösung anstreben. Sollte sich eine solche Lösung nicht herbeiführen lassen, wird zunächst die Japan Commercial Arbitration Association um Vermittlung ersucht.«

Mit einer derartigen Formulierung signalisiert der Ausländer dem Japaner, daß er nicht als potentieller Prozeßhansel, sondern wie ein gesitteter Japaner Wert legt auf möglichst freundschaftliche Klärung von Fragen. Wenn es schließlich trotz aller Vorsicht und Vorsorglichkeit einmal zum Konflikt kommt, so bleibt auch für seine Lösung das Harmoniestreben maßgebend: nicht Schuld und Verursachung, sondern Schande oder Scham liefern die Leitlinien zur Beilegung. Dabei genügt vielfach eine reumütige Bitte um Vergebung, um den Streit »hinwegzuspülen« (mizi ni nagasu). Die Entschuldigung als ein von der Sittlichkeit gefordertes Verhalten kann sogar im Umgang mit japanischen Behörden eine wichtige Rolle spielen. Wer falsch parkt, bei der Einreise die Zollbestimmungen mißachtet oder gegen andere Vorschriften verstoßen hat, kann der Verhängung einer Geldbuße oft noch entgehen, indem er sich zu Protokoll bei der amtlichen Stelle aufrichtig entschuldigt und versichert, er werde es nie wieder tun.

»Das Ideal des »Wa«, der Harmonie und des Friedens, lebt so stark, daß es bei allen Streitfällen innerhalb der einzelnen gesellschaftlichen Einheiten oberste Norm für jede Lösung bleibt«, so schreibt der Jesuit Professor Erlinghagen nach über 30 Jahren in Japan als »deutscher Japaner« über die Japaner, und in der Tokugawa-Zeit lautete eine gebräuchliche Entscheidungsregel: »Wenn zwei sich streiten, werden sie beide bestraft« (Kenka ryoseibai) − während sich hierzulande dann der dritte zu freuen pflegt.

Zusammenfassend läßt sich sagen, daß die japanische gruppenorientierte Harmoniegesellschaft insgesamt Konflikte zu vermeiden sucht, während die westliche Konfliktgesellschaft die ihren überwiegend individuellem Interesse gemäßen unvermeidlichen Streitigkeiten geregelt austragen will.

2.2 Giri, die Dankespflicht

Von jemandem zu sagen, er sei ein Mann, der »giri« nicht kennt, ist in Japan eine der schlimmsten Beleidigungen − womit vielleicht schon am besten die Bedeutung dieses Prinzips herausgestellt wird.

Mit dem ersten Lebenstag wird der Japaner in ein vielfältiges System von Beziehungen und Verpflichtungen hineingeboren, von denen er sich Zeit seines Lebens kaum mehr lösen kann − etwa gegenüber Eltern und Großeltern, älteren Geschwistern, anderen Verwandten, Nachbarn, Staat und Vaterland. »On« ist die daraus resultierende, für alle Zukunft gültige und mit Dank und Liebe gemischte Verpflichtung. Zwar wird der »onjin« oder Wohltäter diese nie einfordern, doch verbindet sich mit der passiv erfahrenen Seite von »on« die aktive Seite der immerwährend zu erbringenden Dankesschuld, »gimu«. »Gimu« gibt es gegenüber dem Kaiser, Herrscher oder Vorgesetzten (chu), den Eltern (ko) oder einer Arbeitsaufgabe (chimmu), und diese Dankespflicht kann sozusagen niemals völlig abgetragen werden – in ihr steht man trotz aller Anstrengung lebenslänglich und fortwährend.

Anders steht es um »giri«, die ebenfalls aktive, aber mehr situative Antwort auf »on«. Hier weiß der Begünstigte genau, was die Gemeinschaft und der Wohltäter von ihm erwarten – und was er ganz konkret erbringen muß, um die Dankespflicht abzutragen, der Verpflichtung Genüge zu tun und damit sein Gesicht im Sinne des Ansehens in der Gemeinschaft zu wahren.

Für »giri« gibt es strenge Regeln, etwa im Zusammenhang mit Geschenken, die präzise bewertet und bei nächster Gelegenheit pekuniär entsprechend zurückvergütet werden. Dabei wird die »nächste Gelegenheit« oft erst mit einem gewissen Zeitablauf gesucht, um mit dem Zinseffekt die Möglichkeit eines um so größeren Geschenkes zu haben. Ein allzu promptes Dankschreiben – wie bei uns gebräuchlich – kann so in Gefahr geraten, als kalt und nicht genügend echt empfunden zu gelten. Aufschlußreich ist schon eine Analyse des einfachen Wortes Danke = »arigato«, das wörtlich etwa so viel bedeutet wie: »oh, diese heikle Sache« – mit der man eben, wenn es wirklich ernst gemeint ist, jedesmal wieder eine unter Umständen unangenehme Verpflichtung dem gegenüber auf sich nimmt, dem man den Dank schuldet und abstatten muß.

Zu einem regelrechten Gesellschaftsspiel – mit allerdings vollkommen ernster und ernst zu nehmender Implikation – wird in diesem Zusammenhang der Austausch oder die Übergabe von Geschenken zu bestimmten Gelegenheiten wie etwa Hochzeit, Taufe, Hausbau, Universitätsabschluß, Pensionierung oder Begräbnis. Für alle diese Anlässe gibt es eine inoffizielle Bewertungsskala, nach der sich das jeweilige Geschenk zu richten hat, wobei auch die Lebensumstände der Beteiligten noch eine Rolle spielen. Im einzelnen kann es jedoch durchaus vorkommen, daß die präsumtiven Aufmerksamkeiten einen erheblichen Teil des Familien-Budgets in Anspruch nehmen, das nur durch entsprechend diskrete Gegengeschenke wieder aufgebessert wird. Auch Geld ist gegebenenfalls durchaus zulässig — allerdings nur in bankfrischen Noten und in diskretem Umschlag, der dafür oftmals Schmuck-Charakter mit entsprechenden Blumen oder sonstigen kunstvollen Ornamenten annimmt.

Bei jedem Geschenk ist nicht nur der Inhalt, sondern auch die Art der meist ausgesprochenen kunstvollen, ästhetisch geschmackvollen Form der Verpackung von Bedeutung. So sind die Angestellten der großen Kaufhäuser, wo oftmals die Geschenke gekauft oder geordert werden, ausgesprochene Verpackungskünstler, die selbst noch aus dem einfachsten Gegenstand durch das gekonnte, asymmetrische Umkleiden mit dem Faltenwurf eines hübschen Papiers eine Augenweide machen. Auch für den deutschen Geschäftsmann empfiehlt es sich deshalb, etwa das als Gastgeschenk mitgenommene Montblanc-Schreibgerät der Meisterklasse - das sich in Japan traditionell hoher Wertschätzung erfreut und dort zu teuren Importpreisen verkauft wird — nicht einfach aus der Aktentasche zu ziehen, sondern für den Bedachten als kleines Päckchen fein zurechtmachen zu lassen. Wie hieraus schon ersichtlich, spielen auch im japanischen Geschäftsleben Geschenke in allen Variationen eine wichtige Rolle. Gewußt wann, wo, was und wieviel ist die Kunst, die von keinem Fremden auf Anhieb als beherrscht erwartet wird, von der es jedoch gilt, sich zumindest durch eingeweihten Rat kundig zu machen. Nicht empfehlenswert wäre es dagegen, sich selbstherrlich und westlich kühl oder rational bis hin zu arrogant dem Ritus der Geschenke völlig entziehen zu wollen, was selbstgewählter Verurteilung zum Mißerfolg von vornherein gleichkäme: in Rom tue man es den Römern gleich und in Japan den Japanern.

Zwar wird man es dem als Nachbarn zuziehenden Fremden oder »gaijin« vielleicht nachsehen, wenn er nicht genau weiß, wann er den nächsten Anwohnern seinen Höflichkeitsbesuch beim Einzug abstatten soll. Daß er es aber schließlich tut und mit einem kleinen Geschenk dazu, das wird zu Recht erwartet — und sei es nur mit einer Packung von Soba-Nudeln, die lang sind und so symbolisch die Hoffnung auf eine möglichst lang anhaltende, gutnachbarschaftliche Beziehung zum bildhaften Ausdruck bringen.

Eine Steigerungsmöglichkeit für den Kult der Geschenk-Papiere oder -Packungen stellt noch das seit der Edo-Periode gebräuchliche, viereckige Tuch aus bunter oder bedruckter Baumwolle oder Seide dar, genannt »Furoshiki« oder Bündeltuch, in dem man – ähnlich dem früher auch bei uns üblichen Tuch der Handwerker oder Zimmerleute – Gegenstände hübsch vierfach verknotet transportieren kann: ein auch heute noch in japanischen Straßen und Bahnen vielfach gebräuchlicher Anblick.

Ein ebenfalls häufiges und gern akzeptiertes Geschenk stellen in Japan Alkoholika dar, denen man gelegentlich sogar in einer westlich eingerichteten guten Stube quasi als Zimmerschmuck begegnen kann – wenn die Marke entsprechend repräsentativ war und wovon allenthalben auf den Flughäfen ganze Ketten von Duty-free-Shops zu leben pflegen.

Gegenüber dem weniger prestige-trächtigen, einheimischen Suntory-Whisky ist dies eine beliebte Steigerungsmöglichkeit, wie auch deutscher Wein neben dem üblichen und in kleinen Schalen warm kredenzten Reiswein, Sake – im Volksmund auch »hanjato« oder warmes Weisheitswasser genannt –, immer sehr gut ankommt.

Getränke spielen auch eine wichtige Rolle bei den oft aufwendigen gegenseitigen Einladungen, die im japanischen Geschäftsleben neben den Geschenken einen hohen Rang einnehmen. Die hierfür üblichen Restaurants sind zwar öffentlich zugänglich, aber oft nur einem kleinen, intimen Kreis bekannt, der dort diskret und teuer bewirtet wird. An unscheinbaren Plätzen gelegen und nach außen kaum kenntlich, entwickeln solche typisch japanischen Etablissements ihre oft hochkarätigen Künste und Dienste erst im Inneren für die entsprechende Gesellschaft, wo Preise ab 100.000 Yen (oder 1.000 DM) pro Person nicht ungewöhnlich sind. Dafür ist aber auch der Service ebenso erlesen wie die japanischen Gerichte, die immer neue kleine Kunstwerke des Anrichtens darstellen, für die ästhetische Maßstäbe in der Darbietung genauso wichtig sind wie der – dem westlichen Gaumen oft etwas fremde – Geschmack. Sich hierfür wiederum adäquat erkenntlich zu zeigen, ist dann später die Kunst des Bewirteten – und zahllose kleine Restaurants und Bars profitieren von dieser nie endenen Kette gegenseitiger Verpflichtungen – »giri«, die das Zusammenleben beherrscht.

2.3 Amae, das Bedürfnis nach Zuwendung und Geborgenheit

Wie »Wa« und »Giri« ist »Amae« ein Grundwort, ein Schlüsselbegriff für Japaner und das Verständnis ihres Lebensgefühls, das sie selbst als solches wenig reflektieren, sondern einfach praktizieren, an dem sie ganz selbstverständlich partizipieren, von dem sie getragen werden, ohne sich darüber viel Gedanken zu machen. Es bedurfte des japanischen Psychiaters Takeo Doi und seines grundlegenden Buches: »amae no kozo« (englisch: The Anatomy of Dependence«, inzwischen auch auf deutsch: »Amae; Freiheit in Geborgenheit: Zur Struktur japanischer Psyche«), um die zentrale Bedeutung von »Amae« für das Zusammenleben der Japaner herauszustellen, wobei er verwundert feststellte, daß es in keiner westlichen Sprache ein Wort gibt, das dem japanischen Begriff voll und ganz entspräche.

Das zugehörige Verb »amaeru« bedeutet so viel wie »einen anderen mit Unterstützung und Zuneigung versehen«, woraus im Substantivischen eine Art von wechselseitiger Abhängigkeit mit Anspruch auf Zuwendung und Angenommensein wird, das seine Wurzeln im elementaren frühkindlichen Verhältnis von Mutter und Kind hat. Dieses Verhältnis besteht in Japan intensiver und länger als bei uns üblich. Nicht nur ist der unmittelbare Körperkontakt durch das Tragetuch ganz allgemein gebräuchlich, sondern auch bis ins Kindergarten- oder Schulalter hinein — und oft noch später — werden Kinder von der Mutter in Japan mit großer Zärtlichkeit und Toleranz behütet und verwöhnt. Die japanische Frau und Mutter bindet ihr Kind stärker an sich und die Familie, auch wenn sie es nicht mehr im Tragetuch trägt, wodurch Japaner manchmal weniger »erwachsen« und oftmals sehr viel jünger wirken, als es ihrem eigentlichen Alter entspräche. In ihrer oft kindlichen Fröhlichkeit etwa in ausgelassener Stimmung, zum Beispiel beim gemeinsamen abendlichen Sake-Genuß oder Bar-Besuch, haben sie sich ein vielfach unverbildet natürliches Wesen bewahrt, das im Erwachsenen noch Raum läßt für den »homo ludens«, der auch nach Schiller nur dort ganz Mensch ist, wo er spielt. Die selbstverständliche Gewährung der Mutterliebe und die Sicherheit, sich darauf jederzeit und unbedingt verlassen zu können —

das ist das Grundprinzip von »Amae«. Nicht von ungefähr stellt ein altes Schriftzeichen für »sich mögen« symbolisch Frau und Kind nebeneinander dar. Für die der japanischen Mutter angesichts der geschäftlichen und oft sehr geschäftigen Tätigkeit der meisten Männer fast ausschließlich überlassene Erziehung der Kinder gibt es auch nicht das Problem der westlichen Welt, daß sie zu Individualisten – um nicht zu sagen: Egoisten erzogen werden müssen, die sich durchzusetzen und zu behaupten lernen müssen.

Maßgebend im Rahmen der japanischen Gruppen- und Gemeinschafts-Gesellschaft sind andere Qualitäten – eben beispielsweise die Akzeptanz von und Einordnung in gegenseitige Abhängigkeiten, die das Leben von Kindesbeinen an begleiten und sich auch später in den Beziehungen Schüler – Lehrer, Mitarbeiter – Vorgesetzter oder ganz allgemein zu einem Mentor manifestieren, dem man die Treue hält und von dem man gehalten wird und sich fürsorglich gehalten fühlt. So findet zum Beispiel ein ehrgeiziger und karrierebewußter junger Mann überhaupt nichts dabei, sich an einen anerkannten und einflußreichen Mentor um Unterstützung zu wenden. Wird solche gewährt, so entsteht nicht nur »giri«, die Dankespflicht, sondern auch »amae«, die gegenseitige Bindung auf gefühlsmäßiger Ebene. Dieses Gefühl der positiven emotionalen Bindung und der daraus abgeleiteten Wertschätzung für den Mitmenschen ist eine der dem Ausländer auffälligen und spürbar angenehmen Seiten im Umgang mit Japanern. Hierher gehören Höflichkeit und Rücksichtnahme, Bescheidung und Zurückstellung egoistischer Wünsche, Vertrauen und Zutraulichkeit sowie Vermeidung von Widerspruch und Brüskierung.

Auch die außerordentlich niedrige Kriminalitätsrate dürfte hier einen ihrer Gründe haben.

Sinngemäß heißt »amaeru« denn soviel wie »abhängen wollen« und »abhängen dürfen«, was zu einer lebenslänglich akzeptierten, ja sogar hochgeschätzten Bindung in Abhängigkeiten führt. Abhängigkeitsverhältnisse, in die man wechselseitig fest eingebunden ist, bedingen das zentrale Lebensgefühl der Japaner, die ihre Identität erst durch die Gruppe und aus dieser gewinnen, ausgehend von der Kleinst-Gruppen-Konstellation von Mutter und Kind.

Deutsche und Angelsachsen fürchten dagegen den Identitätsverlust durch eine zu enge Bindung an Gruppe und Familie, ihre Kultur wächst und weist in die Richtung der persönlichen Unabhängigkeit. Nur so ist es verständlich, daß die Tiefenpsychologie hierzulande den Prozeß der vollständigen Ablösung von den Eltern als das Zeichen der menschlichen Reifung auf dem Wege eigener Individuation fordert und anerkennt.

Mit dem Prinzip von »Amae« dagegen bleibt ein Gefühl von Geborgenheit in Bindungen und dem Bedürfnis danach lebensbestimmend – die »Anatomie der Abhängigkeit« (mit dem englischen Titel von Takeo Doi gesprochen) im Gegensatz zum westlichen Unabhängigkeits-Ideal, das in den Forderungen der französischen Revolution nach Freiheit, Gleichheit und Brüderlichkeit seinen Ausgang nahm, von denen sich heute höchstens noch die Brüderlichkeit zum Brückenschlag böte für ein besseres west-östliches Verständnis der Japaner und ihrer Eigenart.

2.4 Oyabun-kobun, das »Vater – Kind –« Verhältnis

Bei der Schilderung von Rangordnung und Autoritätsorientierung in der japanischen Gruppen-Gesellschaft war schon die Rede von »Sempai« und »Kohai« (Ranghöherem und Rangniedrigeren) sowie »iemoto-sei«, der typischen Meister-Schüler-Beziehung. Nach der Lehre des Konfuzius besteht die erste der grundlegenden Beziehungen zwischen den Menschen zwischen Vater und Sohn, Eltern (oya) und Kind (ko). Hieraus entstand die traditionelle und noch heute in Japan so gebräuchliche »Oyabun-Kobun«-Beziehung, wie sie beispielsweise für Schutzherr und Vasall, Daimyo und Samurai, Grundherr und Pächter, Meister und Jünger, Chef und Mitarbeiter Gültigkeit hatte und hat.

Die eindeutig dominante Stellung des Vaters in der Familie dokumentiert sich bei jeder Gelegenheit wie Sitzordnung, Bedienung beim Essen, Wortführung oder auch der Benutzung des täglichen heißen Bades (ofuro), die ihm als erstem vorbehalten ist. Es folgen sodann die Söhne in der Reihenfolge des Alters – und erst danach kommen Mutter und Töchter, die dem Vater und den Brüdern lebenslang das Ordnen von Kleidern und Utensilien aller Art als »den zu betreuenden Jungen« abnehmen, was zu entsprechender Verwöhnung führt und wohl mit dazu beiträgt, daß sich bei Sake-Gelagen unter Kirschblütenbäumen oder auch an Autobahn-Rastplätzen oft der »von den großen Jungen« hinterlassene Müll türmt.

Das kommt davon, wenn die ordnende Hand der Frau und Mutter abwesend ist, die zu Hause alles regelt. Mag sich auch das alte chinesische Schriftzeichen für Vater aus den Zeichen für Hand und Stock zusammensetzen, so gilt doch in der japanischen Erziehung grundsätzlich das Wort und Vorbild der Mutter, die schon früh an das Ehr- und Schamgefühl des Kindes appelliert: »Man wird sich über dich lustig machen − du wirst dich dem Spott und der Lächerlichkeit aussetzen«. Solche Bemerkungen sitzen tiefer und setzen stärker das jugendliche Benimm- und Verhaltens-Muster in Bewegung, als es väterliche Strenge oder körperliche Züchtigung vermöchte, die in Japan praktisch in der Erziehung unbekannt ist.

Der Vater in seiner unstrittigen Autorität ist dennoch als Bild und Figur überall präsent, was zu den typischen Oyabun-kobun-Beziehungen geführt hat, die für das Leben der Japaner in Wirtschaft und Gesellschaft charakteristisch sind. Meistens entwickelt sich eine solche Beziehung schon im Laufe der Ausbildung, wo ein gewisser Lehrer (sensei) die Rolle einer Vaterfigur (oyabun) übernimmt, die oft wichtiger sein kann als die des leiblichen Vaters. Gleiches gilt in Partei, Staat oder Verwaltung und insbesondere im Betrieb, wo sich zu einem bestimmten Vorgesetzten oder Höhergestellten eine enge persönliche Beziehung entwickelt. Das tragende Element dieser Konstellation besteht darin, daß der Jüngere (kobun) von seinem Mentor (oyabun) Unterstützung oder Hilfe erfährt, etwa bei der Stellensuche, Beförderung oder auch bei wichtigen persönlichen Entscheidungen. Umgekehrt ist ein »kobun« stets fraglos und bereitwillig zu Diensten, wenn ein »oyabun« dies fordert oder seine Situation es erwarten läßt. Diese Art von persönlicher Loyalität geht weit über das im westlichen Wirtschaftsleben übliche Maß hinaus und kann nur vor dem Hintergrund der gesamt-gesellschaftlichen und kulturellen Implikation verstanden werden.

Der Status und die persönliche Stärke des »oyabun« können dazu führen, daß er eine ganze Reihe von »kobun« hat oder bekommt. Umgekehrt führt die höchstpersönliche Art dieser Beziehung dazu, daß der »kobun« von möglicherweise mehreren »sempai« oder Ranghöheren nur einen wirklich als »oyabun« gewinnt und anerkennt, dem er sich mehr oder weniger bedingungslos und auf Gedeih und Verderb anvertraut. Das wiederum verpflichtet den »oyabun«, sich für den Jüngeren gemäß all' seiner Möglichkeiten an Rang und Status einzusetzen, wenn er als Führer- und Vaterfigur gefordert wird und bestehen bleiben will und soll.

Die gefühlsmäßige Zuneigung, die ein Führer oder Vorgesetzter seinen Untergebenen und Anvertrauten gegenüber empfindet, wird mit dem Wort »onjo-shugi« (Paternalismus) zum Ausdruck gebracht und setzt auch wohlwollende Anerkennung voraus. Diesem emotionalen Anteil an einer Beziehung kommt große Bedeutung zu, und er begründet über die funktionale Abhängigkeit hinaus eine persönliche Bindung von fast blindem Vertrauen, die der japanischen Ethik gemäß sehr hoch eingeschätzt wird. So obliegt es beispielsweise auch dem jeweiligen Chef, die Vorstellungen und Wünsche seiner Unterstellten und Mitarbeiter in seine eigenen Überlegungen und Ziele mit einzubeziehen. Je einsichtsvoller, kooperativer und konsensorientierter ein Vorgesetzter ist, desto loyaler und wirkungsvoller werden ihn seine Leute unterstützen. Die eigentümliche wechselseitige Abhängigkeit dieser Art von Führung zeigt sich auch in dem für Japan typischen »ringisho-System« der Entscheidungsfindung, von dem im nächsten Kapitel die Rede sein soll.

2.5 Nemawashi und Ringi, der Prozeß der Verständigung und Entscheidung

Über das spezifisch japanische System – oder besser gesagt: den Weg – der Entscheidungsfindung im Unternehmen, »ringiseido«, wurde bereits vielfach berichtet, so daß es hier nur kurz in seinen Grundzügen beschrieben zu werden braucht. Wesentlicher Inhalt dieses Systems ist es, daß es im Gegensatz zu der im Westen gebräuchlichen Methodik der Führung und Entscheidung nicht »top down« (im Sinne einer oftmals einsam und manchmal uneinsehbar von der Spitze her getroffenen Regelung), sondern »bottom up« (im Sinne eines von der Basis her eingebrachten und nach oben zur Zustimmung gebrachten Vorschlages) funktioniert, mit zahlreichen Rückkopplungen zwischen allen möglichen Hierarchiestufen.

Im »ringi-seido« wird eine Entscheidungsvorlage normalerweise etwa von der mittleren Führungsebene erarbeitet und dann in ein kompliziertes, informelles Umlauf-Verfahren gebracht, bei dem sichergestellt sein muß, daß der Entwurf auch wirklich allen möglicherweise Betroffenen und Interessierten zur Kenntnis gelangt – bevor er schließlich gemäß allgemeiner Überzeugung mit Billigung des Präsidenten oder der Unternehmensleitung verkündet und in Kraft gesetzt wird. Dieses Vorgehen hat den unschätzbaren Vorteil der Beteiligung einer Vielzahl möglicher Multiplikatoren und Entscheidungsträgern schon beim Vorgang der Willensbildung und Entscheidungsfindung, worin nach Möglichkeit alle irgendwie maßgeblich berührten Mitglieder der gesamten Gruppe einbezogen sind. Äußeres Zeichen der Zustimmung ist anstelle der bei uns gebräuchlichen Unterschrift der charakteristische kleine rote persönliche Stempel des Mitarbeiters, mit dem er die Vorlage anerkennt und quasi besiegelt.

Nicht ausgeschlossen ist dabei, daß das Papier auf seinem Wege durch die Instanzen Ergänzungen und Veränderungen gegenüber dem ursprünglichen Vorschlag erfährt. Zahlreiche, oft sehr lang andauernde Besprechungen und Konferenzen im kleineren wie im größeren Kreise dienen der Einstimmung der Gruppen und Beteiligten im Hinblick auf den schließlich meist einstimmigen Beschluß oder Entscheid. Daß es dazu kommt, dem dient »Nemawashi«, der informelle Prozeß der Verständigungsförderung.

Wörtlich bezeichnet »nemawashi« den Vorgang, der mit dem Pflanzen eines Baumes verbunden ist, also eigentlich das Einpflanzen der Wurzeln in den Boden, das dem Wachstum notwendig vorausgehen muß. Schon dieses Bild selbst, wie es sich mit dem wörtlichen Begriff verbindet, weist auf sehr schön anschauliche Weise darauf hin, was auch im übertragenen Sinne mit nemawashi gemeint ist. Erst dort, wo eine Entscheidung wirklich wie ein Wurzelwerk in all seinen Verästelungen durch die Implantation des wesentlichen Wissens darum samt der dazugehörigen Akzeptanz im Sinne der Teilnahme und Teilhabe aller Beteiligter zum Gemeinschaftsgut geworden ist, kann daraus tragfähig und lebenskräftig die neue gemeinsame Aktion erwachsen.

Daß es dazu der Abstimmung und Einstimmung in Dialogen, Gesprächen und Besprechungen vielfältigster Art innerhalb und außerhalb der Büros bedarf, liegt auf der Hand. Von Bedeutung für diesen auch stark emotional bedingten Prozeß, der gelegentlich durchaus die Form eines feingesponnenen, informellen politischen Ränkespieles mit gleichsam zeremoniellem Charakter annehmen kann, ist auch das Gefühl, »kimochi«, das zum Wohlbehagen des einzelnen wie zum Wohlbefinden der Gruppe beiträgt. »Kimochi« mit seinen Variationen in der gesamten Bandbreite von Antipathie über ursprüngliche Gleichgültigkeit bis zur Sympathie, die es letzten Endes möglichst allseitig zu gewinnen gilt, ist im japanischen Management ein außerordentlich wichtiges Instrument, dessen Beherrschung von den Maßgeblichen noch über alles Fachwissen und Sachkennen hinaus als das eigentliche Können im mitmenschlichen Bereich und Umgang erwartet wird. Die Aufgabe des Managements in Japan besteht also nicht so sehr darin, selbst Entscheidungen zu fällen, sondern vielmehr darin, die Voraussetzungen rationaler und emotionaler Art dafür zu schaffen, daß Entscheidungen als Konsens aller damit Befaßten getroffen – und vor allem: durchgeführt werden können.

Daß dies ein langwieriger, zeitraubender Vorgang ist, bedarf kaum der Erwähnung. Andererseits stehen dann allerdings auch alle Beteiligten unbedingt hinter der schließlich getroffenen Entscheidung als auch ihrer eigenen, die sie als solche mittragen und ausführen. Das politische Spiel der Intrigen, das bei uns so manchen Beschluß verändert, verfälscht oder in der Durchführung in Frage stellt oder zu Fall bringt, hat in Japan gemeinschaftsorientiert schon vorher stattgefunden (nemawashi). Deshalb gibt es dann auch keine politische Schuldzuweisungen für Fehler, die gemeinsam getragen und gegebenenfalls in einem neuen Verständigungsprozeß korrigiert werden.

Damit ist das japanische System mit der Durchführung einmal getroffener oder beschlossener Entscheidungen meist effizienter, das heißt rascher und konsequenter. Die Einbezogenheit einer

Vielzahl von Zentren und Personen im Prozeß der Willensbildung führt dazu, daß der schließlich gefaßte Beschluß auch mit radikaler Aktivität verwirklicht wird.

Die Verkündung durch den Präsidenten oder Geschäftsausschuß hat in diesem Prozeß mehr demonstrativen oder formalen Charakter. Zwar trägt die anerkannte Autorität der Senioren dann auch mit zum Ansehen der Aktion bei, die jedoch vom Konsens des »Kyodotai« getragen wird, was so viel bedeutet wie harmonische, organische Zusammenarbeit der Gemeinschaft bei gegenseitiger verständnisvoller und freundschaftlicher Unterstützung (nach Schneidewind). Interessant ist auch der Fall, daß in der Ausnahme einmal gegensätzliche Standpunkte und widerstreitende Ansichten im Vorfeld nicht völlig ausgeglichen werden können. Hier bedarf es dann einer allseits geachteten und hochgestellten Persönlichkeit, um einen Schiedsspruch zu fällen. Sich einem solchen Spruch zu unterwerfen, bedeutet dann für niemanden einen Gesichtsverlust, und alle schicken sich erleichtert in die – hoffentlich salomonische – Entscheidung. Der Personenkreis für eine solche Schiedsrichterrolle rekrutiert sich häufig aus den früheren Präsidenten einer Firma, die oftmals noch Beraterpositionen innehaben, oder auch aus Hausbank, Ministerium oder Muttergesellschaft.

Wie gesagt: der einmal getroffene Spruch, ob aus der normalen Konsens-Entscheidung oder ausnahmsweise mit Unterstützung schiedsrichterlicher Autorität, wird sodann nicht mehr in Frage gestellt, sondern mit dem ganzen Gewicht der Gruppe in die Tat umgesetzt und verwirklicht, was zu großer Stoßkraft führen kann, wie sie mehr und mehr auf den Märkten der Welt zu spüren ist.

Welche Bedeutung auf diesem Weg der Verständigung und Entscheidungsfindung an allen Stellen und in allen Stadien der direkten persönlichen Kommunikation zukommt, sei abschließend noch einmal betont. Dem ist schon das übliche Großraumbüro förderlich, in dem auch der Vorgesetzte seinen Schreibtisch bei der Gruppe hat. So kann es einem beispielsweise passieren, daß man von der Sekretärin als Besucher an ihm vorbei zu dem Besprechungs- oder Chef-Zimmer geführt wird, das nur für diesen Bedarf und im Kontakt nach außen am Rande des allgemeinen Büros existiert – und wo man sich dann wundert, den wiederzusehen, den man doch gerade schon außen hatte sitzen sehen! Weshalb auch die informellen Gespräche im Büro ganz allgemein ermutigt und ermuntert werden, wird in diesem Zusammenhang noch einmal besser verständlich: sie dienen der Stimmung und Einstimmung, mag auch im Einzelfall die konkrete Problemlösungs-Effizienz darunter leiden oder zumindest einen höheren Zeitaufwand mit sich bringen. Dieser wird jedoch um der Konsensbildung willen in Kauf genommen und durch die Bereitwilligkeit zur Leistung von Überstundenarbeit ausgeglichen.

Wo immer möglich wird der direkten persönlichen Kommunikation der Vorzug gegeben vor Briefen oder Rundschreiben. Dabei ist es für den Japaner von Bedeutung, sein Gegenüber zu beobachten und in Augenausdruck und Mimik auch zwischen den Worten zu lesen, während man hierzulande nur versteht, was ausdrücklich gesagt wird – wenn überhaupt! Die nonverbale Kommunikation hat demgemäß in Japan einen sehr hohen Stellenwert, ja man kann sagen, daß die schweigende Verständigung als höchste Stufe möglicher zwischenmenschlicher Beziehung überhaupt gilt. Daß solches Schweigen weit von »stumm und dumm« entfernt ist und seine Kraft gerade aus der versammelten Fülle der Stille zieht und gewinnt, soll im nächsten Kapitel gezeigt werden.

2.6 Seijaku – die Kraft und Kultur der Stille

Wenn die nationale japanische Fluggesellschaft Japan Air Lines eine ihrer Werbe-Anzeigen für die JAL Executive Class unter die Überschrift der »Kraft der Stille« stellt und die Fähigkeit und Möglichkeit zu völliger Entspannung als die typisch japanische Quelle der Kraft beschreibt und preist, dann kommt in dieser Symbolik wohl mehr zum Ausdruck als nur die werbewirksame Idee des Textes irgendeiner Agentur. Es muß etwas Besonderes sein um den Bezug zur Stille, der für die japanische Kultur so charakteristisch scheint, daß Karlfried Graf Dürckheim dem ersten seiner zahlreichen Bücher im Jahre 1950 den Titel gab: »Japan und die Kultur der Stille«, nachdem er selbst von 1937 bis 1946 in Japan gelebt hatte. Ähnlich wie schon vor ihm ein anderer deutscher Gelehrter, Eugen Herrigel (»Zen in der Kunst des Bogenschießens«), kam er mit Zen in intensive, suchende und aktive Berührung und berichtete davon später auch in Deutschland, zuerst bei einer Tagung auf der Elmau im Jahre 1967. Za-Zen gehört denn auch zur täglichen Übung in der von Dürckheim 1948 gegründeten existential-psychologischen Bildungs- und Begegnungs-Stätte in Todtmos-Rütte im Schwarzwald, wo er im Oktober 1986 seinen 90. Geburtstag in verhaltener Stille feiern konnte.

Ein weiterer Bogen schlägt sich zu diesen Texten in unserer Zeit von den »Betrachtungen aus der Stille« (Tsure zure gusa) des Kenko Yoshida, der als Laienmönch im 14. Jahrhundert gelebt hat und dessen Text – neben dem gleichfalls berühmten »Kopfkissenbuch« (Makura no Soshi) der Hofdame Sei Shonagon – zu den noch heute meistgelesenen und -kommentierten Klassikern japanischer Bildung gehört. Wie ein roter Faden zieht sich durch seine Dichtung die Sehnsucht nach Stille und die Erkenntnis vom Unbestand allen Daseins und der Notwendigkeit, sich in rechter Weise auf das Sterben vorzubereiten, in dem die Stille definitiv wird. Damit aber steht Kenko ganz in der Tradition des Zen, dem Leben und Tod auch nicht feindliche Brüder sind, sondern nur die beiden Seiten der einen Münze, mit der wir für unsere Existenz in dieser Welt bezahlen.

Der japanische Begriff des Lebens schließt den Tod als natürlich mit ein, was bis zu den Traditionen des ritualen Selbstmordes im Harakiri oder Seppuku reicht, während das Sterben im Westen samt dem Wissen darum geflissentlich immer mehr in die Intensivstationen der Hospitäler verdrängt wurde. Geübt durch Jahrhunderte blutiger nationaler Geschichte, durch Erdbeben und Feuersbrünste, Fluten und Taifune hat der Japaner gelernt, mit Vergänglichkeit und Tod zu leben, sein Schicksal in Gelassenheit anzunehmen.

Daraus sprechen weder Resignation oder Fatalismus, noch heroischer Verzicht auf Besitz oder Leben. Aber gerade weil der Tod hinter jedem Augenblick des Lebens steht, erhält dieses besondere Intensität und Leuchtkraft, worauf auch alle entsprechende Übung und Erziehung zielt. Ein klassischer Weg solcher Übung ist das Za-Zen, dem es darum geht, auf dem Sitzkissen in der Zendo oder Übungshalle »das kleine Ich gründlich umzubringen« – um dem großen Ich oder Selbst gemäß unserem tiefsten, wahren Wesen zum Durchbruch zu verhelfen. Es ist der Weg des Samurai (Bushido), der in der Überwindung Ich-süchtiger Regungen und uranfänglicher Selbstbezogenheit gelernt hat, schließlich den selbstlosen Weg »jenseits von Leben und Tod« zu gehen. Auch der »Ungeübte« hat, sofern er noch in der japanischen Tradition aufgewachsen ist, Anteil an solcher Erfahrung, die sich dem Fremden augenfällig zeigt etwa in der Verhaltenheit von Ausdruck und Bewegung, in der Wahrung äußerer Haltung, im Stillhalten auch in bewegten Umständen und Unstimmigkeiten des täglichen Lebens und Leidens.

Bei der Grundübung des Zen, dem Za-Zen oder Sitzen im Zen, geht es um die versammelte Stille von und für Körper und Geist. Die durch eine bestimmte, aufrechte Sitzhaltung eingenommene Ruhestellung erfaßt auch das Denken, das sich durch meditative Konzentration selbst aufhebt und zum »Denken des Nicht-Denkens« führt. Im Za-Zen ist das Sitzen zu einer Art Ur- und Grund-Haltung des Menschen geworden, der er sich in gesammelter Gelassenheit, in gelöster Konzentration und Reglosigkeit überläßt. Solches Sitzen gibt schließlich der sich selbst innegewordenen Stille Ausdruck, wodurch auch in der Umgebung Ruhe ausgestrahlt und spürbar wird – der Ton der Stille wird hörbar, das Unausgesprochene wird vernehmlich.

Wie allerdings schon beim Za-Zen die Augen kategorisch geöffnet bleiben und der Atem ständig – wenn auch reduziert – wahrgenommen wird, so gilt es auch schließlich nicht mehr zu trennen zwischen stillem Sitzen in der Versunkenheit und lautem Agieren im Alltag. Vielmehr sollte die meditative Grundverfassung des Zen und seiner Stille mit Aufmerksamkeit und Geistesgegenwart (ganz im Wortsinne) auch alles Tun und Lassen durchdringen – seinsmächtig werden. »Den Geist in der Versenkung halten und gleichzeitig den Dingen des täglichen Lebens zugewandt bleiben – das ist das Wesen wahrer Meditation«, sagt Vimalakirti, in dessen Sutra sich an einer Stelle auf eindrückliche Weise das hörbar gewordene Schweigen dokumentiert.

Unter der Überschrift: »Über den Eintritt in die Lehre der Nicht-Zweiheit« (»Advaita«) wird dort geschildert, wie Vimalakirti sich an die versammelten Bodhisattvas wandte mit der Frage, auf welche Weise ein Bodhisattva in diese Leere eintreten könne.

Und als er von Dharmesvara bis Manjusri alle 32 Antworten erhalten hatte, trat er schließlich auf die nun an ihn selbst gerichtete Frage in den Kreis der versammelten Bodhisattvas, kniete nieder – und schwieg. Das aber ist es, was man nachmals das »donnernde Schweigen« des Vimalakirti genannt hat!

Auch in anderen Kulturkreisen und Exerzitien, beispielsweise den christlichen in der Nachfolge des Ignatius von Loyola oder anderen Orden und Orten, spielen Stille und Schweigen eine wichtige Rolle. Das Wort, das trägt, kommt nach Picard aus dem Schweigen, und bei dem Philosophen Martin Heidegger spricht sogar die Sprache selbst als das »Geläut der Stille«. Nicht ganz von ungefähr dürfte gerade er in den philosophischen Schulen Japans heute, etwa im Kyoto Kitaro Nishida's oder dessen zur Jahrhundertwende geborenen Schülers Keiji Nishitani (»Was ist Religion« – Insel Verlag 1982) mit seinem Denken Eingang gefunden haben, auch wenn er selbst nie Za-Zen geübt hat. Aufschlußreich hierzu ist das Gespräch von der Sprache (in: »Unterwegs zur Sprache«, Neske 1959) zwischen Heidegger und Professor Tezuka von der Kaiserlichen Universität Tokio 1953/54. Nachdem Heidegger die Sprache als das »Haus des Seins« bezeichnet hat und Tezuka den Begriff »Iki« für das Wesen der Sprache (neben Koto ba) als das Anmutende, das Wehen der Stille eingeführt hat, verweist er schließlich auf das No-Spiel zum besseren Verständnis der japanischen Welt und ihrer Hintergründe.

Während das aus dem 17. Jahrhundert stammende Kabuki-Theater ein Vergnügen für die breite Masse des Bürgertums war und ist und das Bunraku-Puppentheater seinen eigentümlichen Reiz nicht nur – wie hierzulande üblich – für Kinder ausübt, handelt es sich im No-Spiel um die älteste Theater-Form Japans aus dem 14. Jahrhundert und mit stark buddhistischem Einfluß. Ursprünglich für Fürsten und Samurai gespielt, hat es noch heute einen hohen künstlerischen und intellektuellen Anspruch. Prachtvolle Gewänder und kunstvoll geformte Masken von überzeitlicher Schönheit und überpersönlichem Ausdruck in Verbindung mit monoton-getragener Musik und den rituell-symbolischen, gemessenen Bewegungen der Darsteller verleihen diesem Mysterienspiel eine Wirkung und Faszination eigener Art, die in der westlichen Theater-Form nicht ihresgleichen hat. Rezitation und

Gesänge zweier Hauptschauspieler mit einem Chor von acht bis zwölf Sängern gruppieren sich um einen symbolisch-kultischen Tanz zu Ausdruck und Aufführung von hohem künstlerischen Rang und eindrücklicher Gestaltung, die eben durch die Sparsamkeit an Worten besticht, zwischen denen das Schweigen wohnt, aus dem sich für den Zuschauer die jeweils eigene Wahrheit bilden kann.

Ähnliches gilt für die Musik des Zen-Buddhismus, wie sie beispielsweise in einer Aufnahme aus dem Eiheiji, dem Haupttempel des Soto-Zen, unter dem charakteristischen Titel »Zen – Sound and Silence«, hörbar geworden ist. Abgesehen davon, daß gelegentliche Vogelstimmen und Regengüsse zur Verdichtung der Stille bis zu ihrer Hörbarkeit beitragen, wird die monotone Rezitation der Mönche eingeleitet und begleitet von den verschiedensten Glocken und Zimbeln sowie Gong-, Pauken- und Beckenschlägen, die sich zu einem Dröhnen und Tönen starker Intensität steigern, bevor wieder die Schwingung des Schweigens der Instrumente und Stimmen zur Vertiefung der Meditation einlädt.

Noch ein anderes Ritual aus dem Zen-Kreis und seinem Bann steht ausdrücklich mit unter dem Gebot von »Seijaku«, der Stille: nämlich die Tee-Zeremonie (cha-no-yu) oder der Tee-Weg (cha-do), wovon weiter unten noch die Rede sein wird. Hier sei nur schon darauf hingewiesen, daß diese Zeremonie, die vielleicht als besonders typisch gelten darf für das Bild von Gestalt gewordenem und noch heute allgemeiner Anerkennung gemäß gültigem Zen, unter der Hoheit von vier Tugenden praktiziert wird, als da sind: Harmonie, Ehrfurcht, Reinheit und Stille. Letztere wird dem aufmerksamen Gast schon aus dem Singen des Teekessels zuteil, der im Zentrum des kleinen Raumes auf der Holzkohlenglut steht und zum Verweilen mit allen Sinnen einlädt, noch bevor der Gastgeber mit seinem eigentlichen Ritual beginnt. Dazu wird auch gesagt: »Eine Tee-Zeremonie, die nicht das Herz des Gastes erreicht, ist keine Tee-Zeremonie.« Verständlich daher, daß das Studium und die Übung des Tee-Weges vielerorts, wie beispielsweise im berühmten Ura Senke in Kyoto, zu den traditionellen Künsten gehört, deren Beherrschung von einer zukünftigen »Dame des Hauses« erwartet wird.

Wie für den Teeraum im besonderen, so ist für das japanische

Holzhaus im allgemeinen auf der Grundlage der 180 x 80 cm gro-
ßen Tatami-Reisstrohmatten und mit den papierbespannten
Schiebetüren Schlichtheit, Reinheit und Einfachheit maßgebend.
Die Möblierung mit Tisch und Bücherregal ist sparsamst, das
Bettzeug (Futon) wird erst nachts aus dem Wandschrank genommen und auf den Tatamis ausgebreitet. Als Schmuck dient lediglich im Tokonoma, der Wandnische, ein Rollbild, meist mit einer
Tuschzeichnung, die je nach Stimmung und Jahreszeit ausgewech-
selt wird, sowie ein Blumengesteck (Ikebana) oder ein einzelner
Kunstgegenstand. In solcher Umgebung werden Worte anders ge-
wogen, und der Schlichtheit von Raum und Rahmen entspricht
das Sprechenlassen der Stille als primäre Ausdrucksform.

Unabhängig von all diesen Umständen und Gegenständen der
Umgebung und ihrer Wege und Kulte und über sie hinaus ist die
Kultur der Stille in Japan eine inständige und zuständliche, die
den Umgang miteinander bedingt und das jeweilige Gegenüber
mit einbezieht. Hier ist noch einmal ein Hinweis angebracht auf
das vorhergehende Kapitel über die Verständigung in ihrer höchsten Form der schweigenden Kommunikation, wie sie in Japan
Gültigkeit hat. Daraus wird manchmal im zwischenmenschlichen
Verkehr fast so etwas wie eine »Prüfung der Stille«. Interessiert
oder doch zumindest höflich scheint der Japaner den Worten des
Fremdlings (gaijin) zu lauschen, während er ihn selbst unbewegt
und unentwegt beobachtet und nur wenig sagt. Lächelnd lockt er
ihn mit scheinbarer Geste der Zustimmung oder Bejahung auf das
Glatteis tönender und sprudelnder Selbstgefälligkit, die ohne
Punkt und Komma weiterspricht, unterbrochen vielleicht nur von
dem gelegentlichen: »So-desu-ka!«, einer häufig gebrauchten Re-
dewendung der Japaner, die etwa so viel bedeutet wie: »Ach so!«
Auf der Grundlage solcher Selbstgespräche westlicher Prägung
und Zunge entstehen in Japan viele Mißverständnisse, die mit etwas mehr Zuhör- und Schweige-Bereitschaft vermeidbar wären.
Wo dagegen der Wille zur Verständigung durchscheint, und wo
auch der Fremde in Geduld und Gleichmut zur Übung von Stille
fähig ist, da schließt sich der japanische Gesprächspartner auf,
auch wenn man seine Sprache nicht beherrscht. Durch die Worte
des Dolmetschers oder das gemeinsame Englisch hindurch vermag
der Japaner das beredte Schweigen zu vernehmen, das Teilnahme

signalisiert und sein eigenes Sprechen ja stets maßgebend begleitet. Erst wo der Fremde dies beherrscht oder doch wenigstens be-
herzigt, wird echte Kommunikation möglich.

Ein Wort noch sei abschließend der wortlosen Sprache des Lä-
chelns gewidmet, die in Japan Ausformung und Ausdruck besonderer Art gefunden hat. Nicht von dem Lächeln soll dabei die
Rede sein, das zwischen Menschen in aller Welt von Übereinstimmung, Zuneigung und Sympathie kündet – und das es auch in Japan gibt. Das typisch japanische Lächeln aber, dem der von 1890
bis zu seinem Tode 1904 in Japan lebende englische Schriftsteller
Lafcadio Hearn eine eigene Schrift (The Japanese Smile, Glimp-
ses of Unfamiliar Japan) gewidmet hat, ist Bestandteil der Kultur
der Stille und eines Ehrenkodex, der seine Wurzeln in der Selbst-
kontrolle und Beherrschung der Samurai und ihrer Nachfahren
hat. Dieses Lächeln bleibt auf den Lippen auch dann, wenn Leid
und Schmerz das Herz erfüllen, ja es bleibt dort sogar angesichts
des herannahenden Todes, den es möglichst bewußt zu akzeptieren gilt. Diese Haltung von Geist und Gesicht führt dazu, daß es
in kultivierten Kreisen Japans nach wie vor Lebens- beziehungsweise Sterbens-Art ist, sich mit einem letzten Gruß, einem Gedicht
von sich und den Seinen in der Welt zu verabschieden. Ergreifen-
de Worte wurden unlängst noch in den Notizbüchern der Opfer
des Jumbo-Absturzes von 1985 in Mitteljapan gefunden, deren
Schreiber diese Tradition bekundeten, die auch im Zen-Stil beheimatet ist. Ein »hinterlassenes Gedicht«, auch »Abschieds-Gatha«
genannt, der Nonne Ryonen mag dies verdeutlichen:

»Sechsundsechzig Mal haben diese Augen gesehen,
wie es immer wieder Herbst wurde.
Über den Mond habe ich genug gesagt,
fragt' nicht danach;
lauschet lieber dem lautlosen Klang
der Föhren und Zedern, wenn kein Wind sie bewegt.«

2.7 Wa-kon yo-sai – Japanischer Geist und westliche Technik

Mit diesem Begriff läßt sich die japanische Entwicklung der Neuzeit auf einen wichtigen Punkt bringen, der als Schlagwort zunächst ein zentrales Thema der Meiji-Revolution von 1867/68 war. Ähnlich Shotoku Taishi, der im siebten Jahrhundert mit seiner Verfassung der 17 Artikel des japanischen Gott-Kaisertum als Reaktion auf die überwältigende Vormachtstellung Chinas eingeführt hatte, richteten die patriotischen Reformer am Ende der Tokugawa-Zeit ihren Blick nach dem inzwischen übermächtigen Westen, der sich mit den Kanonenbooten des amerikanischen Commodore Perry 1853 Zutritt und Gehör in Japan verschafft hatte. Zum einen übernahm nun der Kaiser nach dem Sturz des Shogunats formal wieder die Herrschaftsgewalt, bis sich Japan 1889 auch eine Verfassung gab, die der des Deutschen Kaiserreiches von 1871 nachgebildet war. Zum anderen aber war das wesentliche Anliegen Meiji-Japans, die Grundlage zu schaffen für die Einrichtung eines starken Staates moderner westlicher Prägung. Neben der Verfassung dienten das deutsche Bürgerliche Gesetzbuch ebenso wie deutsche Medizin zum gewählten Vorbild, während Armee und Strafgesetzbuch französischem Muster nach dem Code Napoléon folgten. Die Kaiserliche Marine wiederum war eine Kopie der British Royal Navy, und auch Telegraphen und Eisenbahnen folgten dem britischen Beispiel, während Universitäten und Wirtschaftswesen sich an amerikanischen Maßstäben orientierten.

Es war ein rechtes Gemisch, das die Männer der Meiji-Regierung aus dem jeweils gelobten Land des Westens ihrer Wahl auf der Suche nach dem besten System mit nach Hause brachten, und es bedurfte des staatskapitalistischen wirtschaftlichen Aufschwungs um die Jahrhundertwende, um den Geist Japans wirklich fruchtbar mit der Technik und dem Können des Westens zu vermählen. Dennoch zeigt diese Rezeption noch heute ihre Früchte, die genauso wenig zu verachten oder verächtlich zu machen sind wie die späteren Aufnahmen und Anleihen bei westlichem Wissen, wie sie den Wirtschaftsaufschwung von »Japan Inc.« nach dem Zweiten Weltkrieg erst wirklich möglich gemacht haben. War dabei vielleicht zunächst oft von Nachahmung und reiner Anwendungstechnik die Rede, so wurde zunehmend spürbar, daß Japan Jahr für Jahr Unzahlen von Ingenieuren ausbildete und seine Produktivität und Fertigungstechnologie es bald nicht nur mit dem Westen aufnehmen konnten, sondern diesen in vieler Hinsicht überflügelten – ob zunächst mehr auf Gebieten von Foto, Video und Stereo oder später Motorrad und Automobil bis heute hin zur Halbleitertechnik und Elektronik.

Die Übernahme, Anpassung und Verbesserung westlicher Techniken, die Japan mit Meisterschaft betrieben hat – und noch betreibt – stellt sich bewußt in den Dienst von Staat und Wirtschaft und hat damit auch einen nationalistischen Aspekt, wie er schon im ersten Teil des Schlagwortes (Wa-kon) zum Ausdruck kommt: *japanischer Geist!* Man hat sich deshalb lange nicht die Mühe gemacht, sich verstärkt eigentlicher Grundlagenforschung zuzuwenden: war sie doch Ausdruck typisch westlicher, rationaler, naturwissenschaftlicher Orientierung, deren Ergebnisse man lieber gleich zu pragmatischer und praktischer Anwendung und Umsetzung nutzte. Inzwischen hat allerdings auch hier ein gewisser Prozeß der Umstellung und des Umdenkens eingesetzt, wie er sich beispielsweise in den Zahlen der Patentanmeldungen ausdrückt.

So gingen etwa für das Jahr 1984 beim Deutschen Patentamt und beim Europäischen Patentamt fast 70.000 Patentanmeldungen ein, die im Bundesgebiet Wirkung entfalten sollen; über die Hälfte davon, nämlich 37.300 dieser Anmeldungen stammten von ausländischen Anmeldern, wovon 13.300 auf die USA und 9.500 auf Japan entfielen. Bemerkenswert ist dabei der Anstieg der von japanischen Firmen angemeldeten Erfindungen von etwa 600 im Durchschnitt der Jahre 1949 bis 1968 auf erstmals über 3.000 im Jahre 1969 und auf knapp 7.000 für 1982.

Auch in den USA haben die japanischen Patentanmeldungen signifikant zugenommen, und zwar von ca. 8.500 für 1975 auf etwa 16.000 für 1984 (von insgesamt ca. 110.000 Anmeldungen). Auch nach ihren eigenen Inlandszahlen sind die Japaner heute das produktivste Volk der Welt in bezug auf Patentanmeldungen, die im Inselstaat von ca. 160.000 im Jahre 1975 kontinuierlich auf über 260.000 im Jahre 1984 stiegen (bei einem Anteil ausländischer Anmelder von weniger als 10 %). Deutlich vergrößert hat sich der Abstand quantitativer Wissensproduktion in Japan vor allem auf technischen Gebieten wie Farbfernsehkameras, Bildübertragung, EDV-gesteuerte Steuer- und Regelsysteme, Mikrocomputer und programmgesteuerte Manipulatoren (Roboter), wo deutsche Firmen früher traditionell unangefochtene Spitzenpositionen hatten – und verloren.

Der japanische Geist ließ die wißbegierigen Schüler aus dem Lande der aufgehenden Sonne inzwischen vielerorts zu Klassenbesten werden und gar ihre Lehrer überrunden, wobei die jeweilige Leistung immer in erster Linie auch für Japan erbracht wurde und wird: Japan, Japan über alles . . .

So war es auch sicher nicht ganz von ungefähr zu der verblendeten Verbündung gekommen mit dem hybriden nationalsozialistischen Deutschland am anderen Ende der Weltachse im Zweiten Weltkrieg, wo vor nationalem Wahn wenig verblieb vom Wesen der Dichter und Denker. Wenn auch die Grausamkeiten japanischer Kriegführung im pazifischen Raum zu Recht gebrandmarkt wurden, so fehlten ihnen doch wenigstens die rassistischen Dimensionen des Genozids von Auschwitz und Buchenwald. Ein Wiederanknüpfen an die Tradition japanischen Geistes war deshalb nach 1945 problemlos und ohne besondere Vergangenheitsbewältigung möglich. Dort, wo die Meiji-Restauration westlicher Zivilisation und Aufklärung die Tore geöffnet hatte, verbanden sich nun zusätzlich moderne Technologie und wirtschaftliche Potenz mit der nationalen Ambition und dem sie tragenden Wesen – »Wa-kon«. Japanischer Geist – das ist die vertikale Gruppengesellschaft und traditionelle Rangordnung, der Geist und Stil der Samurai und ihrer Söhne, das sind Shintoismus, Konfuzianismus und Buddhismus, das sind »wa«, »giri« und »amae« ebenso sehr wie Tee-Zeremonie, No-Spiel und Blumenstecken.

So wie der Geist des Samurai sich mit der Tüchtigkeit des Geschäftsmanns zu fruchtbarer Symbiose verbinden sollte (Shi-kon sho-sai), so gilt die Verbindung japanischen Geistes mit westlichem Können als Ziel und Grundgesetz für Nippons Neuzeit (Wa-kon yo-sai), was man in freier Übersetzung etwa so ausdrücken könnte: »Die Technik kommt wohl aus dem Westen – die Seele aber bleibt japanisch.«

3. Wirtschaftsform und Unternehmenskultur

3.1 »Japan Incorporated«

Die enge Verbindung von Staat und Wirtschaft, von politischen und beamteten Entscheidungsträgern mit Unternehmern, Wirtschaftsführern und Wirtschaftsverbänden hat zu der außerhalb Japans vielfach kritisierten Solidargemeinschaft maßgeblicher Menschen und Institutionen geführt, die mit der Bezeichnung »Japan Inc.« bloßgestellt werden soll. Andererseits schwingt darin sicher auch etwas Neid mit auf den neuerdings in vieler Hinsicht Klassenbesten der Industrienationen, die in anderen Ländern nur träumen können von dem Maß an innerer Stabilität, wirtschaftlichem Wachstum und allgemeiner Krisenfestigkeit, das gerade aus der kritisierten Synchronisation eines vielfach miteinander verflochtenen Systems resultiert, wie es das neuzeitliche Nippon kennzeichnet.

Mag seine Macht auch manchmal überschätzt werden, so ist doch in erster Linie das MITI zu nennen, das Ministerium für internationalen Handel (Trade) und Industrie, das mit seinen 13.000 Beamten in Tokio ein Kern- und Kabinett-Stück japanischer Wirtschaftspolitik darstellt. 1949 aus verschiedenen Behörden gebildet, um den Nachkriegsaufschwung einzuleiten und planend zu begleiten, erlangte das MITI seine heutige Struktur mit der Reform von 1973, als der erste Ölschock grundlegende Wandlungen in der internationalen Wirtschaft nötig machte. Derzeit sind es wohl vor allem die Probleme des starken Yen im Verhältnis zum Dollar und anderen Währungen, welche erneut die Kreativität dieser Behörde herausfordern.

Zwar gibt es gelegentlich durchaus Verordnungen oder direkte Eingriffe des mächtigen Ministeriums; im allgemeinen aber läßt man es darauf nicht ankommen, sondern arbeitet mit »amtlichen Empfehlungen« (gyoseishido), denen die Betroffenen jedoch tunlichst nachkommen, wenn sie nicht den Verlust an Lizenzen, Subventionen oder auch nur ministeriellem Wohlwollen riskieren wollen. Das MITI bestimmt auch die Politik in bezug auf technologische Forschung und Entwicklung, wofür eindeutig die Marktorientierung im Vordergrund steht: neue Werkstoffe oder intelligente Computer, Membran- oder Gentechnologie sind Ziele mit wichtigen Zukunftsmärkten, während die mehr Grundlagenorientierte Forschung etwa der Hochenergie-Physik noch vernachlässigt wird, wenngleich erste Satelliten-Starts mit eigenentwickelten Raketen auch aus Japan aufhorchen lassen.

Das MITI berät, es läßt sich aber auch beraten von den großen Unternehmen oder Unternehmensverbänden. Dabei werden auch Irrtümer zugegeben oder Planungen geändert, getreu der eher pragmatisch-kommunikativen Art der Japaner, die nicht gern auf dem fruchtlosen Recht der Autorität des Besserwissens sitzen bleiben.

Anders als hierzulande, wo man gerne »aus Prinzip« eine Entscheidung oder Planung vor der Inangriffnahme möglichst »wasserdicht« macht und lieber Verzögerungen in Kauf nimmt, als sich auf teilweise noch unbekanntes Gelände zu wagen, geht man in Japan gerne einen ersten Schritt, auch wenn die Planung noch nicht vollkommen zu Ende geführt ist. Dabei geht man davon aus, daß die Planung ja entsprechend ergänzt oder geändert werden kann, wenn bessere Einsichten folgen. Insofern macht die verstärkte Anpassungsfähigkeit wieder wett, was möglicherweise auf längeren Wegen der Entscheidungs- und Konsensfindung an Zeit verlorenging. »Man habe Mut, zu gehen, auch ohne zu wissen, wohin« – heißt es im Zen, und es drängt sich der Vergleich auf zu gewissen Formen des Vorgehens auch in der wirtschaftlichen Abstimmung und Gestaltung.

Außer der Verbindung zu Industrieunternehmen und akademischen Institutionen sind es vor allem die nationalen Wirtschaftsverbände, mit denen das MITI Kontakt und Konsultationen pflegt. Der KEIDANREN (Keizai dantai rengokai) als Vereinigung der Wirtschaftsverbände wurde 1946 gegründet und zählt mehr als 100 korporative Mitglieder (eben die Verbände), über 800 Wirtschaftsunternehmen – vor allem Großunternehmen – und eine Reihe von Ehrenmitgliedern, häufig aus der Wissenschaft. Mit zahlreichen Delegationen in Ost und West hat der Keidanren auch zunehmend außenpolitische Aufgaben wahrgenommen und um Verständnis für Japans Wirtschaftsprobleme geworben. Vergleichbar wäre der Keidanren dem BDI (Bundesverband der deutschen Industrie), während die BDA (Bundesvereinigung der deutschen Arbeitgeberverbände) NIKKEIREN (Nihon keieisha dantai rengo) entspräche. Nikkeiren wurde 1948 als Gegenge-

wicht zu den Dachverbänden der japanischen Gewerkschaften gegründet, die allerdings im Gefolge des Systems der Betriebsge-
werkschaften zu keinem großen Einflußfaktor wurden. So ist
Nikkeiren mehr für das Klima und die Rahmenbedingungen verantwortlich, unter denen die Tarifrunden auf Unternehmens-
ebene, insbesondere die fast rituellen Frühjahrslohnkampagnen
(shunto), durchgeführt werden, bei denen es lokal auch schon einmal zu lautstarken, aber überwiegend harmlosen Streik-Aktionen
kommen kann. »Wir sitzen doch alle in einem Boot« – das weiß
auch die Betriebsgewerkschaft und richtet sich kompromißfähig
darauf ein.

Dritter im Bunde der großen Verbände ist NISSHO (Nihon
shoga kaigisho), die japanische Industrie- und Handelskammer
als Dachverband der über 500 Kammern im Lande. Vergleichbar
hierzulande dem DIHT (Deutschen Industrie- und Handels-Tag),
vertritt Nissho besonders die Interessen der japanischen Klein-
und Mittelbetriebe.

Noch über die institutionelle Verflechtung von Staat, Wissenschaft und Wirtschaft und deren vielfältige formelle und informelle Beratung und Abstimmung in Gremien, Clubs und
Ausschüssen lokaler ebenso wie überregionaler Art hinaus – oder
besser: noch davor – gibt es vor allem einen personellen Grund
für die meist hervorragend funktionierenden Beziehungen und
Querverbindungen, und der besteht in der Absolvierung meist
gleicher oder ähnlicher Studiengänge an den angesehensten Hochschulen. So sind beispielsweise fast alle höheren Beamten des
MITI ehemalige Juristen der Kaiserlichen Todai-Universität von
Tokio, die auch für andere Stellen in Staat und Wirtschaft den
Spitzennachwuchs stellt. Hier macht sich das elitäre Bildungssy-
stem wirkungsvoll bemerkbar: man ist auch im Beruf wieder unter
sich, wenn man zuvor nur erst einmal kraft Studienplatz in der begehrten Kader-Schmiede dazugehört hat. Hinzu kommt, daß Beamte aus maßgebenden Ministerien oftmals mit etwa Ende 40 in
Wirtschaftsunternehmen wechseln, um der frühen Pensionierung
mit 55 Jahren zu entgehen, die im Top-Management kein Muß,
sondern eher die Ausnahme ist und bleibt. In der Industrie sind
solche Spät-Bewerber gern gesehen, denn sie bringen ja ihr ganzes
internes Wissen aus der Bürokratie mit ein, das dann der Firma

auf der anderen Seite nur Nutzen bringen kann. Selbst ausländische Firmen beispielsweise der Pharma-Industrie haben es vermocht, hohe Beamte des Ministeriums für Gesundheit in Management-Positionen zu gewinnen, womit dann das komplizierte Verfahren der Erlangung von Lizenzen und Zulassungen für Präparate erwartungsgemäß fachgerechte Beschleunigung erfahren konnte.

Staat, Wirtschaft und Verbände sind also in Japan insgesamt nicht potentielle Gegner, sondern oft sehr potente Freunde; der Staat ist kein mißliebiger Ordnungshüter, sondern ein durchaus beliebter Initiator von aktivem Konsens und konzertierter Aktion. Daß daraus die Volkswirtschaft im ganzen Nutzen zieht, liegt auf der Hand und führt von außen gesehen zu dem erwähnten Eindruck von »Japan Inc.«. Auf einem anderen Blatt steht allerdings der interne Wettbewerb, der gerade im japanischen Inland oft mit aller Schärfe ausgetragen wird und überwiegend marktwirtschaftlich orientiert ist − zum Wohle des Kunden und seiner hohen Ansprüche und Erwartungen.

3.2 Sumitomo Corporation − ein Beispiel einer »Sogo Shosha«

Die sogenannten »Sogo Shosha« oder Universal-Handelshäuser spielen im Wirtschaftsleben Japans und in der Weltwirtschaft eine ganz besondere Rolle. Über den ursprünglichen Status von Handelshäusern längst hinausgewachsen, stellen sie den Kern gewaltiger Wirtschaftsunternehmen dar, deren Funktion weltweit der Information (Datenbanken, Telekommunikation etc.), Güterbeschaffung und -verteilung (inklusive Transport, Lager und Versicherung), Finanzierung und Kreditgewährung (mit meist eigenen Großbanken), Organisation (einschließlich Drittland-Handel) und Investition (mit Kapitalbeteiligungen, Join Ventures etc.) dient. 80 % der japanischen Auslandsinvestitionen werden über diese Häuser abgewickelt, die selbst zu den größten Auslandsinvestoren gehören. Abgesehen von Matsushita, dem ersten Industriekonzern (an 5. Stelle), nehmen die Sogo Shosha in der diesbezüglichen Statistik die ersten sechs Plätze ein. Es sind dies, nach ihrem Umsatz im Fiskaljahr 1984/85 folgende Firmen:

Mitsubishi Corp.	16.427 Milliarden Yen Umsatz
Mitsui Co., Ltd.	14.900 Milliarden Yen Umsatz
C. Itoh Co., Ltd.	14.077 Milliarden Yen Umsatz
Marubeni Corp.	13.564 Milliarden Yen Umsatz
Sumitomo Corp.	13.165 Milliarden Yen Umsatz
Nissho Iwai Co., Ltd.	8.552 Milliarden Yen Umsatz

Diese Sechs sind jeweils Mittelpunkt oder Mitglied mächtiger Unternehmensgruppen (»Kigyo Keiretsu«), zum Beispiel Mitsubishi von 135, Sumitomo von 116 Mitglieds-Unternehmen, die wiederum im Ringtausch mit einigen Prozenten des Aktienkapitals gegenseitig beteiligt und verflochten sind und deren Gesamtumsatz etwa einem Drittel des japanischen Bruttosozialproduktes entspricht. Ihre besondere Stellung wird auch unterstrichen durch eine spezielle Mitgliedschaft im Japan Foreign Trade Council.

Kein Wunder, daß die Besatzungsmacht Amerika nach 1945 mit Nachdruck die Zerschlagung der sogenannten »Zaibatsu« – Wirtschaftsimperien betrieb, zu denen die großen Sogo Shosha ausnahmslos gehörten: Mitsubishi als jüngstes und größtes Konglomerat war erst in der Meiji-Zeit entstanden, Sumitomo zählt zu den ältesten industriellen Gründungen Japans. Trotz des Verbots von Holding-Gesellschaften, die nach wie vor juristisch nicht existieren dürfen, blieben jedoch selbst in jener Zeit die persönlichen Beziehungen zwischen den Führungskräften der verschiedenen Organisationen bestehen, und die persönliche Abstimmung gilt ihnen nach wie vor wichtiger als juristische oder finanzielle Verbindungen. So entstanden in jener Zeit informelle Führungsgremien der Kerngesellschaften, die heute noch funktionieren, im Fall von Mitsubishi etwa die Freitags-Konferenz oder »Kinyo-Kai«, bei Mitsui die Montags-Konferenz oder »Getsuyo-Kai« und bei Sumitomo der »Haksui-Kai« oder Weißwasser-Club.

Um sich das Wirtschaftspotential dieser großen japanischen (Handels-)Häuser zu vergegenwärtigen, seien sie zum Vergleich auf die Weltrangliste der umsatzstärksten Unternehmen gesetzt. Läßt man dort die Umsatzgiganten der großen internationalen Ölgesellschaften einmal unberücksichtigt, dann finden sich nach General Motors auf Platz 1 und mit Ford auf Platz 3 von Nummer 2 bis 7 alle erwähnten Sogo Shosha – noch vor IBM (Platz 9) und General Electric (Platz 10).

Trotz traditionell japanischer Disziplin und nationaler Diskretion konnte es nicht ausbleiben, daß Anhäufungen von Macht und Wirtschaftspotential solchen Ausmaßes immer wieder zur Diskussion um Sinn und Existenzberechtigung der Sogo Shosha führten. So hatte es Anfang der siebziger Jahre einige Fälle von Machtmißbrauch, Hortungskäufen und Bestechungen gegeben, die im Fall der Lockheed-Affäre mit Ministerpräsident Tanaka sogar den nationalen Rahmen gesprengt hatten. Die allgemeine Diskussion endete seinerzeit – typisch japanisch – nicht etwa mit einem Schauprozeß, sondern mit der öffentlichen Abbitte der Beteiligten und einem Verhaltenskodex (Code of Conduct), den sich die Häuser unter Federführung ihres Committee im Japan Foreign Trade Council selbst gaben. Neben der akzeptierten Mitverantwortung für das öffentliche Wohl wurden darin Richtlinien für Auslandsinvestitionen festgelegt, die grundsätzlich unter Respektierung von Politik und Geschäftspraktiken der jeweiligen Gastländer erfolgen sollen, zu deren Entwicklung mit beizutragen versprochen wird.

Einen hauseigenen Verhaltenskodex gibt es bei Sumitomo schon seit über drei Jahrhunderten aus der Pinselschrift des Gründers (»The Founder's Precepts«), Masatomo Sumitomo, der in der ersten Hälfte des 17. Jahrhunderts in Kyoto einen Handel für Medizin und Bücher eröffnet hatte. Als Sohn eines Samurai 1585 geboren, war er mit 12 Jahren in den Stand eines buddhistischen Priesters getreten, – der er auch bis zu seinem Tode 1652 blieb. Sein in Holz geschnitztes Ebenbild im Familien-Schrein der Hosendo-Halle in Kyoto, wo sich alljährlich am 25. April Familie und Top-Management der Firma zum Gedenken treffen, zeigt ihn denn auch mit den Insignien des Priesters und in der typischen Sitz-Haltung des Zen-Mönches.

Die fünf Punkte, die er für den Umgang mit Waren, Geld und Menschen aus buddhistischem Selbstverständnis niederschrieb und als Vorschrift für seine Angestellten hinterließ, gelten als der geheiligte Ursprung der heute noch für alle Sumitomo-Gesellschaften gültigen »Geschäfts-Grundsätze« von 1891:

1) Sumitomo wird Stärke und Wohlstand erreichen durch Integrität, Vorsicht und gesunde Betriebsführung als Grundlage aller Geschäftstätigkeit.
2) Sumitomo wird seine Geschäfte mit Voraussicht und Flexibilität betreiben, um wirksam mit dem Lauf der Zeiten zu gehen. Unter gar keinen Umständen aber wird Sumitomo leichtfertige Gewinne machen oder unklug handeln.

Wohl zu Recht konnte wohl deshalb Sumitomo schon attestiert werden, daß es das Handelshaus mit den vorsichtigsten Geschäftspraktiken ist, das Risikogeschäfte den eigenen Grundsätzen gemäß vermeidet. Daß sich diese Praxis auszahlt, belegt der für 1984/85 ausgewiesene Gewinn von 21 Milliarden Yen, der nur wenig hinter dem Branchenführer Mitsubishi (23 Milliarden Yen) zurückbleibt, während Sumitomo nach Umsatz und Mitarbeitern (8.700, einschließlich der 2.000 im Ausland Beschäftigten) mit seinen 44 Standorten in Japan und 130 in 83 Ländern der Welt umsatzmäßig erst an fünfter Stelle der Sogo Shosha steht. Der Erfolg spiegelt sich auch wider in den Zahlen der Sumitomo-Bank, die 1984/85 mit 170 Milliarden Yen Gewinn auf Platz 9 der bestverdienenden Unternehmen Japans rangiert, während die Mitsubishi-Bank mit 145 Milliarden Yen erst auf Platz 12 und Mitsui-Bank (66 Milliarden Yen) gar erst auf Platz 40 erscheint.

Anders als die anderen Häuser, die im Gefolge ihrer vervielfältigten Wirtschaftsaktivitäten meist den ursprünglichen Zusatz Shoji (= Handel) aus der offiziellen Firmenbezeichnung herausgenommen haben, lautet der japanische Name der als »Sumitomo Corporation« erst 1919 gegründeten Gesellschaft nach wie vor: »Sumitomo Shoji Kaisha Limited«. »Kaisha« bedeutet soviel wie »Firma« – ein Wort, das man gewöhnlich nur im abstrakten Sinne benutzt, während man in der Firma, bei der man arbeitet, daheim ist (uchi). Auch insofern also bleibt Sumitomo erkennbar der Tradition verbunden.

Hervorgegangen aus der Buchhandlung in Kyoto und etwas später der technisch fortschrittlichen und einträglichen Kupfer-Gewinnung und -Verarbeitung (in der Familien-Chronik wird der interessierte Besuch des Deutschen Philipp Franz von Siebold schon im Jahre 1826 in der Kupfer-Raffinerie in Osaka vemerkt!), wuchs und wandelte sich Sumitomo durch die Jahrhunderte, immer eingedenk der Gründungs-Prinzipien.

Andere eindrückliche Persönlichkeiten prägten den Weg: Saihei Hirose (1828 – 1914), der schon als Junge Konfuzius studiert hatte, wurde mit 37 Jahren Generaldirektor der Beshi-Kupfer-Mine und blieb es bis 1894; Teigo Iba (1847 – 1926), der Zen-Geist, brachte Weisheit und Menschlichkeit in seine Präsidentschaft. »Sumitomo muß zwar bestmöglichen Gewinn machen, aber ohne gegen nationales und öffentliches Interesse zu verstoßen – und nicht mit Geschäften, deren man sich hinterher schämen müßte«; schließlich Masaya Suzuku (1861 – 1922), der mit 35 Jahren sein Regierungsamt aufgab, um für Sumitomo zu arbeiten: erster Fall eines Prinzips von Abwerbung, das auch später noch erfolgreich betrieben wurde, da man auf diese Weise gut ausgebildete und qualifizierte Mitarbeiter aus dem Staatsdienst gewinnen konnte, die zudem mit dem behördlichen Umgang vertraut waren. Unter Shunnosuke Furuta im Zweiten Weltkrieg von 1941 – 1946 waren es dann immerhin 200.000 Angestellte, die für Sumitomo arbeiteten – vor der Auflösung der Zaibatsu.

Heute gehören zu den Aktivitäten des Hauses neben dem ursprünglichen Handel: Eisen und Stahl, Maschinen- und Schiffsbau, Chemie und Keramik, Elektrik und Elektronik, Warenhäuser und Getränke (wie die Asahi-Brauerei), Versicherungs- und Bank-Geschäfte. Auf der Grundlage des überkommenen und übernommenen »Sumitomo-Geistes« mit seinen zur Vorsicht, Integrität und Klugheit gemahnenden Geschäfts-Grundsätzen gilt auch für das heutige Management die langfristige Entwicklung mehr als der kurzfristige Gewinn. Prokuktivitätsverbesserung bei höchstem Qualitätsstandard, Diversifikation, Zukunfts-Technologien, globale Kommunikation und Auslands-Investitionen: das sind die Schwerpunkte, die man sich dafür selbst gesetzt hat. Und wenn er auch inzwischen »nur noch« Advisor ist, also Berater, so wird sich der freundliche ältere Herr, dem man sein Alter nicht ansieht, Seiya Inaba, sicher freuen, im nächsten Jahr sein 50-jähriges Jubiläum bei Sumitomo zu feiern, wo er vom Neuling seinerzeit nach Hochschulabgang bis zum Präsidenten durch alle Hierarchie-Ebenen und mehrfachen Auslandseinsatz die japanische Traum-Karriere gemacht hat, was er sich aber in aller Bescheidenheit im Gespräch in keiner Weise anmerken läßt. Dagegen betont er gerne und immer wieder die Tradition des jahrhundertealten Unternehmens, das seine Gründung dem buddhistischen Priester verdankt, auf dessen Geist man sich auch jetzt als unstrittige Quelle von Autorität und Verhaltensnormen beruft, was zu einer Art von »Zen-gemäßem Denken« auch in heutiger Zeit geführt habe. Hinzu kommt die Überzeugung, daß eben dieser Sumitomo-Geist immer wieder die richtigen Mitarbeiter anzieht, denn selbst die überzeugendste und gesündeste geschäftliche Philosophie und Idee bedarf von immer neuem der Menschen, die sie in die Praxis umsetzen und solcher Überzeugung gemäß leben. Deshalb gilt auch bei Sumitomo der Satz: »Menschen machen das Unternehmen« (People make the enterprise), und Inaba vertraut darauf, daß dies auch in wirtschaftlich schwierigen Zeiten so bleiben wird. Verschmitzt und durch langjährigen, wiederholten Aufenthalt in den USA etwas »verwestlicht« fügt er noch hinzu: »... same as money makes money«, womit er die kapitalistische Grundthese bestätigt, daß auch finanziell auf die Dauer nichts erfolgreicher ist als der Erfolg, wofür die bereits genannten Zahlen gerade der Sumitomo-Bank ihre eigene, überzeugende Sprache sprechen. Andererseits gibt er auch zu bedenken, daß der Satz: »Time is money« in der heutigen Weltwirtschaft eigentlich nicht mehr gelte und ersetzt werden müsse durch »Information is money« – was genau der Schlüsselrolle entspricht, die für alle Sogo Shosha-Funktionen die Beschaffung, Weitergabe und Nutzung von Informationen immer gespielt hat. Angesichts ihrer technisch hochentwickelten Kommunikationsnetzwerke, mit der sie den Erdball überzogen und selbstverständlich auch alle regionalen Standorte in Japan einbezogen haben und damit praktisch überall und jederzeit über den gewünschten neuesten Wissensstand verfügen, erhebt sich tatsächlich neu die Frage nach der Relativität von Raum und Zeit, die den Menschen von Alters her bewegt – und die vom Zen-Mönch individuell durch den temporären Ausstieg in die totale Verinnerlichung gelöst wird, wie noch zu zeigen sein wird.

3.3 Toyota

In der japanischen Industrie nimmt die Toyota Motor Corporation eine Sonderstellung besonderer Art ein: verdiente sie doch zuletzt im Geschäftsjahr 1984/85 mit 533 Milliarden Yen mehr als doppelt so viel wie die Zentralbank, Bank of Japan, die mit 262 Milliarden Yen die Liste der dann folgenden Großverdiener anführte.

Zwar spielt die Automobilindustrie in den westlichen Industriestaaten überall eine Schlüsselrolle, und es ist bekannt, daß beispielsweise die Firma unter dem Dreistern aus Untertürkheim in einem Jahr allein etwa 10 % des Steueraufkommens für die Bundesrepublik aus Einkommen aufbrachte – lange bevor sie sich mit der Übernahme von MTU, Dornier und AEG auch von den Gesamtzahlen her an die Spitze in der deutschen Industrielandschaft stellte.

Aber daß ein einziges Unternehmen mehr als das Doppelte der größten Bank des Landes verdient, das verdient schon mehr als bloße Beachtung. Und wenn auch die Yen-Stärke des Jahres 1986 angesichts des großen Exportanteils am Gesamtgeschäft einen in absoluten Zahlen reduzierten Gewinn erwarten läßt, so bleibt doch die beeindruckende Relation und Größe auch im Jubiläumsjahr 1987 erhalten, wo sich Toyota zum 50. Geburtstag mit dem Motto »Global 10« vorgenommen hat, jedes zehnte der etwa 45 Millionen in der Welt verkauften Fahrzeuge zu liefern. Dem angestrebten Marktanteil von etwa 50 % im japanischen Binnenmarkt entsprächen dann ca. 10 % weltweit – und es gibt kaum Gründe für den Zweifel am Erfolg der erfolggewöhnten Firma, die auch in Deutschland unter den japanischen Marken mittlerweile noch vor Mazda, Nissan und Honda den ersten Platz belegt – getreu dem hiesigen Motto: »Nichts ist unmöglich«. Dies gilt auch für den wichtigen Markt der USA, wo Toyota als letzter der großen Japaner erst 1984 im joint venture mit GM eine eigene lokale Fabrikation eröffnete. Doch dem eher langwierigen Prozeß der Entscheidungsfindung, der im traditionellen Ringi-System mit einem möglichst hohen Grad an Konsens- und allgemeiner Akzeptanz-Bildung erfolgt, entspricht sodann rasch und durchgreifend die Aktion wie beim geübten Schwertkämpfer des Kendo. Bedächtig und bescheiden im eigenen Lebensstil, aber entschieden und kraftvoll im Kampf – das war schon immer die Devise der Toyodas, die heute noch als Namensträger der Gründerfamilie, inzwischen in der dritten Generation, die Geschicke des Wirtschaftsimperiums lenken: Eiji Toyoda als Chairman und Shoichiro Toyoda als Präsident.

»Good Thinking, Good Products« (Yoi Kangae, Yoi Shina) oder »Gute Gedanken, gute Produkte« ist das Leitprinzip der Firma, das nicht nur in großen Kanji-Schriftzeichen über jeder der zahlreichen Werkshallen als ständige Herausforderung zu lesen ist, sondern das auch durch betriebliches Vorschlagswesen, freiwillige Qualitätszirkel und enge Zusammenarbeit konstant belebt wird. Zugeschrieben wird es dem Gründer, Sakichi Toyoda, der in den dreißiger Jahren mit der nach England verkauften Erfindung eines automatischen Webstuhls mit 100.000 englischen Pfund das Kapital für die Gründung der Firma Toyota Motor im August 1937 erlangt hatte. Von ihm stammen auch die schon 1935 erstmals verkündeten fünf Grundprinzipien, die seiner persönlichen Philosophie entsprachen und heute noch als Firmengrundsätze für Toyota weltweit gelten:

– Immer pflichtbewußt seine Aufgaben erledigen und damit auch zum Besten von Firma und Vaterland beitragen;
– Immer lernbereit und schöpferisch und damit der Zeit einen Schritt voraus sein;
– Immer genau und bescheiden und nie leichtsinnig sein;
– Immer bemüht sein um eine warme und freundliche familienähnliche Atmosphäre bei der Arbeit;
– Immer ehrfürchtig vor Gott und jederzeit dankbar sein.

Nach dem zweiten Weltkrieg hatte Toyota eine schwierige Zeit zu durchstehen, wo nur die Hilfe jener Bank das Überleben ermöglichte, die heute an zweiter Stelle der Erfolgsliste japanischer Unternehmen folgt. Damals – im Jahre 1950 – wurde neben der für die Produktion verantwortlichen Toyota Motors die Toyota Motor Sales Gesellschaft für Verkauf und Marketing gegründet, deren Aufgabe insbesondere die Erschließung des Weltmarktes war. »Communication, Consideration, Cooperation« waren die drei C's dieser Kunden-orientierten Vertriebs-Gesellschaft, die nach der ersten Million im Jahre 1962 und der zehnten Million 1972, also nur 10 Jahre später, inzwischen weltweit über 50 Millionen Autos verkauft hat – davon allein 12 Millionen vom Typ Corolla. Dem »hohen C« in der Namensgebung blieb Toyota auch in den meisten Typen-Bezeichnungen treu: von Crown (1954) über Cresta, Camry, Corona, Carina, Celica bis Corolla II (1982) wurde immer wieder die Assoziation des ersten C der Krone gesucht, deren Symbolik in der Krönung des Erfolgs bewußt gepflegt werden sollte.

Erst im Juli 1982 wurden schließlich die beiden Toyota-Gesellschaften für Produktion und Vertrieb wieder in die eine Toyota Motor Corporation zusammengeführt, und der Präsident, Shoichiro Toyoda, erklärte dazu auf einer Pressekonferenz die »3 C's« seiner persönlichen Philosophie als Grundlage für die neue Gesellschaft: »Creativity, Challenge, Courage«.

Mit dem ersten C für schöpferische Kreativität schloß er direkt an den zweiten Punkt jener Grundsätze aus dem Jahre 1935 an; mit dem zweiten C für die Herausforderung des »Challenge« akzeptierte er auch zukünftige Schwierigkeiten als Chance zur Überwindung durch einen jung gebliebenen Geist; mit dem dritten C für Mut und Courage schließlich schloß er wieder an die Grundsätze von 1935 an mit der Aufforderung, der Zeit immer einen Schritt voraus zu sein. Den Mut empfiehlt er für den Kampf auch in den unübersichtlichen 80er Jahren, der nach sorgfältiger Erwägung unter Einbeziehung aller Umstände mit klaren Entscheidungen und kühner Tat geführt werden müsse.

Shoichiro Toyoda war es auch, der in den für die Automobilindustrie in Japan schwierigen Jahren nach 1975 mit den neuen und strengen Abgas- und Umwelt-Bestimmungen in einer Rede vor neu eingestellten Mitarbeitern direkt auf die Kunst des Kendo und die japanischen Grundideen von Shu, Ha und Ri hinwies, deren Anwendung er auch für die Welt der Arbeit empfahl: »Shu« als die sorgfältige Aufnahme allen Wissens. »Ha« als der Versuch einer völlig neuen Lösung und »Ri« als der persönlich neue Weg der Durchführung. Mit dieser Anleihe bei der klassischen Zen-Disziplin des Kendo führt Shoichiro Toyoda auch geistig zurück in die Heimat der Samurai, von denen einige sehr berühmte insbesondere in der Tokugawa-Zeit von Mikawa stammten, der Ge-

gend um Nagoya, wo heute die Toyota-Stadt ihre Werkshallen und Gebäude der Hauptverwaltung ausbreitet. Die Verwandtschaft zum Stand, Geist und Stil der Samurai wird hier historisch und akut gesucht und gepflegt, und auch wenn die Familie Toyoda selbst heute nur noch eine Minderheitsbeteiligung an der Firma hat, so gelten doch die selbst auferlegten Regeln für — wir würden sagen: »spartanische« Lebensführung — wie eh und je und auch zum Vorbild für die Firmen-Familie mit ihren mittlerweile 60.000 Mitarbeitern in zusätzlich 12 Werken in ganz Japan. Wie hoch das Engagement der Mitarbeiter für »ihre« Firma ist, zeigt unter anderem ein Blick auf das betriebliche Vorschlagswesen, das sich von durchschnittlich einem Vorschlag pro Mitarbeiter im Jahre 1970 auf fast vierzig Vorschläge pro Mitarbeiter im Jahre 1982 entwickelte — bei einer Erfolgsquote in der Ausführung von 72 beziehungsweise jetzt 95 %.

Stolz ist man bei Toyota nicht nur auf diesen eindrücklichen Trend im betrieblichen Vorschlagswesen und auf die zunehmende Aktivität in freiwilligen Qualitäts-Zirkeln, sondern auf das überhaupt hervorragende Arbeitsklima und die guten Beziehungen zwischen Management und Betriebsgewerkschaft, dank deren Stabilität seit über 30 Jahren kein einziger Streiktag zu verzeichnen war. Der Grund dafür dürfte im Respekt vor der menschlichen Persönlichkeit und den menschlichen Bedürfnissen der Arbeiter zu finden sein, der mehr als ein Lippenbekenntnis ist und sich im folgenden Grundsatz ausdrückt, dessen Befolgung jedem Vorgesetzten ans Herz gelegt ist:

»Die wichtigsten und ernst zu nehmenden Probleme eines Managers sind die der Mitarbeiter. Mitarbeiter, Erzeugnisse und Geld sind die drei Schlüssel-Elemente des Geschäfts, aber die Mitarbeiter sind bei weitem am wichtigsten. Nicht nur das Management als solches, aber jeder Aspekt von Geschäft und Beschäftigung hängen ab von guten wechselseitigen Beziehungen innerhalb einer Gruppe von Mitarbeitern. Reibereien und Streitigkeiten führen notwendig zu schlechteren Arbeitsergebnissen« —

weshalb sie unbedingt zu vermeiden sind. Was da gesagt wird, klingt außerordentlich einleuchtend — es aber auch auf der Basis von gegenseitigem Vertrauen und Respekt für die Arbeit eines je-

den andern wirklich gelebt und zum Besten der gesamten Beleg-
schaft wie des ganzen Unternehmens aktiv einzubringen – das ist
Aufgabe des Managements vom Vorarbeiter bis zum Präsidenten.
Wohl steht es ganz ähnlich auch in der grundlegenden Bestimmung etwa des § 2 des deutschen Betriebsverfassungsgesetzes,
doch scheint es dafür bei Toyota keiner »Einigungsstelle« zu bedürfen, wo Gewerkschaft und Betriebsleitung gemeinsam bindend
erklären:

»1) Gegenseitiges Vertrauen ist die Grundlage aller Arbeitsbezie-
hungen;
 2) Wir wollen für verbesserte Qualität und Produktivität arbeiten, wodurch das Gedeihen des Unternehmens ebenso gesichert wird wie der Erhalt und die Verbesserung der Arbeitsbedingungen;
 3) Wir wollen durch den Fortschritt der Automobilindustrie zur
Entwicklung der Volkswirtschaft beitragen.«

Indem Gesellschaft und Gewerkschaft sich gegenseitig wirksam
auf diese Prinzipien der Zusammenarbeit verpflichten, verspre-
chen sie sich auch den bestmöglichen Beitrag für Kunden und Be-
nutzer der Toyota-Autos, die in eine bessere Welt fahren sollen –
und die Ergebnisse von Japans Unternehmen Nummer Eins sprechen ihre eigene Sprache: es ist die des Erfolgs. Daß dazu natürlich neben aller zwischenmenschlichen Harmonie in der Zusammenarbeit ausgefeilte Techniken und Systeme der technischen
Produktion und Fertigung gehören, versteht sich von selbst und
gehört auch weniger in dieses Kapitel zur grundlegenden Arbeits-
Philosophie. Ganze Heere von Zulieferer-Firmen sind in diese Systeme eingebunden, die nach dem Grundsatz der Rechtzeitigkeit
(»Just in Time«) beispielsweise die eigene Lagerhaltung für die
Firma Toyota nahe Null gebracht haben. Damit wurden die »3
M's« vermieden von: »Muri«, der Überlastung, »Muda«, dem
Ausschuß und »Mura« von Ungleichheit.
    Von den »3 C's« des Präsidenten bis hin zu den »3 M's«, die
an der Fertigungsstraße vermieden werden, baut sich so eine eindrückliche positive Grundhaltung auf aus wenigen unverbrüchli-
chen Grundsätzen, die zum Gemeingut aller Toyota-Mitarbeiter
geworden sind und so den Erfolg auf vier Rädern auch für die Zu-

kunft programmieren dürften – gemäß dem Grundsatz, der in der deutschen Toyota-Hauptverwaltung in Köln neben dem roten Sonnenball der japanischen Nationalflagge den Eingang ziert: »*Nichts ist unmöglich!*«

3.4 Matsushita

Unter den großen Herstellern der Elektro-Branche in Japan ist die in Osaka registrierte Matsushita Electric Industrial Co. Ltd. der größte. Das gilt auch für den Gewinn, der die Firma mit 260 Milliarden Yen im Geschäftsjahr 1984/85 hinter dem Großverdiener Toyota fast gleichrangig mit der Zentralbank und dem größten Energie-Versorger des Landes, Tokyo Electric Power, auf Platz 4 der bestverdienenden Unternehmen Japans fand. Unter den Markennamen »National«, »Panasonic«, »Technics« und »Quasar« vertreibt das Unternehmen seine Produkte in 130 Ländern der Welt, vielfach mit eigener Auslandsfertigung. Mit 55.000 Händlern (davon 27.000 exklusiv) verfügt die Firma mit Abstand über das größte Vertriebsnetz in Japan und bleibt damit einem der Grundsätze des mittlerweile 93-jährigen Gründers treu, der immer die Nähe zum Kunden gesucht hatte. Seinen derzeit über 150.000 Mitarbeitern weltweit hat er den Grundgedanken der Dienstleistung ins Stammbuch geschrieben, der als oberster Unternehmensgrundsatz unverändert gilt:

»Durch unsere industriellen Aktivitäten wollen wir den Fortschritt fördern, zum allgemeinen Wohl der Gesellschaft beitragen und uns der weiteren Entwicklung der Weltkultur widmen.«

Auf seinem Weg von nunmehr fast 70 Jahren seit der Erfindung eines elektrischen Doppeladapters für Glühbirnen-Fassungen im Jahre 1918 bis heute hielt Konosuke Matsushita an gewissen Grundüberzeugungen unverrückbar fest, wozu die Händlertreue gehört, der bereits im Jahre 1935 ein besonderer Artikel 15 der Unternehmensgrundsätze gewidmet wurde:

»Ungeachtet der Größe, die das Unternehmen in Zukunft erreichen wird, vergeßt nie, daß wir bescheidene Kaufleute sind. Auch ihr, die Angestellten, seid wie ein Mitarbeiter eines kleinen Geschäftes. Wir müssen zu jeder Zeit unsere Arbeit in einem Geist der Höflichkeit und Bescheidenheit verrichten!«

– wozu für ihn ein enges Arbeitsverhältnis zwischen Hersteller und Händler zur gegenseitigen Förderung und Erhaltung fairer Geschäftsbeziehungen gehörte, das in der Bewältigung der Probleme im Gefolge der Weltwirtschaftskrise von 1929 seine Bewährungsprobe zu bestehen hatte. Schon damals, im April 1929, formulierte Konosuke Matsushita sein Credo für die Angestellten, daß nämlich:

»Fortschritt und Entwicklung nur durch die vereinten Anstrengungen und die Kooperation jedes einzelnen Mitglieds unserer Firma erreicht werden. Daher muß uns allen diese Idee immer bewußt sein, wenn wir uns der ständigen Verbesserung unserer Firma widmen.«

In Form der »Sieben Leitsätze von Matsushita« hat die von Konosuke Matsushita formulierte Firmenphilosophie unverändert Gültigkeit und wird noch heute bei den Morgenversammlungen in den Betrieben vorgetragen, wie er dies 1933 mit dem Umzug der Firma nach Kadoma an der Peripherie Osakas persönlich begonnen hatte:

1) Dienst an der Nation durch industrielle Tätigkeit
2) Fairness und Gerechtigkeit
3) Harmonie und Zusammenarbeit
4) Streben nach Vervollkommnung
5) Respekt und Bescheidenheit
6) Anpassen und Annehmen
7) Dankbarkeit

Diese sieben Grundsätze bringen eine Grundeinstellung zum Ausdruck, um die sich Matsushita-Angestellte nach dem mit ihrem Gründer geteilten Willen, wie dieser ihn in unvergleichlich bündiger und konzentrierter Form mitgeteilt hat, bemühen im Umgang miteinander, im Alltag des Betriebs wie der Gesellschaft, der sie angehören – und dem sie dienen wollen, zum Wohle anderer Menschen ebenso wie der eigenen Entwicklung.

Schon zuvor, nämlich am 5. Mai 1932, hatte Konosuke Matsushita vor den Mitarbeitern seine »Meichi-Philosophie« oder »Unternehmens-Offenbarung« verkündet, was etwa soviel bedeutet wie »seine wahre Mission erkennen.« Konosukes persönliche Offenbarung bestand in der Vision eines 250-Jahres-Plans zur Verwirklichung von Meichi, den er an jenem 5. Mai 1932 vorstellte, der damit zum offiziellen Firmen-Gründungs-Feiertag wurde. In 10 Phasen von je 25 Jahren sollte die weitere Entwicklung des Unternehmens stattfinden und sich offenbaren − über den Aufbau von Produktion und Handel zu einem Beitrag für die Verbesserung der Gesellschaft bei materieller Versorgung und geistiger Stabilität − bis hin zu einem angestrebten Endziel der Erfüllung aller vorstellbaren Wünsche in Wohlstand und Wohlergehen aller Nationen.

Auch wenn der damals noch nicht 40-jährige, geniale und visionäre Unternehmer seine Angestellten zu Begeisterungsstürmen hinriß: noch vor Ablauf der ersten 25-Jahres-Phase seines Meichi-Planes wurde diese Welt mit dem Zweiten Weltkrieg in einen Abgrund gerissen, dem auch in Japan drei Millionen Menschen zum Opfer fielen. Vom Besatzungsregime zu den »Zaibatsu« gezählt, den mächtigen Groß-Konzernen Japans, drohte auch Matsushita die Zerschlagung, die erst mit dem Koreakrieg 1950 und der daraus resultierend gewandelten Einstellung Amerikas zum Industriepotential des früheren Feindlandes abgewendet werden konnte. Zuvor hatte die 1946 gegründete Gewerkschaft von Matsushita Electric vergeblich 15.000 Unterschriften von Händlern und Angestellten für die gnadenweise Aufhebung des Berufsverbots für den Gründer gesammelt, was allerdings den Minister für Industrie und Handel in nicht geringes Erstaunen versetzt haben soll − kamen doch sonst Petitionen zu ihm eher, um mißliebige Chefs loszuwerden, und nicht, um diese wiederzubekommen!

Aus der vorläufig erzwungenen industriellen Untätigkeit gründete der kreative Konosuke Matsushita im November 1946 das gemeinnützige PHP-Institut, aus dessen monatlich erscheinender Zeitschrift schon zitiert wurde. PHP steht für »Peace and Happiness through Prosperity« − Frieden und Glück durch Wohlstand. Wohlstand meint in diesem Zusammenhang nicht nur materielle Werte, sondern auch geistige Erfüllung. Dem dient auch die von ihm gegründete private Akademie für Führung und Management sowie ein 1981 an der Harvard Business School eingerichteter »Konosuke Matsushita-Lehrstuhl« für Führung. »Gemeinsam leben und wachsen« ist das immer wiederholte Konzept dieses japanischen Weltbürgers. Auch wenn man ihn heute nur noch selten in der Öffentlichkeit sieht und er sich eigentlich schon 1960 als Präsident verabschiedet hatte: 1964, im Jahr der Tokio-Olympiade, trat er in einer dreitägigen Notsitzung noch einmal ans Ruder seiner Gesellschaft, um eine Wirtschaftskrise zu meistern.

1973, anläßlich des 55-jährigen Firmenjubiläums, beendete Konosuke seine aktive Teilnahme am Unternehmen. 1978, zum 60. Geburtstag der Firma − einem in Japan traditionell wichtigen Einschnitt, dem man auch im Leben eines Menschen als Abschluß eines Lebenszyklus (Kanreki) feierliche Bedeutung beimißt −, verabschiedete sich der 84-jährige Gründer mit einer großen Rede, die er mit einer dreimaligen tiefen Verbeugung vor dem betroffenen Auditorium der Festversammlung beendete − nicht ohne noch einmal Friede, Glück und Wohlstand für alle Menschen und Japans Beitrag dazu als bleibenden Auftrag zu empfehlen.

Es hängt wohl mit der beeindruckenden Persönlichkeit Konosuke Matsushitas zusammen, daß diese Firma immer wieder von seinem Bild und seinen Vorstellungen geprägt wurde − von seiner persönlichen Bescheidenheit, seiner unternehmerischen Bereitschaft, jedes Problem anzupacken, seiner Fähigkeit, kollektives Wissen nutzbar zu machen. So ist die Geschichte der Firma Matsushita mitsamt ihrer Tradition mehr noch als die anderer erfolgreicher Unternehmen in Japan nicht vorstellbar ohne ihren Gründer und seine philosophische Verwurzelung auch im Buddhismus. Diese wiederum wird noch besser verständlich vor dem Hintergrund einer persönlichen Beziehung zu einem buddhistischen Priester mit Namen Kato, der sich im Jahre 1927 der Familie Matsushita anschloß und fortan für 25 Jahre ihr und der Firma ausschließlich mit geistigem und weltlichem Rat zur Verfügung stand.

Auch aus späterer Zeit wird von Konosuke Matsushitas Begegnungen mit dem Zen-Buddhismus berichtet, etwa in einem Artikel von ihm selbst in der Asahi-Zeitung 1970 unter dem Titel: »Um seine Lebensspanne wissen«. Darin berichtet Matsushita von einem Gespräch mit einem Zen-Mönch in Kyoto (Shinshinan), dessen Offenheit in bezug auf die Zen-Gemeinschaft ihn beeindruckte – die eines Tages von selbst erlöschen werde, was der Lehre des Buddha von der Vergänglichkeit alles Irdischen entspreche. Was der Mönch über das Gesetz des Wandels aller Dinge einschließlich der Zen-Lehre sagte, beeindruckte den Industriellen so, daß er daraus die Schicksalhaftigkeit allen menschlichen Lebens, auch seiner eigenen Arbeiten und Unternehmungen reflektierte – und eine größere Gelassenheit dazu empfahl.

Aus einer solchen Tradition heraus verstehen sich auch die philosophischen Anmerkungen besser, die den Führungsstil des Hauptgeschäftsführers der deutschen Panasonic GmbH in Hamburg, Seinosuke Kuraku, begleiten und charakterisieren. 1962 in Deutschland als Matsushita Electric GmbH gegründet, ist Panasonic seit 1984 unter diesem Namen hier – nach den USA – eine der ersten Auslandsgründungen von Matsushita. Und wenn Kuraku beispielsweise für das Jahr 1985 seiner Firma hierzulande den Sinnspruch mit auf den Weg gab: »Besinnen auf den Ursprung!«, dann ist darin mindestens ebenso viel Zen wie Management enthalten. So gibt es neben den »Schwarzen Brettern« und der Firmen-Zeitung natürlich auch eine deutsche Fassung des Mitarbeiterhandbuches, das alles Wichtige für die betriebliche Gemeinsamkeit enthält und beispielsweise die Bedeutung einer optimalen Informationspolitik herausstellt. »Kommunikation ist die Basis neuer Erkenntnisse«, heißt es dort, und: »Nur wer die Kommunikation mit seinen Mitarbeitern, Kollegen und Vorgesetzten ernst nimmt, vermag das notwendige Maß an Information zu erhalten, um sachgerechte Entscheidungen zu treffen.« Wie selten sind leider solche zutreffende Formulierungen zur Information als einer – auch – aktiven Holschuld bei ernst genommener Beteiligung, wo allzumeist noch larmoyantes Anspruchsdenken in falsch verstandenen Bringschuld-Kategorien dominiert. »Betriebliches Miteinander, harmonische Zusammenarbeit aller im Betrieb Beschäftigten, Würdigung auch der Individualität eines jeden Mitarbeiters, intensive und fruchtbare Zusammenarbeit innerhalb der Gruppe, das Unternehmen gemeinsam führen« – so lauten Stichworte aus dem Katalog der Personalpolitik von Panasonic Deutschland.

Auch wenn Kuraku im Herbst 1986 eine neue Management-Aufgabe in Japan übernommen hat, so bleibt doch seine Aufforderung: »an alle Mitarbeiter, im Rahmen der allgemeinen Richtlinien die betriebliche Gemeinsamkeit zu stärken und am Fortschritt des Unternehmens mitzuwirken«, getreu dem japanisch-deutschen Gemeinsamkeits-Ideal in der Matsushita-Tradition. Einen Integrations-Faktor besonders begünstigender Art dürfte der in Japan als Sohn deutscher Eltern aufgewachsene und später in Freiburg graduierte Jurist Thomas Enderle sein, der als Personalchef die Verantwortung trägt für die Umsetzung der personalpolitischen Grundsätze im betrieblichen Alltag, wofür er durch die geistige Heimat in beiden Kulturen Brücken-Funktion übernehmen und gewähren kann.

3.5 Hitachi

In der Statistik der bestverdienenden Unternehmen Japans 1984/85 folgt Hitachi – hinter Arabian Oil – fast unmittelbar nach Matsushita auf Platz 6, allerdings mit dem spürbaren Abstand von 50 Milliarden bei 210 Milliarden Yen ausgewiesenen Gewinn.

In der Fortune-Liste der 50 umsatzstärksten Konzerne der Welt für 1986 findet sich Hitachi auf Platz 21 mit mehr als 30 Milliarden US-Dollar Umsatz, was etwa 1,5 % des japanischen Bruttosozialproduktes ausmacht. Dabei ist Hitachi wohl von allen Elektro-Riesen der Welt und Japans im besonderen der am meisten diversifizierte Konzern mit einem Umsatzanteil zu je etwa einem Fünftel in Maschinen und Anlagen, Turbinen und Kraftwerken, Kabel und Chemie, Audio, Video und Haushaltsgeräten sowie »High Tech«. Weltweit sind heute 165.000 Mitarbeiter in 800 verschiedenen Betriebsstätten innerhalb und außerhalb Japans tätig – davon 26 Produktionsstätten in Japan mit dem modernen Mutterwerk (5.000 Mitarbeiter) für Video, Audio und Kameras in Tokai, etwa 100 km nordöstlich von Tokio an der Pazifik-Küste.

Begonnen hatte alles vor etwas über 75 Jahren mit einer Reparaturwerkstatt für elektrische Geräte, die im November 1910 in dem kleinen Fischerdorf Hitachi nördlich von Tokio eröffnet wurde und wo schon bald auch der Bau und die Weiterentwicklung von Elektromotoren betrieben wurde. Die Initiative dazu stammte von Namihai Odaira, Abkömmling einer alten Samurai-Familie, der von der Idee besessen war, Japans technischen Fortschritt von der Abhängigkeit westlicher Entwicklung zu befreien. Mit seinem Traum von technologischer Meisterschaft beflügelte er seine Umgebung und schuf das, was man bis heute den »Hitachi-Geist« nennt, dessen Elemente die drei Wesenszüge tragen:

Harmonie
Aufrichtigkeit
Pioniergeist.

Mit dem Ausbruch des Ersten Weltkrieges erwies sich die Realisierung des Traumes von der Abkopplung japanischer technischer Entwicklung von europäischen und amerikanischen Importen als eine Notwendigkeit, für die schon früh besondere Anstrengungen für Forschung und Entwicklung in Form einer eigenen Abteilung (1918), eines eigenen Laboratoriums (1934) und schließlich des zentralen Forschungs-Laboratoriums (1942) unternommen wurden. Über 16.000 Mitarbeiter arbeiten heute in sieben Forschungszentren der Firma, was zu mehr als 20.000 Patenten geführt hat – bei einem Forschungsaufwand von über 5 % vom Umsatz.

In den fast vierzig Jahren seiner Führerschaft für Hitachi legte Odaira den Grund für eine besonders anspruchsvolle technische und menschliche Qualifikation und Weiterbildung seiner Mitarbeiter, die wie er selbst vielfach aus den führenden Ingenieur-Schulen und technischen Fakultäten kamen. Hinzu gründete er bereits 1921 eine firmeneigene Techniker-Schule, um den entsprechenden Nachwuchs sicherzustellen. Unter seinem Nachfolger Chikara Kurata, der von 1947 bis 1961 die Geschicke Hitachis lenkte, wurde diese Richtung noch mit zwei weiteren Ingenieur-Schulen verstärkt und 1961 schließlich das »Hitachi-Institut für Management Development« gegründet. Noch nach seiner Pensionierung sponserte Kurata ein eigenes »Kurata-Stipendien-Programm« für junge Forscher, denen er alle Mittel aus seiner persönlichen Alterversorgung der Firma zur Verfügung stellte.

In Geschichte und Gegenwart, in Geschriebenem und im Gespräch liest und hört man bei Hitachi immer wieder den Satz: »A company is its people« – das Unternehmen: das sind seine Mitarbeiter. Was dies an konkreter Aufgabenstellung und Verpflichtung für das Personal-Management beinhaltet, ergibt sich aus dem folgenden Fünf-Punkte-Programm:

1) Es gilt der Grundsatz der dauerhaften Anstellung, normalerweise auf Lebenszeit.

An diesem Grundsatz wird auch in Zeiten der Rezession festgehalten; er mag dann die Flexibilität der Unternehmensführung verringern, erhöht aber andererseits das gegenseitige Vertrauen und die fraglose Zuverlässigkeit und Einsatzbereitschaft. Große Bedeutung erlangt in diesem Zusammenhang die richtige Personalauswahl schon bei der Rekrutierung.

2) Beurteilung der Mitarbeiter anhand von Kriterien für die langfristige Entwicklung.

Anders als bei westlich üblicher kurzfristig orientierter Leistungsbeurteilung spielen Fragen der Zusammenarbeit, Führungseignung, Integration und Anpassungsfähigkeit auch im Hinblick auf zukünftige Entwicklungsmöglichkeiten (Potential) eine große Rolle. Über die Jahre beeinflußt diese Art der Beurteilung auch Fragen der Bezahlung und Beförderung.

3) Individuelle Sozialleistungen je nach Lebensalter.

Das Hitachi-Management empfindet eine besondere Verantwortung für das körperliche, soziale und kulturelle Wohlbefinden seiner Angestellten und deren Familien, die es zu unterstützen gilt. Dies mag zunächst durch Lehrlingsheime und später Wohnungsbeschaffung oder Darlehen für Verheiratete geschehen, durch Schulgeld-Beihilfen für Kinder, Sport und andere Programme sowie eine Altersversorgung. Man findet bei Hitachi, daß Fabrik oder Büro mehr sein sollten als ein »Arbeitsplatz«. Es sollte vielmehr eine Atmosphäre herrschen, in der die Mitarbeiter auch ihren Charakter entwickeln können und Einsichten gewinnen in sich selbst und die Kollegen als menschliche Wesen.

4) Wechselseitiger Respekt und aufrichtige Zusammenarbeit zwischen Management und Gewerkschaft.

Es gilt bei Hitachi das in Japan übliche Prinzip der Firmen- beziehungsweise Betriebs-Gewerkschaft, der grundsätzlich alle Angestellten mit Ausnahme der Manager angehören und mit der man offen und vertrauensvoll verkehrt, um allfällige Probleme möglichst gemeinsam zu lösen. Dies war nicht immer so: in der Rezession der Nachkriegszeit (1945 – 1950) gab es eine ganze Reihe von Streiks, die schließlich zur Entlassung von mehr als 5.000 Arbeitern führten. Damit schien der Punkt zur Besinnung eines Besseren erreicht, der seitdem gegenseitig nie mehr ernsthaft in Frage gestellt wurde.

5) Verpflichtung für ein Programm lebenslangen Lernens und der Weiterbildung für Angestellte auf allen Ebenen.

Diese Verpflichtung wird sehr ernst genommen und gilt für Arbeiter und Angestellte gleichermaßen. Sie basiert auf der Verantwortung jedes einzelnen Managers, sich konsequent um die Aus- und Weiterbildung der ihm jeweils anvertrauten Mitarbeiter zu kümmern, sei es am Arbeitsplatz, sei es durch besondere Programme. Solche liegen zum Beispiel für die jeweils am 1. April neu eintretenden Hochschul-Absolventen auf zwei Jahre fest, wobei in den verschiedenen Zwischenstationen Ergebnisse und Präsentationen erwartet werden, die der Vorgesetzte zu beurteilen hat. Die ungeschriebene Überschrift für alle diese Anstrengungen ist die möglichst weitgehende und fruchtbare Integration und Weiterentwicklung unterschiedlichster Talente und Anlagen für die Gemeinschaft, die davon als Ganzes profitiert und darum auch dem einzelnen dafür mitverantwortlich ist.

Neben »Innovation und Entwicklung« setzte Hitachi in der Expansion der späten sechziger Jahre auf »Effizienz und Qualität«. Was später unter dem manchmal diffusen Begriff der »Qualitäts-

zirkel« zu einem begierig kopierten und nur selten richtig kopierten und plazierten Schlüssel werden sollte zum Verständnis japanischer Wirtschafts-Wunder-Mentalität, das wurde bei Hitachi
schon früh eingeführt unter dem Begriff:»M.I. (Management Im-
provement) Movement and Small-Group Activities« – also
Management-Verbesserung und Klein-Gruppen-Aktivitäten.

Die rasch gewachsenen Strukturen der Gesellschaft bedurften
der Konsolidierung und zielorientierten Korrektur, um den hohen
Standard in Technik und Ergebnis zu halten und das Management
einzubeziehen. Dazu gehörten die klassischen Aspekte der Organisation mit Materialfluß, Lagerhaltung, Wertanalyse, Gemeinko-
stenreduzierung etc. ebenso wie betriebliches Vorschlagwesen und
die Aktivität von kleinen Gruppen (bis ca. 10 Mitarbeiter) im Betrieb in nächster Nähe zum Arbeitsfluß. Da diese Dinge zum betrieblichen Alltag wo auch immer auf der Welt gehören, handelt
es sich dem Anschein nach zunächst um nichts Besonderes. Das
Besondere daran aber ist, ein solches Programm aus eigener Kraft
und Initiative zu starten und es auch intern ohne renommierte Be-
raterfirma von außen durchzuführen und zu beleben. Insofern
handelt es sich doch um eine typisch japanische Aktivität, indem
vom Management bis zum einfachen Arbeiter und Angestellten in
einer Firma eine Bewegung und ein Bewußtsein geweckt wird, das
sich dem großen Wir-Gefühl der Firmen-Familie nahtlos und
neidlos einfügt und die Bereitschaft fördert zu vermehrter Beteiligung jedes einzelnen unter dem neuen Aspekt.

Hatte noch der Firmengründer, Namihei Odaira, das Hitachi-
Firmenzeichen selbst aus den chinesischen Schriftzeichen für »Hi«
= die Sonne und »Tachi« = Aufstehen, stehender Mann, symbolisch entworfen, so findet sich das Management am Ende des ersten Dreiviertel-Jahrhunderts mit mehr als 100 Niederlassungen in
30 Ländern der Welt vor der Notwendigkeit, die »Corporate Iden-
tity« des Konzerns global neu zu definieren. Dies mag angesichts
der starken Diversifizierung nicht ganz leicht sein, denn die Verbindung zwischen Halbleiter- und Computertechnik sowie Atomenergie und TV und Haushaltsgeräten ist auf Anhieb nicht
immer evident. In dieser Hinsicht hat es Hitachi-Europa in Landsberg am Lech leichter, wo seit November 1983 etwa 400 Beschäftigte VHS-Videorekorder herstellen. Für den Geschäftsführer

Tomomi Itoh – natürlich auch Diplom-Ingenieur – ist es eine Herausforderung, von hier aus die geschäftliche Integration im europäischen Markt zu betreiben, nachdem er zuvor 1982 diesen Standort nach internationaler Anspruchs-Matrix nahe beim neuen süddeutschen »High-Tech-Center« München ausgewählt hatte. Natürlich gelten für ihn auch alle Hitachi-Grundsätze und der Hitachi-Geist, dem er aber für Deutschland in seinem Firmen-Motto noch eine Komponente hinzugefügt hat:

- Unser Werk sauber und schön halten
- Zu jedem nett und freundlich zu sein
- Unsere Produkte mit größter Sorgfalt herzustellen
- Jeden Tag etwas dazuzulernen.

3.6 Sony

Unter den Großen der japanischen Elektroindustrie ist Sony noch verhältnismäßig klein und jung – aber sehr erfolgreich und in vieler Hinsicht Branchenführer. Auf der Liste der 100 bestverdienenden Unternehmen Japans 1984/85 an 22. Stelle und damit auf Platz 4 der Elektroriesen hinter Matsushita, Hitachi und Toshiba (18), vermochte Sony mit einer Steigerung des Gewinns um 147 % auf fast 94 Millionen Yen immerhin die höchste Steigerungsrate der erfaßten Unternehmen auszuweisen. Und wenn auch im Gefolge der Aufwertung des Yen gegenüber dem Dollar für 1985/86 mit 42 Milliarden Yen »nur« knapp die Hälfte des Vorjahresergebnisses erreicht wurde, so bedeutet dies immer noch eine respektable Rendite angesichts eines hauptsächlich währungsbedingten Umsatzrückgangs um 6,7 % auf 1.325 Milliarden Yen (16,3 Milliarden DM).

Den auch international klangvollen und anerkannten Namen »Sony« gibt es erst seit 1958; zuvor hieß die Firma »Tokyo Telecommunication Engineering Corporation«, wie sie im Mai 1946 auf den Trümmerfeldern nach dem Zweiten Weltkrieg gegründet wurde. Die Väter des mittlerweile vielgesichtigen Kindes im reifen »Schwaben-Alter« von 40 Jahren sind nach wie vor aktiv: Misaru Ibaku (78) als Honorary Chairman und Akio Morita (65) als

Chairman und Chief Executive Officer. Von letzterem, der vielleicht wie kein anderer japanischer Wirtschaftsführer auch in der westlichen Welt und ihrem Denken zu Hause ist, gibt es seit kurzem auch auf deutsch ein lesenswertes Buch (Hestia-Verlag, 1986), das aus dem Amerikanischen übersetzt wurde: »Made in Japan – the genius behind Sony – Eine Weltkarriere«. Und es ist wahrlich eine rasante und weltweite Entwicklung, die das heute erst vierzigjährige Unternehmen schon hinter sich gebracht hat. Über die ersten 22 Jahre – bis zur Erfindung des Trinitron-Farbfernseh-Systems 1968 – berichtet auch ein Sonderband mit Anekdoten aus der wöchentlich erscheinenden »Sony Times«-Werkzeitung unter dem Titel der Rubrik: »Genryu«, dem japanischen Wort für Quelle oder Herkunft. Auch ein anderer Amerikaner, Nick Lyons, war schon früher fasziniert von dieser japanischen Erfolgs-Story, der er den 1976 in New York erschienenen Bericht »The Sony Vision« widmete. Vor allem war er fasziniert von der Persönlichkeit des (1982 verstorbenen) damaligen Präsidenten von Sony, Kazuo Iwama, der im Januar 1976 in seiner Neujahrsbotschaft an alle Sony-Mitarbeiter das Grundkonzept herausstellte, das für die Firma maßgeblich war – und ist, nämlich: »Zur Entwicklung der menschlichen Gesellschaft beizutragen durch die Entwicklung neuer Produkte von ausgezeichneter Qualität und Ausführung, die dann durch neugeschaffene Märkte angeboten werden.«

Darin kommt etwas von Sonys Selbstverständnis als Branchenpionier zum Ausdruck, das an erster Stelle so formuliert ist: »Sony ist ein Pionier und daher nicht bereit, anderen zu folgen. Sony sieht den Fortschritt als Möglichkeit, der ganzen Menschheit zu dienen. ...Der Weg eines Pioniers ist mühsam und steinig, aber diesen vielen Widrigkeiten zum Trotz schließen sich die Sony-Mitarbeiter eng und harmonisch zusammen, weil die Teilnahme an kreativer Arbeit durch Einbringung der eigenen, besonderen Talente stolz und zufrieden macht. Sony respektiert und fördert grundsätzlich die Fähigkeiten des einzelnen – der rechte Mann soll am rechten Platz stehen – und versucht stets, die besten Seiten seiner Mitarbeiter zu fördern und ihnen die Weiterentwicklung ihrer Fähigkeiten fortwährend zu ermöglichen. Dies ist die Lebenskraft des Sony-Unternehmens.«

Mit dieser dem Fortschritt verpflichteten Firmenphilosophie gilt Sony im japanischen Heimat-Umfeld gelegentlich als untypisch, als »Mormot« oder Versuchskaninchen, das sich als der Kreativität verschriebenes und dadurch manchmal auch verschrieenes Unternehmen der Neuzeit auch Dinge leistet wie Einstellung von Ausländern, beispielsweise aus Korea, China oder auch den USA. Mögen sich auch durch die sprichwörtliche Fortschrittlichkeit beruflich bunte Vögel angezogen fühlen – und die Zeit der früheren Abwerbung bei anderen Firmen gehört auch längst zur nicht mehr gern gehörten Geschichte –, so scheidet sich doch meist schon in der Auswahlprüfung die Spreu vom Weizen. Auch Sony stellt zum 1. April jeden Jahres 600 – 700 Hochschul-Absolventen als »Freshmen« oder Nachwuchs ein, die bald spüren, daß Leistung und Benimm auch hier stimmen müssen. Normalerweise läßt sich Chairman Morita die Chance nicht entgehen, sie mit einer Ansprache selbst zu begrüßen, wo sie etwa folgendes hören können:

»Wir haben Sie nicht zwangsverpflichtet. Dies hier ist nicht die Armee. Sie haben sich freiwillig und in eigener Verantwortung für Sony entschieden. Wenn jemand in dieses Unternehmen eintritt, dann erwarten wir, daß er in der Regel in den nächsten 20 bis 30 Jahren bei uns bleibt. Niemand lebt zweimal. Die nächsten 20 oder 30 Jahre werden die schönste Zeit Ihres Lebens sein. Und diese Zeit erleben Sie nur einmal. Wenn Sie in 30 Jahren oder am Ende Ihres Lebens aus diesem Unternehmen ausscheiden, sollten Sie nicht mit Bedauern auf all die Jahre zurückblicken müssen, die Sie hier verbrachten . . . Deshalb mein Hinweis: In den nächsten Monaten sollten Sie herauszufinden suchen, ob Sie hier zufrieden oder unzufrieden sein werden. Obwohl wir Sie eingestellt haben, können wir – die Unternehmensleitung – Sie nicht glücklich machen; zu Glück und Zufriedenheit muß jeder selbst finden.«

Das allerdings sind Töne, die nicht nur für japanische Ohren fortschrittlich klingen und die eine neue Dimension und Perspektive zur Personaleinstellung und persönlichen Selbständigkeit eröffnen. Dennoch bleibt es beim Prinzip der berufslebenslangen Arbeit, mag auch die Leistungskomponente für Bezahlung und

Beförderung dann etwas größer sein als sonst in Japan üblich.

Auch für Morita ist es die wichtigste Aufgabe eines (japanischen) Managers, ein gutes Verhältnis zu seinen Mitarbeitern herzustellen und jeden einzelnen im Rahmen koordinierter Anstrengungen zur höchsten Effizienz zu führen. »Sie sollen nicht Ihren Mitarbeitern beweisen, daß Sie ein Artist auf dem Hochseil sind«, sagt er einmal, und weiter: »Sie sollen ihnen vielmehr zeigen, mit welchen Mitteln Sie versuchen, eine große Zahl von Menschen dazu zu bewegen, Ihnen gern und begeistert zu folgen, um so zum Erfolg des Unternehmens beizutragen. Wenn Ihnen das gelingt, stimmen die Bilanzen von selbst.« Was Selbständigkeit und Lernfähigkeit für ihn bedeuten, formuliert er so: »Machen Sie weiter, wie Sie es für richtig halten. Aus Fehlern können Sie nur lernen. Aber machen Sie nicht zweimal den gleichen Fehler.«

Vieles von dem Gesagten ergibt sich auch direkt oder indirekt aus der seit 1946 unverändert gültigen Unternehmensphilosophie von Sony:

1) Tue, was andere noch nicht getan haben
2) Sei den anderen einen Schritt voraus
3) Verwende den neuesten Stand der verfügbaren Technik
4) Behalte die gesamte Welt im Auge
5) Fördere die Fähigkeiten jedes einzelnen
6) Strukturiere die Organisation auf der Grundlage von Fähigkeiten, Leistung und persönlichem Charakter.

Getreu diesen Grundsätzen war und ist Sony vielfach Branchenführer auf dem Gebiet der Konsumelektronik. Es zahlt sich aus, daß man bereit ist, Geld in die Forschung und Entwicklung zu investieren: mit fast 100 Milliarden Yen für 1985 waren es knapp 8 % vom Umsatz und damit im Verhältnis wesentlich mehr, als die Branche sonst auszugeben bereit ist (zum Vergleich: Hitachi 5,3 %; Matsushita 4,2 %; Toshiba 5,3 %). Die Liste der eingeführten Weltneuheiten ist dementsprechend lang – vom Zweikanal-Transistorradio (1959) über Trinitron-Farb-TV (1968) und den Walkman (1979) zur digitalen Compactdisc-Schallplatte (1982), für deren Herstellung derzeit in der Nähe von Salzburg ein neues Werk entsteht, wofür der persönliche Kontakt zwischen Morita und Karajan den Ausschlag gab. Immer wieder ist die Verbindung zur Musik bei Sony maßgebend – auch im Fall des derzeitigen Präsidenten und Chief Operating Officer, Norio Ohga, der mit 56 Jahren im japanischen Top-Management eher ungewöhnlich jung ist – und es vor allem war, als er 1964 mit 34 Jahren und nach nur fünf Jahren Betriebszugehörigkeit in den Board of Directors berufen wurde! Dies eben zeigt die unkonventionelle und außergewöhnliche Art Moritas, wichtige Entscheidungen zu treffen, wobei bereits ein jahrelanges Ringen zwischen ihm und dem jungen Ohga vorausgegangen war, der sich mit einer Ausbildung am Konservatorium in Tokio ganz der Musik verschrieben hatte. Schon als Musikstudent war er bei Sony durch kritische und kreative Fragen aufgefallen. Nach dem Examen in Japan kam Ohga 1954 für 3 Jahre zur weiteren musikalischen Ausbildung nach Deutschland, von wo er Sony beratend über hiesige Entwicklungen berichtete. Nach der Rückkehr hatte er erste musikalische Auftritte und Erfolge in Japan, inzwischen mit einer Konzertpianistin verheiratet, die seine Liebe zur Musikwelt teilte. Wie Morita beide schließlich bewog, die Sony-Karriere der Musik vorzuziehen, wird wohl sein persönliches Geheimnis bleiben. Sicher aber ist, daß er Ohga zuvor zu einer gemeinsamen Schiffsreise mit der »United States« von Southampton nach New York einlud, wo dieser für vier Tage sein »Gefangener« war, wie er es selbst einmal genannt hat – was offensichtlich in gegenseitiger Sympathie und einem beruflichen Neubeginn des nicht nur musikalisch talentierten Norio Ohga endete.

Auch wenn er sich seitdem weigert, noch als Sänger aufzutreten: für seinen Freund Werner Utter wurde er noch einmal weich und sang ihm – begleitet von seiner Frau – ein Abschiedslied beim Fest zur Feier dessen Pensionierung aus dem Lufthansa-Vorstand im Dezember 1985 in Frankfurt.

Ähnlich wie mit Menschen entwickelt Morita gelegentlich einen untrüglichen »sechsten Sinn« für Produkte, wie beispielsweise den »Walkman«, der Geburt und Entstehen nicht zuletzt seiner Zähigkeit verdankt – wofür er seinerzeit sogar versprach, den Vorstandsvorsitz niederzulegen, wenn bis Jahresende (1979) nicht hunderttausend Stück verkauft würden. Was er natürlich nicht vorhatte, brauchte er auch nicht zu tun – und über fünfzig Millionen Paar verkaufter Modelle der federleichten Kopfhörer, die für den Walkman (übrigens eine für Sony geschützte Bezeichnung, die allerdings inzwischen fast wie »Nescafé« als pars pro toto einer ganzen Gattung gilt) entwickelt wurden, sprechen für sich selbst. Auch in Deutschland ist Sony mit einer jungen Mannschaft um Jack Schmuckli noch jung (seit der Gründung im Jahre 1970), aber recht erfolgreich und produziert neben beachtlichen Zuwachsraten im Geschäft beachtenswerte Zufriedenheit und Motivation unter den Mitarbeitern, getreu der Ambition des Branchen-Pioniers, sich nur mit erstklassiger Qualität und Leistung zufriedenzugeben.

3.7 Honda

Für die Firma Honda war das Jahr 1986 ein Jubel- und Jubiläums-Jahr in dreifacher Hinsicht:
Soichiro Honda, der Gründer, wurde 80 Jahre alt; die Firma Honda Motor blickte auf 40 Jahre zurück; und die Honda Deutschland GmbH feierte in Offenbach 25-jähriges Bestehen. Mit über 45 Millionen gebauten Maschinen (derzeit jährlich etwa 3 Millionen) hat sich Honda im Motorradbau weltweit unangefochten an die Spitze gesetzt, getreu dem eigenen Wahlspruch: »Immer einen Schritt voraus«, und lange bevor auch Automobile und andere Fahrzeuge und Motoren (wie Rasenmäher, Generatoren etc.) mit zum Erfolg der Firma beitrugen.

In der Gruppe der von Toyota mit Abstand angeführten bestverdienenden Unternehmen Japans nimmt Honda 1985 mit 72 Milliarden Yen Gewinn einen respektablen 33. Platz ein, der angesichts einer Gewinnzunahme von 49 % gegenüber dem Vorjahr (Toyota: + 28 %) noch relativ schwerer wiegt. Daß der Fortschritt bei Honda gemäß eigener Aussage Tradition hat, belegt sich durch die 110 Milliarden Yen-Ausgaben für Forschung und Entwicklung, womit 1985 mit etwas über 4 % vom Umsatz in die Zukunft investiert wurde.

»In einem internationalen Geist wollen wir uns dafür einsetzen, Produkte von höchster Leistungsfähigkeit zu einem fairen Preis anzubieten, um Kunden auf der ganzen Welt zufriedenzustellen«

– so lautet das Firmen-Prinzip, das 1946 vom Gründer Soichiro Honda formuliert wurde und den Grundstein darstellt für die Firmenphilosophie, die ebenfalls bis heute Gültigkeit hat und die folgenden fünf Punkte umfaßt:

1) Wir handeln stets mit Ehrgeiz und voller Elan
2) Wir achten fundierte Theorien, entwickeln neue Ideen und nutzen unsere Zeit so effektiv wie möglich
3) Ein optimales Arbeitsergebnis setzt optimale Arbeitsbedingungen voraus
4) Wir bemühen uns um ein angenehmes Betriebsklima
5) Wir sind uns des Wertes der Forschung und unserer Bemühungen bewußt.

Eine anspruchsvolle Philosophie und Zielorientierung, mit Ambition und nicht ohne Stolz, dabei in 4 von 5 Punkten der japanischen Art und Tradition ausdrücklich dem »Wir« der Betriebsgemeinschaft verpflichtet.

Gerade im Falle von Honda, einer Nachkriegsgründung wie Sony, war dies nicht ohne weiteres zu erwarten, wenn man sich die Person und persönliche Geschichte des dann immerhin schon vierzigjährigen Gründers Soichiro Honda vergegenwärtigt:

1906 geboren als ältester Sohn des Schmieds der kleinen Gemeinde Komyo, die heute Teil der großen Stadt Hamamatsu ist, wo Hondas älteste Produktionsstätte liegt, wuchs Soichiro in recht bescheidenen Verhältnissen auf. Die Schule besuchte er mehr schlecht als recht, bevor er 16-jährig eine Lehre als Autoschlosser absolvierte – der Praxis und allem Technischen schon immer mehr zugewandt als den Büchern. Nach Abschluß der Ausbildung eröffnete er eine bald so gut florierende eigene Autowerkstatt, daß er mit 25 Jahren 1.000 Yen im Monat verdiente – für das Jahr 1931 ein enormer Verdienst.

Es mag diese eigene Erfahrung abseits der klassischen Wege von Schule und Hochschule in Japan gewesen sein, die ihn zu einem in seiner Firma bis heute gültigen Grundsatz brachte: daß nämlich für den Aufstieg eines Mitarbeiters ausschließlich sein Können entscheidend ist, nicht aber das sonst allgemein praktizierte System der Entwicklung nach Anciennität. Auch sonst war Soichiro Honda als Einzelgänger mit höchstpersönlichen eigenen

Interessen japanischer Tradition und Konvention abhold und zögerte nicht, sich mit dem reichlich verdienten Geld ein schönes Leben zu machen – was zwar in seiner Umgebung als überaus unschicklich galt, ihn aber überhaupt nicht störte. Zu welchen Späßen er bereit war, zeigt eine Auseinandersetzung mit dem Finanzamt, das ihn mit einer seiner Ansicht nach zu hohen Abgabe belegt hatte. Da Argumente nicht mehr halfen, mietete er für viel Geld ein Feuerwehrauto, rückte vor das Finanzamt und bereitete den ungeschätzten und ungeschützten Beamten nach Dienstschluß ein ungewohntes Dusch-Bad! Über die Höhe der danach tatsächlich gezahlten Steuer wird in der Chronik leider nichts berichtet. . .

In Ausübung seines geliebten Hobbys verunglückte Honda 1936 schwer mit dem selbstgebauten Rennwagen bei der Japan-Rallye, wo er bereits in Führung gelegen hatte. 18 Monate Krankenlager waren die Quittung und brachten ihn auf die Idee, statt einer Reparaturwerkstätte lieber eine eigene Produktion zu betreiben, die er 1937 mit Kolbenringen begann. Da die Werkstoffzusammensetzung im Hinblick auf Silikon längere Zeit mangelhaft blieb, schrieb er sich schließlich 31-jährig noch an der Technischen Universität ein, um Metallurgie zu studieren. Seine Studien betrieb Honda sehr selektiv und hörte nur, was er für wichtig hielt – was schließlich zum Verweis ohne Diplom durch den damaligen Rektor, Tei Adachi, führte. Anders aber als seine Kommilitonen traf ihn diese scheinbare Schande überhaupt nicht: »Wer garantiert mir schon, von einem technischen Diplom leben zu können? Eine Kinokarte hat dagegen noch mehr Wert, garantiert sie doch wenigstens den Einlaß. . .!«

Der Krieg begünstigte das Geschäft mit Kolbenringen und anderen technischen Artikeln, bis Bombenangriffe und schließlich das Erdbeben vom Januar 1945 der Fabrik in Tokai Seiki den Garaus machten, deren Reste er schließlich an die Firma Toyota verkaufte, die er schon immer mit Kolbenringen beliefert hatte.

Soichiro Honda, der eigenwillige und insoweit ganz »unjapanische« Einzelgänger stieg zum zweiten Male aus: er machte sich ein schönes Leben wie schon 10 Jahre zuvor, ergab sich dem Sake-Genuß und dem Spiel auf der Bambusflöte, Shaku-hachi, mit der er wenigstens instrumental auch in Zen-Berührung kam. Bei der

Ausschau nach einem geeigneten Geschäft für seine restlichen Ersparnisse und einem neuen Anfang gründete er schließlich – mehr zufällig als zielorientiert – das »Honda Technical Research Institute« auf einem Ruinengrundstück mit einem Holzschuppen von 24 Quadratmetern in Hamamatsu, und das geschah im Oktober 1946.

Angesichts der weitgehenden Zerstörung und der militärischen Niederlage und dem Fehlen geeigneter Transportmittel improvisierte Honda mit 500 Benzinmotoren zum Generatoren-Antrieb aus Heeresbeständen eine Zweirad-Produktion, die ihm aus den Händen gerissen wurde. Den Treibstoff in Form einer Terpentin-/Benzinmischung lieferte er gleich mit, was angesichts der Benzinrationierung den unverfänglichen Vorteil des Beweises per Rauchwolke und Gestank aus dem Auspuff hatte, daß man nicht verbotenerweise mit Benzin fahre.

Auch der erste – den Heeresmotoren nachentwickelte – eigene Honda Zweitakt-Motor mit 50 cm^3 und 0,5 PS von 1948 wurde deshalb »Kamin« genannt – und legte den Grund für eine rasante und auf dem Gebiet des Motorradbaus einmalige Entwicklung, die zwanzig Jahre später eine Gesamtproduktion von 10 Millionen Motorrädern erreicht hatte: Soichiro Honda fuhr im Januar 1968 höchstpersönlich die 10.000.000 Jubiläumsmaschine, eine CB 450, vom Band.

Die Art, wie Honda sein Unternehmen auch höchstpersönlich leitete, war so revolutionär wie seine Motorräder und entsprach keineswegs den traditionellen japanischen Vorstellungen. Unerwartet an der Werkbank aufgetaucht, konnte er einem Arbeiter auch einmal ganz handgreiflich Fehler oder Nachlässigkeiten korrigieren – weshalb sich zur Ehrfurcht vor seinem Können die Furcht vor seinem Zorn gesellte. Andererseits erwartete er aber auch keine unterwürfige Loyalität, sondern unterstellte, daß jemand nicht nur zum Nutzen der Firma, sondern durchaus aus Eigeninteresse arbeite, wie er selbst ja auch nur arbeitete, weil es ihm Spaß mache.

Andererseits war Honda doch verwirrt und persönlich gekränkt, als es Ende der fünfziger Jahre einmal zu einem Streik um Lohnerhöhungen in den Werken in Shirako und Yamato gekommen war, wo er trotz aller Individualität mehr Solidarität erwartet hatte. Hielt er sich auch zunächst völlig aus der Auseinandersetzung heraus, so legte er sich schließlich nach der Schlichtung auch noch mit der lokalen Geschäftsleitung an, die Plakate mit der Aufschrift hatte anbringen lassen: »Die Firma hat gesiegt.« »Welche Narren hier ist doch kein Schlachtfeld!« – war sein wütender Kommentar, der zur sofortigen Entfernung der Plakate führte.

Es kann hier nicht der Ort sein, die Geschichte der Erfolge und auch Mißerfolge von Honda im Motorrad-Rennsport nachzufahren, doch ist es dieser Firma wohl wie keiner anderen gelungen, Motorradfahren als Freizeitvergnügen mit immer neuen Maschinen wieder gesellschaftsfähig zu machen, getreu dem eigenen Wahl- und Werbe-Spruch der »Freiheit, die ein Mann sich wünscht«. Als Soichiro Honda sich 1973 aus der aktiven Geschäftsführung zurückzog, waren seine Maschinen in Deutschland die unangefochtenen Spitzenreiter mit einem Marktanteil von 40 % Motorrad-Zulassungen, und die GL 1000 Gold Wing setzte 1974 als erste schwere Tourenmaschine mit Wasserkühlung auch technisch neue Maßstäbe – lange bevor im Jahre 1983 auch von der Firma BMW mit dem neuen, wassergekühlten Vierzylindermodell der K 100 gegenüber den früher luftgekühlten Boxer-Motoren Neuland befahren wurde.

Wenn heute mehr als 50.000 Mitarbeiter in den vier Werken in Japan (Hamamatsu, Suzuka, Saitama und Kumamoto, der erst 1976 entstandenen weitgehend automatisierten Fertigungsanlage) sowie Produktionsanlagen und Auslandsniederlassungen in über 32 Ländern der Welt beschäftigt sind, so gelten für diese allesamt die eingangs erwähnten Firmengrundsätze, die auch Honda zu einer dennoch typischen japanischen Firma machen.

Daß der exzentrische und eigenwillige Gründer Soichiro Honda immer wieder aus dem traditionellen Rahmen gefallen war und diesen bewußt transzendiert hatte, erscheint in der Rückschau nur konsequent im Sinne der ganzen Verrücktheit immer neuer und übertriebener »Superbikes«, die in den sechziger und siebziger Jahren zu wahren Kultgeräten massiv-motorisierter Männlichkeit auf den Straßen avancierten. Es konnte wohl nur ein extremer Individualist sein, der diese Entwicklung betrieb und mit immer neuen kreativen Ideen vorantrieb, so wie das Motorrad als Freizeitvergnügen auch nur eine Sache für sportliche und unerschrockene

Individualisten ist, die den Sattel des einen (Marlboro-)Pferdes mit den neuen Feuerstühlen bis zu 80 PS Leistung vertauscht haben.

Somit hebt sich die Firma Honda mit ihrer noch jungen Erfolgsgeschichte ähnlich der von Sony desselben Geburtsjahrgangs 1946 sicher etwas ab von den Beispielen anderer und vielfach wesentlich älterer Firmen in Japan; sie erweist sich jedoch in sich kohärent mit ihrem zentralen Ziel der Kundenzufriedenheit, das für alle Honda-Mitarbeiter weltweit Leistungsmaßstab bleibt.

4. Zen – Geschichte und Gestalt

Wenn im folgenden über einige ausgesuchte Orientierungspunkte oder Zeichen auf dem Zen-Weg in Geschichte und Gegenwart berichtet wird unter einer Überschrift, der an anderer Stelle bereits ein Buch gewidmet worden ist, so geschieht dies mit Bedacht. Zum einen ist der Anklang beabsichtigt zu dem wichtigen Buch von Heinrich Dumoulin, das bereits 1959 erschien, als Zen hierzulande für viele noch ein Fremdwort war. Als sich der Begriff dann modisch belebte, sorgte der Theologe Dumoulin S.J., der an der katholischen Sophia-Universität in Tokio Religionsgeschichte und Philosophiegeschichte lehrt, für Klarheit in der Zugänglichkeit der Texte. Nachdem bereits 1983 der erste Band seiner »Geschichte des Zen-Buddhismus in Indien und China« erschien (wiederum bei Francke/Bern), folgte 1986 Band II über Japan, wo der interessierte Leser Wesentliches und Weiterführendes zur Geschichte des Zen findet.

Zum anderen aber soll in den hier folgenden Kapiteln die Geschichte nur in der gebotenen Kürze die notwendigen Hinweise geben zur Gestalt, das heißt zum lebendigen Zen in Japan heute und zum westlichen Verständnis dafür. Dabei ergibt sich – unbeabsichtigt – noch einmal eine Parallele und zwar zu dem Buch von Ohasama-Faust, das mit einem Geleitwort von Rudolf Otto im Jahr 1925 erstmalig im deutschen Sprachraum zusammenhängend berichtete über »Zen – der lebendige Buddhismus in Japan«, das in Anlage und Auswahl grundlegender Texte unverändert aktuell und lesenswert ist.

4.1 Von Buddha zu Bodhidharma, dem legendären Begründer des Zen

Auch wenn sich Zen als Meditation für Christen oder als Lebenshaltung für Geschäftsleute ohne religiöse Bindung weit von seinen geschichtlichen Ursprüngen entfernt zu haben scheint, so muß doch auf die Figur des historischen Buddha hingewiesen werden, dessen in vielen Bildern und Statuen überliefertem Vorbild das Za-Zen der Mönche und Laien die Meditationshaltung im Lotus-Sitz verdankt. Es kann hier nicht der Ort sein, die Geschichte des indischen Fürstensohnes Siddharta Gotama oder Shakyamuni aus dem 6. Jahrhundert vor unserer Zeitrechnung nachzuzeichnen, der als der Erleuchtete (Thathagata) eine der friedvollsten Religionen der Welt begründet hat, in deren Namen keine Kriege oder Kreuzzüge geführt wurden und die neuerlich auch in Deutschland als Religionsgemeinschaft anerkannt ist.

Daß dies erst so spät geschah, hängt wohl einerseits damit zusammen, daß es hierzulande geschichtlicher Entwicklung gemäß verhältnismäßig wenige authentische Buddhisten gibt, die dies auch zu bekennen wünschen. Andererseits könnte man auch mit Friedrich Nietzsche glauben, daß der Buddhismus eine Religion ist für späte Menschen, »für gütige, sanfte, übergeistig gewordene Rassen«, wofür er Europa noch lange nicht für reif hält, um im »Anti-Christ« fortzufahren: »...Der Buddhismus ist eine Rückführung für Menschen zu Frieden und Heiterkeit, zur Diät im Geistigen, zu einer gewissen Abhärtung im Leiblichen. Das Christentum will über Raubtiere Herr werden; sein Mittel ist, sie krank zu machen – die Schwächung ist das christliche Rezept zur Zähmung, zur Zivilisation. Der Buddhismus ist eine Religion für den Schluß und die Müdigkeit der Zivilisation, das Christentum findet sie noch nicht einmal vor – es begründet sie unter Umständen.«

Ohne hier weiter religionsphilosophische Auseinandersetzungen zu betreiben bleibt festzuhalten, daß der Buddhismus – wie bereits in einem einleitenden Kapitel gezeigt – eine der geistigen Grundlagen des Zen ebenso wie der allgemeinen Lebenseinstellung der Japaner darstellt und damit auch im Zusammenhang mit dem unaufhaltsamen Aufstieg der inzwischen friedlich gewordenen Nation Nippons Beachtung verdient.

Die Lehre des Buddha vom mittleren Weg oder achtgliedrigen Pfad (aus der jeweils rechten Sicht, Ansicht, Rede, Tat, Lebensweise, Anstrengung, Achtsamkeit, Sammlung) soll dem durch sein Karma in das Leid der Welt verstrickten Menschen die Befreiung und Überwindung des Leides ermöglichen. Diese Lehre stellt keine Theorien oder Dogmen auf, sondern sie gibt praktische Anweisungen zur Therapie; wenn sie auch von der persönlichen Moral ausgeht, so zeigt sie sich doch in erster Linie als eine pragmatische Sozialethik, die mit ihren Verhaltensweisen auf die Verantwortungssphäre des einzelnen eher im Umfeld moderner

Psychologie als traditioneller Theologie anzusiedeln wäre. Dabei soll die Lehre selbst nur Mittel zum Zweck auf dem Weg zur richtigen Lebensgestaltung sein und nicht dogmatischer Selbstzweck. »Gebt das Gute auf und noch mehr das Böse. Wer das andere Ufer erreicht hat, hat kein Floß mehr nötig« – heißt es in einer berühmten Sutra-Stelle.

Den Ursprung der Überlieferung der Lehre vom Meister an den Schüler durch die Weitergabe im Schweigen, das ja wie gezeigt noch heute die höchstangesehene Stufe der Kommunikation in Japan darstellt, führt die Legende auf die berühmte Blumen-Predigt von Benares zurück. Dort soll der Buddha, anstatt zu sprechen der um ihn versammelten Schar von Schülern lediglich eine emporgehobene Blume gezeigt haben. Nur Kashyapa, der nächstsitzende Jünger, verstand und lächelte leise – erstes Beispiel der für das Zen maßgebenden direkten Vermittlung »von Herz zu Herzen«.

Sprach man in Indien, der Heimat des Buddha, von »dhyana«, der Sammlung der Meditation oder Versenkung, so wurde daraus im Chinesischen das Ch'an oder Tschan, aus dem dann später das japanische Zen wurde. Der es von Indien als der letzte in einer Reihe von 28 sogenannten Patriarchen in direkter Geistüberlieferung zur Zeit des Kaisers Wu-Ti von Liang (502 – 550) nach China brachte, war Bodhidharma, japanisch: Dharuma, der legendäre erste Patriarch in China. Mögen auch seine Lebensdaten weitgehend im dunkeln geblieben sein, so wird doch von der historischen Begegnung mit dem Kaiser Wu-Ti berichtet, der ein eifriger Buddhist war und sich von dem »Fremdling aus dem Westen« gerne seine Verdienste um den Buddhismus im Lande bestätigen lassen wollte. Nachdem er damit wenig Erfolg hatte, fragte er Bodhidharma nach dem höchsten Sinn der heiligen Wahrheit. »Offene Weite, nichts von heilig« – war die Antwort. Als der Kaiser aber sich damit nicht zufrieden gab, sondern weiter fragte: »Wer ist es dann, der vor mir steht?«, erhielt er die Zen-gemäß konsequente Antwort: »Ich weiß es nicht!« Viele Jahre später, nach dem Tode des Meisters, soll der Kaiser für ihn folgende Grabinschrift verfaßt haben:

»Ach! Ich sah ihn und sah ihn nicht,
Ich traf ihn und traf ihn doch nicht,
Empfing und empfing ihn nicht.
Heute wie vor vielen Jahren
Klage ich mich deshalb an.«

Neun Jahre lang – so will es die Legende weiter – habe Bodhid-harma in Versenkung vor einer Wand gesessen, so daß ihm schließlich die Beine abfaulten. Daraus wurden dann die in Japan heute noch sehr beliebten, beinlosen Rumpf-Puppen des Dharu-ma, die sich wie »Stehauf-Männchen« (es müßte besser heißen: »Sitzauf-Figuren«) immer wieder selbst im Gleichgewicht auf-rechthalten. Jedes Kind kennt dort das bärtig-grimmige Gesicht mit den langen Ohren und dem zupackenden Blick der Augen, die man bei entsprechender Gelegenheit auf einer Puppe mit dem gleichzeitig formulierten, aber geheimgehaltenen Glückwunsch selbst mit dem Pinselpunkt auszufüllen eingeladen wird. Beliebt ist dieser urige Zen-Ur-Geselle natürlich auch bei den Tusch-Pinsel-Künstlern des Sho-do aller Zeiten, und oft verfolgt einen sein eindringlicher Blick vom Rollbild in der Tokonoma-Nische eines japanischen Hauses, wobei Ausführungen alter Meister wie zum Beispiel von Hakuin besonders geschätzt und entsprechend wertvoll sind.

Berühmt wurde auch das Bild seines ersten Schülers Hui-ko, der zehn Tage lang vergeblich vor der Klause im Schnee gewartet haben soll, bis er sich zum Zeichen der Ernsthaftigkeit seiner Be-mühungen mit dem Schwert den linken Arm abschlug. Was von anderen Quellen der Tat einer Räuberbande zugeschrieben wird, hat zumindest symbolisch die Bedeutung des tiefen Ernstes und unabweisbaren Verlangens dokumentiert, die Anfang und Ende des Zen-Weges zwischen Schüler und Meister immer charakteri-sieren.

Die Geschichte des Endes seiner Zeit in China und Übergabe der Nachfolge an seinen ersten und ernsthaftesten Schüler Hui-ko wird wiederum von der Legende so berichtet, daß Bodhidharma seine Jünger um sich versammelte mit der Aufforderung, ihm ihr erlangtes Wissen von der Wahrheit zu zeigen.

Als erster trat der Mönch Tao-fu vor und sagte:

»Wie ich weiß, haftet die Wahrheit weder an Worten und Schrift-zeichen, noch ist sie getrennt von Worten und Schriftzeichen. So wirkt sie als Weg der Erlösung.«

»Du hast meine Haut erlangt«, sagte der Meister.

Da trat die Nonne Tsung-tschi vor und sprach:

»Ich weiß, daß die Wahrheit ist wie ein Blick in das Paradies. Wenn man sie einmal gesehen hat, gibt es kein zweites Mal.«

»Du hast mein Fleisch erlangt«, sagte der Meister.

Darauf sprach der Mönch Tao-yü:

»Ich weiß, daß die vier Elemente nichts Greifbares sind. Ich weiß, das die fünf Verknüpfungen kein Sein haben. Ich weiß, daß man keine Weisen des Daseins festhalten kann.«

»Du hast meine Knochen erlangt« sagte der Meister.

Da trat als letzter Hui-ko vor. Stumm verneigte er sich und blieb vor dem Meister stehen.

»Du hast mein Mark erlangt«, sagte da der Bodhidharma und be-stimmte Hui-ko zu seinem Nachfolger und somit zum zweiten Pa-triarchen des Zen (Chan) in China (487 – 593).

Erneut spielt das Schweigen hier die entscheidende Rolle, wie schon im Kapitel über die Kraft der Stille mit der Geschichte vom »Donnernden Schweigen« des Vimalakirti berichtet wurde oder in der oben angeführten Blumen-Predigt des Buddha. Dieses Schweigen ist niemals leer oder bedeutungslos, sondern immer si-tuativ randvoll und Ausdruck der Wahrheit selbst; es kommt aus der »Fülle des Nichts«, die alles in sich birgt.

Bodhidharma mag auf seinem historischen Weg zurück nach Indien – nach den neun Jahren seines Wirkens in China – wie-der im sanften Dunkel der Legende verschwinden. Sein eindrück-liches Gesicht jedenfalls bleibt im Licht der Millionen Glück-ver-sprechender Puppen und Bilder als Dharuma Bestandteil japani-scher Gegenwarts-Kultur und taucht auch überall dort wieder auf, wo in ununterbrochener Linie der Übermittlung die heutigen Mei-ster des Zen das Siegel der Buddha-Natur bewahren – und günsti-genfalls weitergeben. Dazu bedarf es immer der vorbehaltlosen eigenen Anstrengung, die das Paradoxe der Lebenssituation be-greift, aushält und einbezieht. Es hängt – mit einem Wort von Graf Dürckheim – an der Weise, zu hören, ob in der Stille der Welt oder auch mitten in ihrem Lärm der Mensch die lautlose

Stimme des Seins vernimmt, in einem »Hören, das erblickt«, von dem auch Heidegger spricht. Ob sich dazu dann im Einzelfall als Gnade oder Ergebnis etwas von dem einstellt, was man im Zen »satori« (Erleuchtung), »kensho« (Wesensschau) oder auch nur »jikaku« (Selbsterwachen) nennt, mag dahingestellt bleiben und ist eine Frage, die auch von Meister zu Meister je unterschiedlich geprüft und beurteilt wird.

4.2 Sutren, Texte und Koan-Sammlungen

So wie das Zen trotz aller Offenheit seiner heutigen Form und Praxis nicht ohne das Vorbild des Buddha vorstellbar ist, so wurde es in seinem mystischen Grundgehalt mitbestimmt von der in China und Japan geformten Religiosität des Mahayana-Buddhismus, wie diese vor allem in seinen Sutren zum Ausdruck kommt. Diese Texte, großenteils auch in deutscher Sprache vorliegend, bieten dem interessierten Leser Zugang zum philosophischen Hintergrund und zu einem geistesgeschichtlichen Verständnis des Zen, weshalb sie wenigstens der hinweisenden Erwähnung bedürfen. Eine weitergehende Beschäftigung mit den 5.048 (!) Bänden buddhistischer Literatur wird auch von den Adepten der Klöster und Tempel im heutigen Japan kaum erwartet. Immerhin aber rezitieren sie täglich gewisse Stellen wie etwa das kurze Hridaya aus dem »Prajna-Paramita«-Sutra (japanisch: Daitshidoron). Es gehört zu jenen Texten »von der transzendentalen Weisheit vom anderen Ufer« (man denke an das Bild vom Floß, das dann nicht mehr benötigt wird), deren Zentralbegriff »Sunyata« als die »Raum-Zeit- und Zeichen-lose Leerheit« von dem indischen Philosophen Nagarjuna aus dem Ende des zweiten Jahrhunderts stammt. Diese »Lehre der Fülle allen Seins« bleibt nicht bei Nihilismus oder Nichtexistenz stehen. Sie verlangt vielmehr nach der je individuellen und situativen Verwirklichung der Wahrheit im unmittelbaren Erlebnis der übergegensätzlichen »Soheit des Seins« (tathata), wo sich die Grenzen von Relativität und Absolutem befreiend durchdringen. Der Wechsel der Jahreszeiten bestimmt – wie schon gezeigt – den Rhythmus und das Lebensgefühl der Japaner schlechthin; ihre Naturverbundenheit mit

Kirschblüte, Herbstmond und Chrysantheme kam bereits zur Sprache. Für die Zen-Mönche kommt dies zusätzlich zum Ausdruck in dem kosmotheistischen Avatamsaka-Sutra, das mit seiner Naturmystik die Kegon-Metaphysik ergänzt, deren »Traktat vom Ursprung des Menschen« bis heute in den Tempeln viel studiert wird. Überhaupt gilt bei aller Realitätsbezogenheit des Zen auch, daß die Grenzen des Intellekts voll ausgeschritten sein müssen, bevor sie im »Denken des Nichtdenkens« transzendiert werden können.

Zur Problematik von Wahrheit, Wort und Wirklichkeit äußert sich der Buddha selbst im »Lanka-Vatara-Sutra« zur Selbstverwirklichung des edlen Wissens, das die Aufzeichnung seinerzeitiger Lehrreden bei einer Reise nach Ceylon enthält, das heute wieder Sri Lanka heißt:

> »Möge der Jünger sich davor hüten, sich an Worte zu klammern in der Meinung, daß sie ihrem Sinn völlig entsprächen. Denn die Wahrheit liegt nicht im Buchstaben beschlossen. Wenn der Mensch mit dem Finger auf etwas zeigt, so mag die Fingerspitze von Einfältigen für das angedeutete Objekt angesehen werden. In gleicher Weise sind die Unwissenden und Toren wie Kinder nicht fähig, die Idee aufzugeben, daß in dem Fingerzeig der Worte deren ganzer Sinn enthalten sei. Sie können sich die höhere Wirklichkeit nicht vorstellen, geschweige denn in sich verwirklichen – weil sie sich an Worte klammern, die doch nicht mehr sein sollten als ein weisender Finger. Denn die Wahrheit liegt jenseits der Worte.«

Worte also sind nur Wegweiser, Zeichen auf der Landkarte des Seins, die nicht mit dem Gelände selbst verwechselt werden darf, dessen Wege man jeweils selbst erfahren oder erwandern muß. Auch wenn sich die Landschaft manchmal recht unwegsam zeigen mag – im Gehen wird schließlich der Weg vertraut, wie der Zen-Mann weiß. Er erfährt auch, daß sich die Wahrheit der Verfügbarkeit des Habens entzieht und sich nur der existentiellen Verwirklichung des Seins eröffnet – daß ihre Früchte nicht am Baume der Erkenntnis wachsen, sondern am Baum des Lebens – daß in der Erleuchtung sich allerdings die Wurzeln beider Bäume als im gleichen Urgrund beheimatet zeigen.

Vom Sutra des Vimalakirti war bereits im Zusammenhang mit dem »Donnernden Schweigen« die Rede; es soll von dem ebenfalls erwähnten Prinzregenten Shotoku Taishi (574 – 622) bevorzugt gefördert worden sein. Dies liegt sicher mit in der Tatsache begründet, daß Vimalakirti – ob nun geschichtlich oder auch nur gut erfunden – ein reicher Geschäftsmann gewesen sein soll, der auch als Laie zum angestrebten Ziel der Erleuchtung gelangte und dafür entsprechende Wegweisung gibt. »Den Geist in Versenkung halten und zugleich den Dingen des täglichen Lebens zugewandt bleiben, das ist das Wesen wahrer Meditation«, so lautet seine zentrale Empfehlung. Es geht also nicht darum, einerseits ein geistiges Leben zu führen und sich andererseits mit den Tricks, Finten und Finessen besitzgieriger Geschäftemacher gemein zu machen. Alles kommt auf die Geistesverfassung an, die der Zen-Jünger zwar in der Übung gewinnt, dann aber auch beibehält in der Erledigung seiner Aufgaben im beruflichen und familiären Alltag. »Das Alltägliche ist der Weg« – auch der Weg der Übung, der überall und jederzeit begangen werden kann und soll. Nicht die Leugnung oder Meidung weltlicher Geschäfte wird verlangt, sondern ihre Erledigung im Sinne des Nicht-Anhaftens, das heißt ohne die übliche Besitzgier oder Eitelkeit des Ego, das sich dem Zen-Mann in der Einsicht der Wesensschau aufgelöst haben sollte. Verständlicherweise ist dieses Vorbild des Vimalakirti von großer Bedeutung gerade für das in Japan weitverbreitete Laien(koji)-Zen, von dem in einem folgenden Kapitel (Zen in Japan heute) noch mit konkreten Beispielen berichtet wird.

Es gibt großartige Texte aus der Frühzeit des Zen in China wie etwa das »Shin-jin-mei« von Sosan, dem 3. Patriarchen (529 – 606), das mit den Worten beginnt:

>*»Die höchste Wahrheit ist nicht schwierig*
>*und läßt keine Wahl zwischen Zweierlei zu.*
>*Wenn man nicht mehr haßt oder liebt,*
>*nicht für oder gegen ist,*
>*dann offenbart sie sich,*
>*weit und wolkenlos klar...«*

Oder das »Shodo-ka« von Yoku Daishi, der als Schüler von Huineng (Eno), dem 6. Patriarchen (638 – 713) lebte, das dem »Erleben der Wahrheit« gewidmet ist, die hier wieder im Gewande der Naturmystik angesprochen wird:

»*Der Mond ergießt*
eine Fülle des Lichts über den Strom.
Leise atmen die Kiefern.
Wer führt diesen heiligen Abend
der ewigen Nacht entgegen?
Tief im Herzen trägt er das Siegel,
die reine Perle der Buddha-Natur.
Er hüllt sich, wie in Gewänder,
in Nebel und Tau,
in Wolken und Schleier...«

Es soll bei diesen kurzen beispielhaften Erwähnungen bleiben, die auch für das »goldene Zeitalter« des chinesischen Zen aus der gepriesenen T'ang-Periode stehen, die mit der Buddhisten-Verfolgung unter Kaiser Wu-tsung (845) zu Ende ging. Viele der Zen-Meister damaliger Zeit sind mit ihren originellen Aussprüchen und Beispielen in den Koan-Sammlungen erhalten geblieben, die für die Praxis des Zen in der Rinzai-Richtung noch heute maßgeblich sind. Dies gilt für spätere Sammlungen − etwa die von Meister Genro im Jahre 1783 veröffentlichten 100 Koans von der »eisernen Flöte« (Tetteki Tosui), die der 1958 verstorbene Nyogen Senzaki neu herausgegeben und kommentiert hat. Es gilt vor allem für die wohl berühmteste und umfangreichste »Niederschrift von der smaragdenen Felswand«, Bi-Yän-Lu (japanisch: Hekiganroku) des Meisters Yüan-Wu, die um 1300 erstmals in China erschien und ihre deutsche Fassung (1964 − 67) dem großen Sinologen Wilhelm Gundert verdankt, der daran bis zu seinem Todestag am 3. August 1971 (92-jährig) noch gearbeitet hatte, so daß der dritte Band mit den Kapiteln 51 − 68 erst 1978 aus dem Nachlaß (bei Hanser) veröffentlicht werden konnte. Es gilt schließlich für die wohl berühmteste Sammlung der 48 Koans von Meister Wu-men, japanisch Mu-mon, aus dem 13. Jahrhundert, unter dem Titel »Schranke ohne Tor« oder »Gateless Gate« auch im Westen weitverbreitet. Dazu beigetragen hat vor allem Zenkei Shibayama-Roshi, Abt des Nanzenji in Kyoto, mit dem er zugleich die Organisation der ungefähr 500 Rinzai-Zen-Tempel in Japan leitete, bevor er im August 1974 (80-jährig) starb.

Unter dem Titel: »Zu den Quellen des Zen« (O.W. Barth) wurde sein umfangreicher Kommentar zu einem Standardwerk neuerer Zen-Literatur.

Name und Entstehung verdankt das »Mumonkan« den Unterweisungen des Abtes Wumen Hui-k'ai im chinesischen Zen-Kloster Gokoku Ninnoji für den begabten japanischen Mönch Shinchi Kakushin (1207 – 1298), der bei ihm Einsicht und Einweihung suchte und erlangte. Schon die erste Begegnung ergab den Titel für das spätere Werk, als nämlich der Meister den Ankömmling fragte: »Von wo bist du hereingekommen, um bei mir einzutreten, wo kein Tor da ist?«, und Kakushin antwortete: »Vom Nicht-Tor (mu-mon) bin ich hereingekommen.« Nach Japan zurückgekehrt, wo er das Zen-Kloster Saihoji (später Kokokuji) gründete, erlangte Kakushin auch als Berater der Kaiser Kameyama (1260 – 74) und Go Uda (1275 – 87) hohe Ehren, einschließlich des Titels Hotto Zenji (Zen-Meister der Dharma-Leuchte).

Was aber ist ein Koan? Bei Ruth Fuller Sasaki, die selbst mit einem japanischen Zen-Meister in New York verheiratet war, lesen wir dazu:

»Das Koan ist kein Scherzrätsel, das mit behendem Witz gelöst werden muß, auch keine psychiatrische Erfindung, noch ist es eine paradoxe Aussage – es sei denn für die, die es nur von außen her ansehen.«

Man muß sich also von innen einlassen auf und in die scheinbar paradox formulierte Problematik einer in sich widersprüchlichen Frage, Aussage oder Geschichte, um darin die eigene Widersprüchlichkeit zu erkennen und aufzulösen – zu integrieren. Man muß, wie es heißt, mit dem Koan eins werden – wozu man es zunächst einmal unablässig in sich bewegen muß. So hallen denn die Zen-Hallen oft wider vom laut hinausgebrüllten »Mu!« der Mönche, was auf das erste Beispiel des Mumonkan zurückgeht, wo ein Mönch den Meister Chao-chou fragt: »Hat auch ein Hund die Buddha-Natur?«, und dieser antwortet: »Wu!« (japanisch: Mu), wörtlich: »Nichts«. Ob nun der Meister damals nur mit dem Bellen eines Hundes zu antworten suchte, oder ob das Nichts das über Bejahung und Verneinung hinausgehende Absolute anzeigte, wie es im Zen heißt: jedenfalls haben Heerscharen von Zen-Schülern schon mit dem Grund-Koan Mu geübt – und sicher auch hier und da einen Schimmer von der Erleuchtung mitbekommen.

Ein anderes berühmtes und viel gebrauchtes Koan stammt von Meister Hakuin (1683 – 1768), von dem im nächsten Kapitel noch die Rede ist. Als er einmal in die Hände geklatscht hatte, hielt er eine Hand hoch und fragte: »Was ist der Ton der einen Hand?« – woraus Lies Groening den Titel ihres Buches der »lautlosen Stimme der einen Hand« gewann, von deren eigenem Erleben sie darin unter anderem berichtet.

Man kann diese Hand mit Glück auch einmal sehen, zum Beispiel von Hakuins Pinsel persönlich gestaltet – und die Kraft dieses Bildes im Tokonoma läßt den nicht wieder los, der es gesehen hat, wie etwa im Hause von Professor Hisamatsu.

Koans werden auch als Ziegelsteine beschrieben, die das Tor zur Wirklichkeit einschlagen und die Mauer des dualistisch verblendeten Intellekts einreißen sollen. Ob es dazu beim Lesen allein kommen kann, erscheint fraglich, aber sicher besteht die Möglichkeit zur Vertiefung der Übung unter der Anleitung eines geübten Meisters, dessen Fragen tatsächlich wie Ziegelsteine über einen hereinbrechen können, vor denen man sich nicht durch Ducken oder Denken helfen kann.

4.3 Dogen und Hakuin, Gründer und Erneuerer des Zen in Japan

Zen-Meister Dogen (1200 – 1253) ist eine überragende Gestalt im japanischen Buddhismus, in Leben und Wirkung, Lehre und Werk. Von adeliger Herkunft, verlor er früh beide Eltern, 2-jährig den Vater, 7-jährig die Mutter. Sie soll in ihm den Wunsch nach Eintritt in den Mönchsstand geweckt haben, den der 12-Jährige dann verwirklichte, und bei der Totenwache neben ihr habe sich ihm beim Herabfallen der Asche vom Räucherstäbchen das Koan gebildet: Was bin ich?

Wichtigste Eindrücke gewinnt er bei strenger Zen-Übung in China (1223 – 27), wo ihm die Erleuchtung widerfuhr, als der

Meister Nyojo den neben ihm in der Übung vom Schlaf über-
mannten Mönch mit den Worten aufrüttelte:»Beim Za-Zen sind
Körper und Geist ausgefallen!«

Nach Japan zurückgekehrt»mit leeren Händen«, wie er im Ei-
hei Koroku selbst schrieb, lebte er an verschiedenen Orten und begründete 1245 mit dem Eiheiji (was soviel bedeutet wie»Ewiger
Friede«) den Haupttempel des Soto-Zen, der dies bis heute geblieben ist. Durch verschiedene Angebote, in kaiserliche Dienste zu
treten, ließ er sich nicht verlocken. Ja, es wird berichtet, er habe
den Mönch mit dem fürstlichen Angebot davongejagt und an der
Stelle, wo er stand, die Erde sieben Fuß ausgegraben, um seine
Tempelstätte nur ja nicht durch Gedanken an weltliches Glück
entweihen zu lassen!

Soto ist − neben Rinzai − eine der beiden heute noch in Japan
hauptsächlich geübten Richtungen des Zen. Im Gefolge Dogens
charakterisierte es sich durch die Betonung des reinen Za-Zen, also der Übung im Meditationssitz, ohne Koan-Studium oder andere Hilfen. Die Jünger des Soto-Zen sitzen deshalb in den Tempeln
und Dojos mit dem Gesicht zur Wand − wie es von Bodhidharma
berichtet wurde. Dabei soll auch die leiseste Versuchung der Au-
ßenwelt ausgeschaltet werden, getreu dem Hinweis Dogens, wie
man Za-Zen zu üben habe:

»Nichts erhoffen, nichts befürchten,
nichts erwarten, nichts erwägen,
nur Sitzen um des Sitzens willen.«

Damit wird zugleich gewarnt vor übertriebenen Erwartungen etwa
in bezug auf kensho oder satori, Wesensschau oder Erleuchtung.
Selbstloses, absichtsloses Za-Zen, getragen von aufrichtigem Bemühen und tiefem sittlichem Ernst − das ist der einfache und
doch so schwierige Weg der Empfehlung Dogens.

»Den Buddha-Weg erfahren, bedeutet, sich selbst zu erfahren.
Sich selbst erfahren heißt, sich selber vergessen. Sich selber ver-
gessen heißt, von allen Dingen erleuchtet werden« − so lesen wir
unter der Überschrift über die Verwirklichung der Erleuchtung
(Genjokoan) im ersten Kapitel des»Shobogenzo«, der von Dogen
Zenji hinterlassenen»Schatzkammer der Erkenntnis des wahren
Dharma.«

Es handelt sich dabei um die Niederschrift von Dogens bedeutendsten Reden und Aufsätzen, die sein Schüler Ejo (1198 – 1280) angefertigt hat und die inzwischen in zwei Bänden auch in deutscher Sprache (Theseus Verlag, 1975 und 1983) vorliegen. Ohne so genannt zu werden, haben die Texte des Shobogenzo ausgesprochenen Koan-Charakter, wie jeder bemerken wird, der sich in ihr Studium vertieft. Sie bergen einen großen Reichtum – eine »Schatzkammer« – nicht nur der Erkenntnis und Erleuchtung, sondern auch der Metaphysik und Philosophie, für die sie in der einzigen originalen Schule Japans, der sogenannten »Kyoto-Schule«, die von Kitaro Nishida in diesem Jahrhundert begründet wurde, grundlegend war. Auch wenn von Dogen selbst die absolute Priorität des Za-Zen bei jeder Gelegenheit betont wird, so ist doch auch sein Denken für Japan sehr befruchtend. Das Kapitel Uji (Sein-Zeit) im Shobogenzo allein könnte Gegenstand einer philosophischen Dissertation unter Einbeziehung von Heideggers Hauptwerk sein, die sich bei Dogen vor allem dem Bindestrich widmen müßte, der eben etwas ganz anderes ist als das »und« in Heideggers Titel. Sein ist Zeit, Zeit ist Sein; es geht nicht um Zeitlosigkeit oder Überzeitliches in der Zeit, vielmehr: »schließt jeder Moment die ganze Welt ein – ist jedes lebende Ding untrennbar von der Zeit. Frei von Vergangenheit, Gegenwart und Zukunft schließt Zeit jedes Wesen und alle Welten ein.« Und dann, angesichts des herannahenden Todes am 28. August 1253, schreibt Dogen in schönster und klassischer Zen-Manier:

«*Der Morgensonne harrt der Tau*
auf Blatt und Gras
und schmilzt dahin.
Ach, wehe doch nicht so eilig,
Herbstwind über der Heide!«

Nebst Dogen ist Hakuin der bedeutendste japanische Zen-Meister in neuerer Zeit (1686 – 1768). Als 19. Patriarch der Rinzai-Richtung in Japan gilt er als deren großer Erneuerer, mit dessen Namen die Systematisierung des Koan-Studiums verbunden ist. In Ergänzung der überkommenen Koan-Sammlungen, die er vielfach verwandte und kommentierte, erfand Hakuin selbst eine beträchtliche Anzahl von Koan, darunter das bereits erwähnte vom »Ton der einen Hand«, das mittlerweile zu einem beliebten Grund-Koan der Zen-Übung wurde. Ohne hier auf die Frage nach dem Für und Wider des Koan-Sinnes im Zen einzugehen, die zumindest für die Praxis außerhalb Japans noch nicht endgültig beantwortet sein dürfte, bleibt festzuhalten, daß der Übungsweg mit den Stolpersteinen in Form der logisch nicht auflösbaren Fragen nach dem Sinn des Widersinns für das Rinzai-Zen in Japan selbst typisch ist.

Im äußeren Leben war der Knabe Iwajiro Hakuin als jüngstes von fünf Kindern nicht verwöhnt. Von eher schwächlicher Gesundheit, aber starker geistiger Begabung und religiöser Empfänglichkeit, bekam er ähnlich wie Dogen starke Eindrücke von der frommen Mutter. Schon dem Fünfjährigen soll sich im Anblick der dahinziehenden Wolken die Vergänglichkeit alles Irdischen zur Trauer seiner Seele aufgedrängt haben. Mit 15 Jahren zum Mönch mit Namen Ekaku geweiht, trieb ihn mit 19 Jahren der große Zweifel innerer Not in die Wende äußerer Wanderschaft. Im Alter von 23 Jahren kam er in der Einsiedelei Shojuan zu »seinem« Lehrer Etan, der ihn in eine harte Schule nahm. Von Hakuins anfänglichen Erleuchtungs-Erlebnissen unbeeindruckt, zog er ihn an der Nase, prügelte ihn und warf ihn schließlich von der Veranda hinunter, wo er sich mit letzter Kraft aus dem Schlamm erhob – um beim anschließenden Bettelgang erneut von Passanten Prügel zu beziehen. Diesmal aber halfen ihm die Schläge, die Trennwand zu seinem wahren Wesen niederzureißen, und er durchschaute und durchdrang sich selbst und die zuvor unlösbar erscheinende Koan-Aufgabe bis auf den Grund in der vollen Klarheit der Erleuchtung, die ihm nun auch friedvoll der Lehrer zuerkannte. Nachdem er ihn zuvor nur spöttisch das »armselige Teufelskind in der dunklen Höhle« genannt hatte, nannte er Hakuin nun bei seinem Namen und strich ihm liebevoll mit dem Fächer über den Rücken.

Die Einzelheiten dieser Vorgänge sind deshalb so gut bekannt, weil Hakuin selbst sie getreulich in seiner Autobiographie aufgeschrieben hat. Aus seinem Bericht wird auch deutlich, daß es in der für das Zen so vitalen Frage der Erleuchtung zwar keine unterschiedlichen Auffassungen, aber doch feststellbar unterschiedliche Stufen und Grade gibt, was ein konsequentes Fortsetzen der Übung auch nach dem sogenannten Initial-Erlebnis einer ersten Wesensschau unbedingt erforderlich macht. Dabei verlangt ernsthafte Übung nach nicht weniger als dem Aufgeben allen Haftens an Leidenschaften und Wunschvorstellungen – einschließlich des Wunsches nach der Erleuchtung selbst, die man nur absichtslos erreichen kann. Unwillkürlich drängt sich dazu ein Vers auf von Angelus Silesius, dem großen Mystiker unserer Breiten:

>»Die Ros' ist ohn Warum;
>sie blühet, weil sie blühet,
>sie acht't nicht ihrer selbst,
>fragt nicht, ob man sie siehet.«

Daß lässiges Betreiben der Übung noch in 10 oder 20 Jahren nicht zum Ziel führt und man auf etwas Schmerz beim ernsthaften Za-Zen gefaßt sein muß – körperlich und geistig –, das stellt Hakuin immer wieder unnachgiebig klar. So gütig, tolerant und liebevoll er selbst, der Anspruchslose, mit anderen Menschen und Lehrmeinungen umgehen mag – in der Übung gibt es keinen Kompromiß. Alles kommt auf die Realisierung der Einheit im Erlebnis an – und die erfordert den vollen Einsatz der ganzen Person. Dafür sind aber keine besonderen äußeren Bedingungen erforderlich: »Um den Zustand des großen Zweifels herbeizuführen (der unweigerlich dem großen Erlebnis der Erleuchtung vorausgeht), braucht man keinen stillen Ort aufzusuchen, noch muß man die Plätze des tätigen Lebens meiden...« Die Stille entsteht innen, oder sie entsteht gar nicht, und jeder Augenblick, auch inmitten lärmender beruflicher Tätigkeit, kann dazu die beste aller Gelegenheiten sein, wenn sie nur mit dem Umkehrschub des Bewußtseins zur inneren Mitte hin begleitet und nutzbar gemacht wird.

Wie man sich dieses Unvorstellbare dennoch im dichterischen Bild vorstellen könnte, davon erklingt Hakuins sogenannter Chorgesang, auch Hymnus der Erleuchtung genannt. In der japanischen Originalfassung wird dieser »Gesang« noch heute häufig rezitiert, und mit ihm beschließt beispielsweise auch Professor Nagaya jeden Tag der von ihm in Deutschland und Österreich geleiteten Zen-Sesshins.

Hakuin hat mit seinem Leben und Lehren, das immer auf die praktische Übung gerichtet war, das Zen in Japan zu beträchtlicher Volkstümlichkeit geführt. Die Geschichten von ihm und um ihn füllen Bände und sprechen eine kräftige Sprache. Nie hat der große Meister, dem im hohen Alter bis zu 700 Schüler lauschten, seine bäuerliche Abstammung aus dem einfachen Dorf Hara in der Provinz Suruga geleugnet. Wenn man weiß, wie wichtig gerade der »Hara« (japanisch: Bauch) als die »Erdmitte des Menschen« (Dürckheim) für die Übung und Haltung des Za-Zen ist, dann erscheint dieser Geburtsort fast als ein karmischer Hinweis für die Bestimmung des Zen-Meisters Hakuin. Mit seiner Nähe zu den einfachen Menschen löst Hakuin das Zen aus der Verwurzelung im Ritterstand der Samurai und dem Vorwurf des Elitären, der gelegentlich zu hören ist. Kein besonderer Ort ist nötig zur Übung, mit der jeder selbst und nur bei sich selbst beginnen kann und muß, wenn er dem Vorbild des Meisters folgen will – jetzt und hier, im Sitzen, Liegen, Stehen, Gehen – bei jeder Tätigkeit ist Zen-Haltung möglich.

Abschließend sei noch eine charakteristische Episode aus dem Leben Hakuins erwähnt, den ein Samurai besuchte mit der Frage: »Gibt es wirklich einen Himmel und eine Hölle?«
»Wer bist du?« fragte der Meister.
»Ein Samurai, ein Soldat der kaiserlichen Garde«, antwortete stolz der Krieger.
»Das glaube ich nicht«, meinte darauf Hakuin, »dafür siehst du mir viel zu jämmerlich aus. So einen wie dich stellt der Kaiser nicht ein in seine Garde!«
Aufbrausend griff der Krieger zum Schwert, doch Hakuin blieb ganz ruhig und sagte nur: »Na los! Wirst du es wirklich schaffen, mir den Kopf abzuschlagen?«
Der Samurai aber konnte sich nicht mehr zurückhalten und stürzte mit gezogenem Schwert auf den Meister ein.
Dieser lächelte ihm nur entgegen und sagte: »Jetzt kennst du die erste Hälfte der Antwort; eben hast du die Tore der Hölle geöffnet.«
Wie vom Blitz gerührt blieb da der Krieger stehen. Dann steckte er sein Schwert in die Scheide und verneigte sich tief vor Hakuin.
»Jetzt kennst du auch die zweite Hälfte der Antwort«, sagte darauf der Meister, »eben hast du die Tore des Himmels geöffnet!«

4.4 Soto-, Rinzai-, Obaku-Zen

Nachdem von Dogen, dem Begründer des Soto-Zen in Japan und Hakuin, dem Erneuerer des Rinzai-Zen die Rede war, bedarf noch die dritte und zahlenmäßig kleinste Gruppe der Erwähnung, die Obaku-Richtung. Sie wurde begründet von Ingen (1592 – 1673), einem berühmten chinesischen Zen-Meister der Ming-Dynastie, für den der regierende Shogun Tokugawa, Ietsuna 1661 in Kyoto den Mampukuji errichten ließ, der noch heute der Haupttempel des Obaku-Zen in Japan ist. Architektur und Ausstattung sind dort in hohem Maße getreu nach chinesischem Vorbild gestaltet, bis hin zu den achtzehn hölzernen Figuren in der Tempelhalle (Daiyuhoden), die ein chinesischer Bildhauer lebensgroß im Ming-Stil gestaltet hat.

Noch bis ins 18. Jahrhundert hinein waren die führenden Persönlichkeiten des Obaku-Zen in Japan Chinesen, während heute ausnahmslos Japaner den Tempeln vorstehen wie etwa Nino Okhuda-Roshi im Mampukuji. Wie kein anderer Zen-Ort war dieser schon sehr früh von großer Offenheit und Aufgeschlossenheit auch Fremden gegenüber, so daß viele Bilder und Berichte (wie beispielsweise das schon 1971 bei O.W. Barth veröffentlichte ZA-ZEN von Else Madelon Hooykaas und Bert Schierbeck) Obaku-Zen zeigen. Zwar ist der Tagesablauf im Kloster, beginnend mit dem ersten Za-Zen um vier Uhr früh im Sommer und um fünf Uhr früh im Winter, mit dem Wechsel von Sutren-Rezitation, karger Mahlzeit, praktischer Arbeit und immer wieder Za-Zen im Schweigen in den Klöstern aller Richtungen gleich asketisch. Dennoch gibt es Unterschiede zwischen Soto einerseits und Rinzai und Obaku andererseits, beispielsweise in der Sitz-Richtung. Während der Soto-Jünger mit dem Gesicht zur Wand sitzt, übt man bei Obaku und Rinzai das Za-Zen mit dem Rücken zur Wand. Dies ändert grundsätzlich nichts an der Technik oder Intensität der Übung im gleichen Sitz und mit gesenkten Augenlidern, wovon im nächsten Kapitel noch ausführlicher berichtet wird. Die Aufmerksamkeit zieht und zielt ohnehin nach innen, ob nun ein Lichtspalt vom Boden her oder von der Wand in die Augen kommt, die niemals weit geöffnet sind und damit auch von Raum oder Gegenüber nichts wahrnehmen. Dennoch ergibt sich eine psychologische oder symbolische Veränderung mit der Haltung, die dem offenen Raum – der Welt – zugewandt bleibt und in diese auch aus der Übung des Za-Zen heraus bei Rinzai und Obaku sogleich wieder zurückzukehren bereit ist. Mehr noch: die Aktion auch in der äußerlichen Welt soll mehr und mehr von der Meditation durchdrungen werden, so daß es schließlich ein und derselbe Geisteszustand ist, der Za-Zen und Handeln umfangen hält – ohne daß man sich dazu von der Welt ab- und der Wand zuzuwenden bräuchte und umgekehrt. Rinzai-Zen wird deshalb gelegentlich – mit oder ohne Koan-Übung – als die aktivere Richtung des Zen verstanden, als das lebendige Zen gegenüber dem »schlafenden Zen« des Soto-Sitzes vor der Wand.

Ähnliches ergibt sich auch aus einem Vergleich der Art, wie beide Richtungen das »Kinhin«, die Meditation im Gehen üben, die zu bestimmten Zeiten und auf ein Zeichen des Aufsicht führenden Mönches (Jikijitsu) hin das »Nur-Sitzen« des Za-Zen unterbricht. In beiden Fällen wird damit dem Blutkreislauf der Übenden im konzentrierten Gehen wieder auf die Beine geholfen. Während man jedoch dazu im Soto äußerst langsamen Schrittes Fuß vor Fuß setzt, schreitet man in der Rinzai-Geh-Übung nach langsamem Beginn immer kräftiger und schneller aus, woraus eine sehr dynamische und beschwingte Bewegung für die ganze Gruppe der hintereinander Gehenden werden kann, die sich dann wieder zur Rückkehr zum Sitzplatz verlangsamt, wo das Za-Zen fortgesetzt wird. Auch von diesem bewegten Aspekt her scheint sich die Dynamik des Rinzai-Zen günstiger zu den Voraussetzungen und Anforderungen der Aktivität weltlicher Tätigkeit zu gesellen als die reine Statik des Soto-Zen.

Allen Zen-Richtungen gemein sind Ansporn und Aufsicht durch den »Jikijitsu« mit dem Warnstab oder »Kyosaku«, den dieser beim Rundgang in der Zen-Halle senkrecht vor sich her trägt. Hier oder da korrigiert er die erschlaffte Sitzhaltung durch drei Schläge auf jede Schulter mit dem flachen Teil dieser mehr oder weniger langen Latte, was meist mehr Laut als Schmerz verursacht. Aus der Hand des Geübten kann der Schlag mit dem »Kyosaku« für den ermüdenden Rücken des Zen-Mönches eine erfrischende Erleichterung bieten, wenn die entsprechend verkrampften Massage-Punkte an Schulter oder Rücken belebend getroffen werden. Durch ein Zeichen per »gassho« mit den zusammengelegten Handflächen kann man auch selbst während des Za-Zen um den befreienden Schlag mit dem »Kyosaku« bitten, wozu sich die Beteiligten verneigen zu Bitte und Dank – und zum Zeichen des Transpersonalen der Handlung, die nur der Unterstützung der Übungshaltung dient und frei ist von Aggression oder dem Charakter persönlicher Strafe.

Daß es zu letzterem konkret auch einmal kommen kann, wird berichtet, wenn beispielsweise eine Gruppe kichernder oder geschwätziger Angestellter (»Freshmen«) zu Beginn ihrer beruflichen Laufbahn zunächst einmal in ein Zen-Kloster wie beispielsweise das Mampukuji geschickt werden. Dort mag der Warnstab im Anfang auch einmal zur Strafe eingesetzt werden, bis Stille und Disziplin auch bei den Neuankömmlingen gesichert sind. Für die Firmen ist dies oft eine willkommene Gelegenheit zur Grundlegung der geistigen Haltung, die sie von ihren Mitarbeitern erwarten, die dazu auch später gelegentlich wieder zur »Zen-Retreat« abgeordnet werden können.

Für die heute meist nicht mehr sehr reichen Zen-Tempel andererseits sind die Gruppen aus der Wirtschaft willkommene Gelegenheit zur Auffrischung ihres Finanzbudgets, für das sie ansonsten oft auf Spenden oder Besucher-Eintrittspreise angewiesen sind, sofern sie Kunstschätze, Architektur oder Gärten zur Besichtigung anzubieten haben. Daß bei solchen Za-Zen-Klausuren im Kloster auch für sonst Unbeteiligte und Laien der Keim gelegt werden kann für positive persönliche Entwicklungen, wird von verschiedener Seite bestätigt. Für Nino Okhuda-Roshi im Mampukuji ist dies sogar der eigentliche, tiefere Sinn solcher Übungen, bei denen die Beteiligten mehr mitbekommen als die vordergründige Ruhe und Gelassenheit – und Zen damit einen bleibenden Beitrag leistet zur sozio-kulturellen Entwicklung des heutigen Japan.

So kommt es sicher nicht von ungefähr, daß gerade dem Mampukuji ein »Young Men's Culture Training Center« angeschlossen ist, wo die Künste und Techniken der verschiedenen Zen-Wege gelehrt und geübt werden, die in einem späteren Kapitel noch im einzelnen beschrieben werden. So mancher Besucher aus dem Westen hat hier schon Zugang gefunden zu der Welt des Zen und ihren

Ausdrucksformen, deren Faszinosum einem anderen frühen Bildbericht von Ernst Stürmer den Titel lieh: Zen – Zauber oder Zucht? (Herder, 1973). Sicher ist es insbesondere der überall spürbare Ausdruck praktizierter Selbst-Zucht, der den Zauber der in der Zen-Haltung heil erhaltenen Welt ausmacht, von der ihre Jünger wortlos Kunde geben.

4.5 Die Praxis des Zen: Za-Zen, San-Zen, Samu

Ob im Klosterleben oder im Laien-Alltag – gelebtes Zen hat grundsätzlich drei Aspekte: die eigentliche Übung des Za-Zen im Stillsitzen, die Begegnung im Zwiegespräch aus und über Zen mit anderen, normalerweise einem Meister (San-Zen oder Dokusan), die Übung im Dienst-Tun der praktischen Arbeit, Samu.

Das Wort »Za« bedeutet sich setzen und sitzen, Za-Zen ist also Sitzen in der Sammlung oder Meditationshaltung des Zen. Lebensmäßig bedeutet »sitzen« Ausdruck von Ruhe und Gelassenheit, Ausschaltung der Bewegung durch still werden, was im Za-Zen für Körper und Geist gleichermaßen angestrebt wird. Wenn aber Körper und Geist eins sind, warum dann nicht mit der Ruhig-Stellung beziehungsweise -Setzung beginnen? Ist der Leib erst richtig im Lot, folgt auch die Lot- oder Senkrechte des Geistes. Schon im aufrechten Sitzen als solchem ist etwas von Zen enthalten.

Daß dieses am besten nicht auf dem bei uns zivilisatorisch am meisten gebräuchlichen, aber häufig schon anatomisch ungünstigen Sitz-Gestell des Stuhles geschieht, wird in allen Anweisungen betont. Wer allerdings hierzulande beruflich am Schreibtisch, im Auto oder sonst die meiste Zeit auf Stühlen oder Sesseln zubringt, sollte wenigstens auf die richtige Sitzhaltung achten, die sich immer aus und in der Vertikalen ergibt. Man mache einmal den Versuch, sich nicht anzulehnen, sondern frei und aufrecht auf der Vorderkante des Stuhles zu sitzen und dabei möglichst deutlich die beiden Sitz-Knochen oder -Höcker des eigenen Gesäßes zu spüren, die ja der Reiter dem Pferd noch durch den Sattel hindurch in der Gewichtsverlagerung zur jeweiligen Gangart und Anleitung in den Rücken drückt. Bald wird man merken, daß sich dabei ein freieres, gerades Sitzgefühl entwickelt, das auch den Geist offen und freier hält, als die uns ungesund liebgewordenen Verkrümmungen in scheinbar bequemen Sitzmöbeln, denen wir häufig rasche Ermüdung verdanken. Die versammelte Vertikale des Leibes dagegen, die dem natürlich-senkrechten Emporwachsen der Wirbelsäule aus der im Beckenraum gesammelten Kraft des Unterbauches (Hara) heraus entspricht, führt unschwer auch zu wacherer und geraderer Konzentrationsfähigkeit des gewärtigen und gegenwärtigen Geistes.

Abgesehen von dieser möglichst durchgängig zu beachtenden Körperhaltung, die aus dem Hara heraus das Sitzen, Gehen und Stehen steuern sollte, dient dem eigentlichen Za-Zen am besten ein bodennaher Sitz, etwa auf einem festen Kissen von ca 10 cm Dicke oder einer entsprechend zusammengelegten Decke. Auch als Sitzfläche dient am besten ein flaches Kissen oder eine Decke zur Entlastung für Knie und Beine, was in Japan auf den Tatami-Matten kein Problem ist, auf denen sich das Leben ganz allgemein bodennah abspielt.

Auch auf dem Kissen be-sitzt man nur die Vorderkante, während die Beine kreuzweise untergeschlagen werden wie im Yoga oder Schneidersitz, wobei allerdings beide Knie unbedingt am Boden aufliegen müssen. Nur so ergibt sich die notwendige körperliche Verankerung, für die beide Knie mit dem Gesäß ein natürliches, stabilisierendes Dreieck bilden. Ob dazu beide Füße auf dem jeweiligen anderen Oberschenkel aufliegen, wie es dem klassischen, sogenannten vollen Lotus-Sitz (Kekka) entspricht, ist eine Frage der persönlichen Konstitution und körperlichen Geübtheit des Übenden. Man begnüge sich ruhig mit dem etwas weniger anstrengenden »halben Lotus-Sitz« (Hanka), bei dem das eine Bein am Boden liegt und der andere Fuß auf dem Oberschenkel gegenüber ruht. Normalerweise sollte dies der linke Fuß sein, der sozusagen das rechte, aktive Bein am Boden hält und damit schon symbolisch zur Ruhe zwingt. Wenn dagegen bei Buddha-Statuen immer der rechte Fuß obenliegend abgebildet ist, so liegt dies daran, daß der Vollerleuchtete solcher Vertiefungshilfe nicht mehr bedarf, sondern bereit ist, jederzeit aufzustehen, um »alle Wesen zu erretten«, wie es buddhistischem Gelöbnis entspricht.

Wer weder im ganzen, noch im halben Lotus-Sitz verweilen

kann, mag sich auch mit dem Fersen- oder Hocksitz (Suwari) versuchen, jener im japanischen Haus ganz normalen Art auf den eigenen Unterschenkeln und Fersen am Tatami-Boden zu sitzen. Wichtig ist in jedem Fall die absolut aufrechte Haltung des Oberkörpers — gerade und bequem zugleich, gelöst in den Schultern, weder verkrampft noch gekrümmt, die Nase senkrecht über dem Nabel, wozu das Kinn ganz leicht angezogen wird, so daß der Scheitelpunkt der Kopfdecke himmelwärts weist (kojo = nach oben), während das Gesäß erdverwurzelt bleibt (koge = nach unten). Die Hände werden vor dem Bauch locker ineinandergelegt, die offene linke in die Handfläche der rechten Hand, so daß sich die Daumenspitzen nur leise berühren. Die Augen bleiben unbedingt leicht geöffnet, und sei es auch nur einen Spalt weit, durch den das Licht des Tages und der Welt Zutritt behält. Der Blick ruht blicklos am Boden, einer Neigung von ca. 45° entsprechend in etwa einem Meter Entfernung vor dem Sitzenden.

Hat der Übende solchermaßen die totale Ruhigstellung in der Vertikale des gesetzten Körpers erlangt, dann bleibt »nur« noch die Ruhigstellung des Geistes, der Gedanken zu bewerkstelligen — jener unablässig »tanzenden Affen«, wie gesagt wird, die sich auch noch des dünnsten Spinn-Faden-Astes bedienen, um sich an ihm weiterzuhangeln. Nicht anhangen, nicht anhaften — hier wird es am schwersten, und es gibt deshalb auch so manchen Trick und so manche Empfehlung auf den Weg zum Denken des Nicht-Denkens, einschließlich der Koan-Übungen, die meist mit dem aktivierten Nichts des »Mu« beginnen.

Eine verhältnismäßig einfache Übung zum Zurücknehmen des Denkens ist es, den Atem zählend zu begleiten, lautlos von eins bis zehn bei jedem Ausatmen, immer nur durch die Nase (»Su-soku-kan«, Schauen als Atemzählung). Nicht aus der Brust, sondern aus dem Unterleib — noch unterhalb des Zwerchfells — kommt zu diesem Atem der Impuls, und sein Rhytmus wird im Verlaufe des Za-Zen immer leichter, immer länger, immer tiefer, bis er schließlich bei 3 – 4 Zügen in der Minute (statt der normal bewegten 12) bleibt. Der Atem ist also paradoxerweise das einzige, woran man sich für die Übung festhalten kann — das einzige auch, was lebenslang und lebensnotwendig mit uns geht, im Wachen oder Schlafen, in der Erleuchtung oder Verdunkelung des Geistes, in der Meditation ebenso wie bei jeder Tätigkeit, die man deshalb wiederum mit Hilfe der Erinnerung und bewußten Verinnerlichung des geübten Atems meditativ durchdringen kann. Wenn diese Übung auch einfach erscheint: wer einmal versucht, unter bewußter Ausschaltung aller Gedanken nur seinen Atem zu zählen, wird bemerken, wie schwierig dies doch ist und wie oft er wieder zum Ausgang des Zählens von 1 – 10 zurückkehren muß, wann immer ihm ein Gedanke dazwischen gekommen ist. Mit den Worten von Professor Ueda heißt richtig ausatmen: restlos aus sich selbst hinaus in das unendlich weit Offene eingehen – heißt immer etwas sterben in Nicht-Selbst-heit. Einatmen dagegen heißt: das unendlich Offene in sich hineinnehmen, heißt Wiederauferstehung in die All-Selbst-heit des All-ein-seins, dessen man sich selbst inne wird. Bedarf man schließlich nicht mehr des Krückstockes der Atemzählung und übt einfach nur Za-Zen, nur Sitzen um des Sitzens willen – der Empfehlung Meister Dogens gemäß –, so wird dies »Shikantaza« genannt, nur nur nur …

Das Sitzen im Zen wird üblicherweise für einen Zeitraum von 30 – 40 Minuten praktiziert und – nach kurzer Pause, unterbrochen auch gelegentlich durch das Za-Zen im Gehen (»Kinhin«) – mehrfach wiederholt: für 6 – 8 Stunden am Tag beim einwöchigen kleinen Sesshin, dem gemeinsamen Za-Zen in der Gruppe oder im Kloster und für 14 – 17 Stunden am Tag beim großen Sesshin im Zen-Kloster, wobei selbst dann noch viele Mönche die Nachtruhe durch individuelles Za-Zen (Yaza) in der Halle (Zendo) oder im Garten abkürzen.

Einige Stunden Za-Zen täglich zu bestimmten Zeiten (ab halb vier Uhr früh im Sommer und halb fünf Uhr früh im Winter) gehören genauso zum Tagesablauf im Zen-Kloster wie die Sutren-Rezitation, die praktische Arbeit (Samu), das einfache, vegetarische Essen und der gelegentliche Bettelgang (takuhatsu), der weniger um der Gaben an Geld und Reis willen durchgeführt wird, als vielmehr zur Übung von Demut und Selbstlosigkeit für den Mönch, dessen Gesicht von dem übergroßen runden Strohhut verborgen wird, dem man auch heute noch hier und da im Straßenbild begegnen kann.

»Es ist wie in einem Zen-Kloster«, sagt man in Japan, wenn irgendwo blitzblanke Sauberkeit und sorgfältige Ordnung herrschen. Dies ist das sprichwörtliche Ergebnis der im Zen-Kloster von allen praktizierten Arbeit in Haus, Feld und Garten, die ihren festen Platz im Alltag hat: »Ein Tag ohne Arbeit, ein Tag ohne Essen«, heißt es seit altersher. Natürlich ist die körperliche Arbeit (Samu) heute für Laien auch in Japan vielfach der Schreibtischarbeit gewichen, aber die Naturverbundenheit bleibt und drückt sich gegebenenfalls auch aus in der Zen-Übung bei Spaziergang oder Wanderung in der Natur (Angya).

Zen in der Begegnung mit anderen, in der Kommunikation, wird San-Zen genannt. In der Zwiesprache und Auseinandersetzung mit dem Meister ist es Zen in der Bewegung: man steht aus dem Za-Zen auf und geht zum Lehrer, der meist schon am Schritt des Schülers dessen geistige Entwicklung und Verfassung feststellen kann. Geht der Schüler dazu allein im regelmäßigen Turnus (meist täglich wie etwa im Kloster) zum Meister oder Roshi, um ihm sein jeweiliges Zen-Verständnis darzubieten, dann nennt man dies Alleingang oder »Dokusan«. San-Zen ist demgegenüber der allgemeinere Begriff für die Begegnung im Zwischen von zwei Menschen, noch einmal mit Ueda formuliert: »Die Dynamik des vom Weder-ich-noch-Du durchdrungenen Ich-Du mit dem anderen durchzuspielen, so daß das selbst-lose Selbst sich in entsprechender Bewegung bewähren kann.«

Das typische Zen-Gespräch mit Frage-Erwiderung wird dagegen »Mon-Do« genannt: ein einmaliges, freies und unstrukturiertes Ereignis zwischen zwei Zen-Leuten im Gespräch, das sich spontan dialogisch aus jeder Banalität des Alltags entspinnen kann und im Kern die Zusammengehörigkeit von Negation und Bejahung enthält.

Als Beispiel wird gerne die Geschichte von zwei Meistern beim Tee erzählt, wo A unvermittelt sagt: »Das All ist in einer Schale Tee restlos gegenwärtig«, worauf B die Schale umstößt und angesichts des verschütteten Tees fragt: »Und wo ist jetzt das All?« Dazu sagt wiederum A nur: »Schade um den schönen Tee!« – und beide lachen schallend. Das gemeinsame Lachen ist oft der Schluß von Zen-Geschichten, worin der tiefe existentielle Sinn der Frage-Erwiderung des »Mono-Do« im humorvoll-herzlichen Sein der Beteiligten aufgelöst wird. Danach wundert es nicht mehr, daß der Volksmund in Japan noch heute eine scheinbar widersinnige

Frage oder Aussage eines Politikers oder Geschäftsmannes gerne als »Zen-Mondo« bezeichnet, was mit der Bewunderung für den möglicherweise verborgenen, vielschichtigen Sinn die Verwunderung teilt vor der auf Anhieb vieldeutigen und vielleicht unverständlichen, möglicherweise auch einfach sinnlosen Formulierung.

4.6 Wozu Zen in heutiger Zeit

Läßt man einmal das Fernziel der Erleuchtung als spekulativ beiseite, da es sich ohnehin jedem Versuch einer Beschreibung entziehe und in den ungesicherten Bereich der Erfahrung des einzelnen zu verweisen sei, so bleibt doch die naheliegende Frage nach dem Ergebnis aus dem Erlebnis der Zen-Übung. Wenn Leistungssportler, Politiker und Manager in Japan heute Za-Zen üben – wofür zahlreiche Beispiele bis hin zum Regierungschef Nakasone vorhanden sind – , dann muß es dafür einen Sinn geben, der über die schiere und scheinbare Sinnlosigkeit der Koans und ihrer paradoxen Fragestellungen hinausgeht und der etwas mit der Bewältigung der jeweils konkreten Aufgabe oder Lebenssituation zu tun hat.

Tatsächlich hat das geübte Zen in erster Linie sozusagen vordergründig einen positiven und stabilisierenden Einfluß auf körperliche Konstitution und Gesundheit. So wird beispielsweise in den großen Tageszeitungen Japans gelegentlich mit nationaler Anteilnahme von bekannten Größen des Baseballs berichtet, die für einige Zeit in ein Zen-Kloster gehen, um sich aus ihrer Formkrise zu befreien. Diese erste Stufe des sogenannten »Bombo-Zen« kann als eine Art von körperlicher und geistiger Hygiene zur Reinigung des ganzen Menschen verstanden werden.

Auch seelische Probleme wie Depression, Furcht, Zweifel oder Nervosität können hier zu einer Lösung kommen, so daß ganz allgemein der Übung des Zen in Japan Heilungswirkung zuerkannt wird, die man vielleicht aus ähnlichem Grunde sucht wie man hierzulande oder noch mehr in den USA den Psychiater oder Psychotherapeuten aufsuchen würde. (Vergleiche hierzu den Titel eines außerordentlich informativen Suhrkamp-Taschenbuches von

138

Erich Fromm, Daisetz Teitaro Suzuki und Richard D. Martino: Zen – Buddhismus und Psychoanalyse.) Darüber wird auch von Führungskräften in Wirtschaft und Verwaltung ganz offen gesprochen, und es gibt zahlreiche Fälle von Besuchen und Aufenthalten im Zen-Kloster für Stunden, Tage oder auch Wochen und Monate, wobei die wohl gebräuchlichste Form zunächst die Beteiligung an den öffentlich zugänglichen »zazenkai« sein dürfte, die zum Beispiel im berühmten Engakuji-Tempel im Kamakura täglich von 5.30 Uhr bis 6.30 Uhr in der Frühe und jeden zweiten Samstag von 9.00 Uhr bis 11.00 Uhr vormittags abgehalten werden.

Schon für Gymnasiasten und zukünftige Studenten ist es angesichts der »Prüfungs-Hölle« nichts Außergewöhnliches, sich für einige Zeit in ein Zen-Kloster zurückzuziehen, um Konzentration und Ruhe zu sammeln. Was sich dort in der gemeinsamen Übung akkumulieren kann, führt nicht nur zu neuen Kräften, sondern auch zur Auflösung alter Problemhaltungen, die den Fortschritt der persönlichen Entwicklung hemmen. Sicher gehört hierher auch die beobachtbare Gelassenheit von Polizei im Einsatz in Japan, deren Höflichkeit und Festigkeit selbst angesichts aggressiver Demonstranten durch keine Provokation zu erschüttern scheint. Wenn man weiß, daß nicht nur Kendo und Judo als die Zen-Kampf-Wege, sondern auch der eigentliche Kampf mit sich selbst in der Übung des Za-Zen zur Ausbildung bei Polizei und Militär gehören, dann werden solche Phänomene besser verständlich.

Aus kontinuierlich geübtem Zen heraus scheint es offensichtlich möglich, den Herausforderungen des Alltags und der Umwelt besser standzuhalten, sie nicht in allen Fällen anzunehmen, sondern in der versammelten Kraft bei sich zu bleiben und nicht so leicht außer sich zu geraten. Es ist die Zentriertheit des Bewußtseins beim Atem und im Hara, die nicht nur zu den auch bei uns beliebten und demonstrierten Spielchen des Sich-schwer-machen-könnens führt, sondern die tatsächlich eine Haltung der Unverrückbarkeit in Körper und Geist mit sich bringt, die jeden potentiellen Kontrahenten seinerseits verunsichert innehalten läßt.

Die zweite Stufe des Zen ist Gedo-Zen, wo man sich nicht mehr mit der rein körperlichen und geistigen Wirkung der Versenkung begnügt, sondern philosophischen und religiösen Hintergrund einbezieht. Hierher gehört die christliche Zen-Übung, auch wenn sie sich selbst als transkonfessionell will, jedoch primär der Vertiefung des Gebetslebens dienen soll. Auch andere Systeme, wie hinduistischer Yoga, Tantrismus oder taoistische Natur-Mystik, haben hier ihren Platz im spirituellen Weg der Zen-Übung, der den Menschen für die Erfahrung der mystischen Wirklichkeit bereiten will, die ihm in Wesensschau oder Erleuchtung widerfahren kann.

Dazu muß allerdings gesagt werden, daß es im Zen nicht um die Erfahrung − selbst nicht die des satori oder der Erleuchtung − geht, sondern um die Integration der Erfahrung im Leben des einzelnen. Wo allerdings solche Integration stattgefunden hat, da wird auch von innen nach außen eine Wandlung spürbar, die den Betroffenen ergreift und auch seine Umgebung erkennbar einbezieht. Die »Kraft der Stille«, die im Za-Zen entsteht und gepflegt wird, greift über den einzelnen Übenden hinaus und erfaßt auch seinen Nachbarn. Ist dieser selbst auf ähnlichem Weg, so können sich beider Bemühungen gegenseitig stützen, und es kommt noch etwas mehr Stille und Friede in die Welt. Wäre es vermessen zu denken, daß sich solche Übung atmosphärisch vervielfache, wenn sie von immer mehr Menschen getragen würde? Dann wäre wahrlich der Weltfriede nicht mehr in unerreichbarer Ferne, wenn immer mehr Menschen aus der Verfassung Zen-gemäßer Gelassenheit leben könnten. Mit den Worten eines jungen japanischen Zen-Mönches nach einem Bericht in der Neuen Züricher Zeitung vom 1. November 1986: »Zen handelt von der großen kosmischen Energie. Ein Christ würde sie Gott nennen. Wenn es uns gelingt, uns in den Dienst dieser Energie zu stellen, können wir unglaubliche Wohltaten zum Nutzen aller vollbringen. Wenn sich in einigen Jahren auch wissenschaftlich nachweisen läßt, daß diese eine Kraft alles durchdringt und trägt (und hierin scheinen ihm neuere Untersuchungen recht zu geben, wie zum Beispiel Fritjof Capra in seinem Buch »Tao der Physik« zeigt), dann müssen alle Menschen erkennen, daß sie von gleicher Art sind und zueinander gehören, und eine Zeit des Friedens wird anbrechen. Ich bin fest überzeugt, daß es Anfang des kommenden Jahrhunderts so weit sein wird.«

Nur der Vollständigkeit halber seien noch die drei weiteren Stufen der Zen-Meditation angeführt, die in der eigentlichen buddhistischen Lehre oder Philosophie beheimatet sind: Das Shojo-Zen entspricht den Übungen des »kleinen Fahrzeugs« (Hinayana); erst das Daijo- und das Saijojo-Zen entsprechen dann den höchsten Stufen der buddhistischen Geistesschulung, deren Gelehrsamkeit jedoch üblicherweise den Klosterschulen vorbehalten bleibt.

In der Welt der Wirtschaft und deren Schulungsstätten dagegen bleibt es meist beim »Bombo-Zen«, wie etwa bei der eigens eingerichteten Ausbildungsschule für Führungskräfte (Kanrisha Yosei Gakko) in Tokio (Chiyoda Ku), wo jeweils beginnend am 1. und 16. eines Monats zweiwöchige Ausbildungsprogramme durchgeführt werden (die pro Teilnehmer 278.000 Yen kosten), in deren Rahmen die Zen-Übung jeweils eine wichtige Rolle spielt.

Davon bekam auch der junge Deutsche aus Siegen einen persönlichen Eindruck, der als cand. ing. der Universität und Praktikant der Carl Duisberg-Gesellschaft an einem solchen Programm in Tokio teilnahm, bevor er vom 15. April bis zum 14. Juni 1986 in Fukuoka/Kyushu im südlichen Japan an dem allgemeinen Trainings-Programm für die neu eingestellten Mitarbeiter (»Freshmen«) der Firma Celcom Inc. teilnahm. Von diesem firmeninternen Training schreibt er später in einem Bericht:

»Während der ersten drei Tage meines Praktikums nahm ich an dem »Freshmen-Training«-Kurs teil, der folgende Themen zum Inhalt hatte:

- Benehmen
- Meditation
- Leibeserziehung
- Theoretische Schulung
- Diskussion
- Zeiteinteilung.

Das erste, was wir lernten, war, wie man sich in Gegenwart eines Vorgesetzten benimmt: Grüßen, laut und deutlich sprechen, Haltung ... Zur Ausbildung gehörte unter anderem eine Einführung in die Zen Meditation mit zweimal täglich einer halben Stunde Za-Zen (um 5.30 Uhr früh und 19.00 Uhr abends !!)...

Wenngleich ich meist Schmerzen in den Beinen hatte, gelang es mir doch manchmal, zu einer wirklich spürbaren Entspannung für Körper und Geist zu kommen... Nach dem Za-Zen folgte jeden

Tag Gymnastik im Freien. Es gab eine Reihe von Übungen möglichst rasch und gut zu erledigen, und die erzielten Ergebnisse wurden dann für die Praktikanten festgehalten. Dies soll übrigens in den meisten Betrieben so gehandhabt werden, und man sagt, daß sich dadurch die Unfallrate reduziert... Danach hatten die Trainees den Text der Unternehmensziele (koreo) und der sozialen Firmengrundsätze (tegi) auswendig zu lernen und täglich gemeinsam vor Arbeitsbeginn zu rezitieren wie folgt:

»Wir anerkennen als höchstes Ziel unserer Firma den Dienst an der menschlichen Gesellschaft und damit unsere Verantwortung für die nationale und internationale Situation, weshalb wir uns mit dem Stolz und Vertrauen der Angehörigen dieser Industrie für die Entwicklung von Wirtschaft und Kultur dieser Gesellschaft einsetzen.«

»Wir unterstützen die Finanzen der nationalen und lokalen Regierung, tragen zum wirtschaftlichen Wachstum unserer lokalen Gesellschaft bei und gehören zum maßgeblichen Besitztum unserer Nation.«

Es folgen dann noch weitere Aussagen zur Qualitätskontrolle (hinshitsu kanri) und Persönlichkeitsentwicklung (nohryokaihatsu), wie sie auch sonst bei Firmen gebräuchlich sind und wovon oben bei den entsprechenden Kapiteln schon die Rede war. Wesentliches Anliegen im Zusammenhang hier war jedoch der Hinweis auf ganz konkrete und aktuelle Erfahrungen von und mit Za-Zen, die als durchaus beispielhaft gelten dürfen auch für eine Vielzahl von Fällen an anderen Orten.

Nicht umsonst hat gerade der Soto-Zen-Tempel Myokoji von Fukuoka eine besonders intensive Tradition mit öffentlich zugänglicher Übung (zazenkai) jeden Samstagabend ab 19.00 Uhr und sonntags früh ab 7.00 Uhr für Kinder, was der früher bei Sony beschäftigte Designer Kohzoh Yamamoto schon als Gymnasiast ebenso miterlebte wie der jetzige Professor Senichi Masuda von der Tokio-Universität, dessen damaliger Lehrer dort selbst ein überzeugter Zen-Mann war, der von seinen Schülern entsprechende Übungen erwartete.

Ähnliches gilt auch von Seiro Takehara, dem Präsidenten der von ihm schon 1967 gegründeten IMCA-Inc. in Tokio, in der Japan über die wohl erste und möglicherweise einzige original-japanische »Executive-Search«-Aktivität verfügt, die vor dem Hintergrund der grundsätzlich noch immer berufs-lebens-langen Anstellung qualifizierter Kader einen etwas exotischen und nicht unumstrittenen Ruf hat. Nachdem Takehara jedoch im 20. Jahr seiner Tätigkeit unter anderem alle in diesem Buch beschriebenen Firmen zu seinen Klienten zählt und mit 50 Mitarbeitern jährlich mehr als 500 Aufträge zur Besetzung von Führungspositionen offenkundig zur Zufriedenheit erledigt, muß wohl die Bereitschaft zur Mobilität in den japanischen Führungsetagen zumindest im Zunehmen begriffen sein, was auch mit der zunehmenden Internationalisierung des Geschäftes zusammenhängen mag. Was im Zusammenhang mit dem beschriebenen Thema mehr interessiert, ist, daß Takehara nicht nur selbst praktizierender Zen-Mann ist, sondern sich auch jedes Jahr für eine Woche mit seinen Mitarbeitern zu einem gemeinsamen »Zen-Sesshin« zurückzieht. Hinter seinem Schreibtisch hängt in Kanji-bokuseki das Zen-Zeichen für »Mu-Yu« (Nichts-Sein), in dem sich fast phonetisch auch ein Anklang findet zum »Know-who«, mit dem er den weltweit bekannten Begriff des »Know-how« für sich selbst professionell positiv verfremdet hat, fast im Sinne Inabas von Sumitomo, dem ebenfalls das Wissen von und über Menschen als Information schließlich wichtiger erschien als Fragen von Zeit und Technik (siehe oben).

4.7 Zen in Deutschland

In Deutschland hat Zen noch keine allgemein anerkannte, autorisierte Bleibe gefunden, vielleicht einmal abgesehen vom Haus Benedikt in Würzburg, das von Pater Willigis Jäger – Koun Roshi geleitet wird, einem Schüler von Yamada Koun-Roshi in Kamakura, von dem noch in einem eigenen Kapitel berichtet wird. Zu Yamada Kouns zahlreichen westlichen Schülern zählt auch der bereits mehrfach erwähnte Pater Hugo Enomiya Lassalle S.J., der durch seine Sesshins in jedem Jahr an verschiedenen Orten in Deutschland zur Verbreitung und Vertiefung authentischen Zens beiträgt. Meist bieten sich dafür als Rahmen- und Gast-Stätten klösterliche Orte an, wie das Meditationshaus St. Franziskus in Dietfurt im Altmühltal, das Sonnenhaus beim Benediktiner-Kloster Beuron im Donautal oder die Abtei Maria Laach. Sicher kommt es nicht von ungefähr, daß gerade Orte mit einer spirituellen Tradition wie katholische Klöster sich in besonderem Maße zur Herberge für Zen-Übungen anbieten. Auch die existential-psychologische Bildungs- und Begegnungs-Stätte von Graf Dürckheim in Todtmoos-Rütte verfügt über ein eigenes Zendo, wo täglich Za-Zen geübt wird. Dort waren öfters authentische Meister zu Gast wie der vor einigen Jahren verstorbene Seki Yuho – Roshi vom Bergtempel Eigenji in der Provinz Shiga-ken, der sogar zwei seiner Mönche für ein Jahr im Austausch in Rütte zurückließ.

Der ebenfalls bereits verstorbene Taisen Deshimaru – Roshi, Schüler des Wandermönchs Kodo Sawaki, dessen Nachfolger nach seinem Tode 1965 als Abt des Antaiji-Klosters Kosho Uchiyama – Roshi wurde, lebte seit 1967 in Paris und hatte auch in Deutschland Zen-Jünger, die in Hamburg, Berlin und München Übungsorte – Dojos – einrichteten.

Aus dem Münchner Arbeitskreis »Psychosophie-Forum« entstand bei Murnau in Oberbayern das Zen-Haus Obermühle, wo seit Sommer 1980 der mit einer Münchnerin verheiratete und gut deutsch sprechende Meister Mon-San (Fumon Shoju Nakagawa) tätig ist. Mon-San verfügt über ein abgeschlossenes Philosophie-Studium und verbrachte ein Jahrzehnt im Zen-Kloster (Eiheiji), wo er nebenbei meisterhaftes Shakuhachi-Spiel auf der Bambusflöte erlernte. Priesterwürde und Meistersiegel erhielt er 1976 durch Tokugen Sakai – Roshi.

Der frühere Benediktiner-Pater Gregor Witt war es, der unweit von Bad Wurzach den Zen-Hof Eintürnen als christliches Zentrum einrichtete für Zen, Tai-chi und Eutonie, wo auch Tetsuo Kiichi Nagaya – Roshi (siehe unten) regelmäßig bei seinen Besuchen in Deutschland Zen-Sesshins leitet.

In der Nähe von Hamburg bietet das buddhistische »Haus der Stille« in Roseburg ebenfalls regelmäßig Zen-Übungs-Programme mit anerkannten Meistern, wie zum Beispiel Oi Saidan – Roshi aus dem berühmten Myoshinji-Rinzai-Tempel in Kyoto oder Harada Sekki – Roshi vom Hosshinji in Obama, der zur Soto-Richtung gehört.

Am 17. Mai 1977 unerwartet früh verstarb Francois-Albert Viallet, dem der »Frankfurter Ring« in einem 1975 eröffneten Zendo die Möglichkeit zur Übung und Anleitung eingeräumt hatte. Viallet kam zum Zen über Teilhard de Chardin, für den er bis zu dessen Tod als Sekretär gearbeitet hatte. Entscheidend für sein Zen-Erlebnis waren Aufenthalte im strengen Antaiji-Kloster, das inzwischen seinen Standort aus Kyoto in die unzugängliche Bergwelt der Hyogo-Präfektur in Japan verlegt hat, wo Koho Watanabe die Nachfolge des erkrankten Kosho Uchiyama angetreten hat. Uchiyama, der auch westliche Philosophie studiert hatte, erteilte Viallet noch in Kyoto als erstem Europäer in seinem Kloster die Mönchs-Weihe unter dem Namen »Soji Enku«.

Ebenfalls unter dem Anspruch eines japanischen Mönchs-Namen, Sotetsu Yuzen, praktiziert in Berlin der Frauenarzt Dr. Klaus Zernickow Medizin und Zen. 1971 gründete er – noch in Verbindung mit Professor Nagaya – die erste Berliner Zen-Gemeinschaft unter dem Namen »Mumon Kai« und erbaute 1977/78 die Kin-Mo-Zendo-Sitzhalle. Seine Anerkennung als »Sensei« (japanisch: Lehrer) führt er zurück auf den verstorbenen Seki Yuho – Roshi vom Eigenji, dessen Mönch Sekizah Sugie Osho im November 1978 die neu erbaute Zendo einweihte, sowie auf den in Berkeley/USA lebenden und lehrenden koreanischen Zen-Meister Seung Sahn (genannt Soen Sa Nim), der auch gelegentlich nach Deutschland kommt und in dessen Zen die »108 Niederwerfungen« (Verbeugungen) eine wichtige Rolle spielen. Vor und nach der Übung des Za-Zen und bei der Sutren-Rezitation verneigt sich der Zen-Mönch traditionell mehrfach mit den Knien am Boden, bis auch die Stirn den Boden berührt – zwischen den nach oben geöffneten Händen, die symbolisch die »Füße des Buddha« fassen sollen, wofür sie leicht geschlossen werden.

Mangels eindeutig autorisierter und authentischer Lehrer des Zen in Deutschland bemüht sich der bereits erwähnte »Frankfurter Ring« immer wieder um kompetente Gäste wie zuletzt etwa Zentatsu Richard Baker – Roshi vom San Francisco Zen-Center, der als Vorkämpfer einer Richtung des »American Zen« gilt, die sich von allzu großem Traditionalismus freizumachen sucht. Ob deshalb die Zen-Sonne in Zukunft wirklich im Westen aufgeht, wie ein Buch-Titel nahezulegen suchte, mag mit einem großen Frage-zeichen dahingestellt bleiben.

Vom San Francisco Zen-Center gibt es eine Verbindung zu Taitsu Kano und dem Shofukuji-Rinzai-Tempel in Kobe, dem er vorsteht. Dort lebte auch für neun Jahre der frühere Schweizer Architekt, Taikan Jyoji, bevor er in der Ardêche in Südfrankreich ein Zen-Zentrum einrichtete, dessen Erweiterung nun geplant ist und wovon er ebenfalls in Frankfurt berichtete. Sein langjähriger Lehrer, Yamada Mumon − Roshi, hatte immer wieder ausländi-sche Schüler, bevor er sich − fast neunzigjährig − in die Reiun-in des Myojin-ji in Kyoto zurückzog. Zuvor hatte er noch im April 1980 das internationale Zen-Dojo von Kanozan in den Bergen der Chiba-Präfektur gegründet, wo insbesondere Besucher aus dem Ausland willkommen sein sollten. Ein kleines Büchlein »Business and Zen« berichtet von der eindrücklichen Begegnung und dem interessanten Gespräch zwischen Mumon Yamada und Isao Na-kauchi, dem japanischen Supermarkt-König.

Die Begegnung zwischen Zen und Management versucht auch in Köln der Diplom-Psychologe und Meditationslehrer Richard Schilasky herzustellen. Nach einigen Jahren der Übung in Japan gründete er 1980 seine private existential-psychologische Unter-weisungsstätte in Köln mit dem Ziel, ein »Europäisches Zen« zu verwirklichen, dessen Training sich insbesondere an Führungs-kräfte der Wirtschaft wendet. Wenn sich das »Zen-Seminar für Manager« bewußt von dem Ritual der klösterlichen Zen-Tradition gelöst hat, so stellt es doch das meditative Persönlichkeits-Training mit Bewußtseinsschulung in den Mittelpunkt seiner Be-mühung. Es wird darauf hingewiesen, daß die menschliche Reife einer Persönlichkeit immer auch davon abhängig ist, wie weitge-hend und wie ernsthaft sie sich den »letzten Fragen« gestellt und sich so mit den Grundbedingungen von Sein und Leben auseinan-dergesetzt hat. Nicht die Ignoranz oder Verdrängung der Alltag-sprobleme also wird erstrebt, sondern der rechte Umgang damit aus souveräner Distanz.

In seinem vorzüglichen Deutsch hat Professor Shizuteru Ueda von der Universität Kyoto im Rahmen der bei Herder 1985 von Raimundo Panikkar und Walter Strolz herausgegebenen Arbeit über die »Verantwortung des Menschen für eine bewohnbare Welt

im Christentum, Hinduismus und Buddhismus« unter der Überschrift: »Übung des Weges im Alltagsleben« darauf hingewiesen,
daß jede Art von Arbeit bereits Zen-Weg (Do) im Sinne der auch
meditativen Übung sein kann. Bevor deshalb im nächsten Kapitel
über die verschiedenen klassischen Zen-Wege und ihre Ausdrucksformen berichtet wird, sei schon hier darauf hingewiesen, daß es
sich dabei lediglich um charakteristische Beispiele handelt. Für
das »Zu-Hause-Zen« (Zaike-Zen) beziehungsweise das »Laien-
Zen« (Koji-Zen) kann jede konkrete Arbeit und Handlung ohne
weiteres zur Praxis oder Übung (Gyo) des Weges werden – auch
an Schreibtisch oder Schreibmaschine. Alles kommt auf das restlos gesammelte WIE des Vollzugs der Alltags-Tätigkeit an. Dafür
ist es nicht von Bedeutung, wie oft und wie lange Za-Zen geübt
wird, sondern daß Za-Zen zur Grundhaltung des Lebens überhaupt wird. Mit einem Wort von Kitaro Nishida zu dieser schieren
Unmöglichkeit: »Wie kann ich in dieser miserablen Situation leben? – Atmen, das ist schon eine Freude!«

5. Die sieben Zen-Wege

5.1 Ken-Do, der Schwert-Weg

5.2 Kyu-Do, der Bogen-Weg

5.3 Ju-Do, der Weg des Ringens

5.4 Ka-Do, der Weg des Blumensteckens

5.5 Cha-Do, der Tee-Weg

5.6 Sho-Do, der Schreib-Weg

5.7 Haiku, das Zen-Gedicht

5.1 Ken-Do, der Schwert-Weg

Einer der klassischen Wege, auf denen die Übung des Zen im Alltag noch heute augenfällig demonstriert wird, ist Ken-Do, der
Weg des Schwertes oder der Schwert-Kunst. Anders als zur Zeit
der Samurai bestehen die Übungsschwerter heute jedoch nicht aus
scharf geschliffenem Stahl, sondern aus Bambusstöcken. Nicht,
daß es die scharfen Schwerter nicht mehr gäbe: sie dienen auch
heute noch der Schmiede-Kunst zur Ehre und dem entsprechenden
japanischen Hause eines Kendo-Meisters zur Zierde. Gelegentlich
werden sie von ihm auch noch gezückt, wenn es um eine Demonstration der Kunst geht, mit dem Schwerte dem Ritus und Rhythmus gemäß gewisse rasche Bewegungen, Hiebe, Stiche und
Paraden auszuführen, wozu es blitzschnell gezückt und geschwun-
gen wird, um dann mit Hilfe der wegweisenden Finger der linken
Hand langsam wieder in die Scheide zurückgeführt zu werden –
bis zum nächsten Ausfall. Der ganze Ablauf solcher Bewegung
wirkt trotz Wucht und Geschwindigkeit gemessen und ruhig und
vermittelt mehr den Eindruck eines meditativen Tanzes als den
Ausdruck eines martialen Kampfes auf Leben und Tod mit imagi-
närem Gegner. Dabei kehrt der Übende auch immer wieder in die
Ausgangsstellung des konzentrierten Hock-Sitzes am Boden zurück, aus dem er dann jeweils behende und scheinbar unvermittelt emporspringt, mit erneut gezogenem und geschwungenem
Schwert. Vor Beginn der Übung, zu der es an der linken Seite in
den Gürtel der Kleidung gesteckt wird, hat der Meister das
Schwert mit beiden Händen achtungsvoll vor sich auf den Boden
gelegt und sich darüber verneigt, bis die Stirn den Schaft berührte
– bis seine Seele sich mit der des Schwertes vereinigte.

Solche Art der Übung der Schwertkunst wird Jai-Do genannt
und nur zu bestimmten feierlichen Gelegenheiten gezeigt. Ken-Do
ist demgegenüber die Übung zu zweit, meist zwischen Lehrer und
Schüler oder Übenden verschiedener Fortgeschrittenheit, wobei
der Grad der Meisterschaft sich im jeweiligen »Dan« ausdrückt,
von dem es neun Stufen gibt. Der höchste Grad des 9. Dan wird
dabei meist erst im hohen Alter erreicht, so daß es derzeit in Japan
16 Träger dieses obersten Ranges im Ken-Do gibt. Die oberen
Dan-Grade 6 bis 9 sind auch der Trägerschaft im japanischen Hei-

matland vorbehalten; lediglich bis zum 5. Dan ist der Fortschritt auch im Ausland möglich. So gibt es beispielsweise derzeit in Deutschland fünf Meister des 5. Dan, zwei davon Japaner und drei Deutsche, die die insgesamt etwa 700 Kendoka hierzulande betreuen und trainieren. Die Zahl aktiver Kendo-Schüler in Japan wird dagegen auf 7 Millionen geschätzt, was die weite Verbreitung und Popularität dieses Weges und seiner Übung dokumentiert.

So kann es einem beispielsweise in Tokio passieren, daß sich der Taxi-Fahrer als ein Kendo-Meister entpuppt, wenn das Fahrtziel etwa als Zen-Do-jo oder Übungsort die Gelegenheit zum Gespräch hierzu ergibt.

Daß dann der besuchte Leiter etwa des Takuboku-Dojo (s.u.), Professor Nagaya, noch dazu ein persönlicher Freund und Zen-Bruder des 86-jährigen Schwert-Meisters Ogawa war, in dessen Schule der Taxi-Fahrer geübt hatte, war wohl ein besonderer Umstand, der denn auch zu einem längeren Gespräch über »Zen in Japan – heute« führte. Dabei stellte sich auch bald heraus, daß alle lebenden Meister des 9. Dan im hohen Alter von meist weit über siebzig Jahren stehen, da der anerkannte Grad äußerer Meisterschaft unbedingt einhergehen muß mit dem erkennbaren Grad innerer persönlicher Reife und Entwicklung, die erst den meisterlichen Menschen ausmacht.

So ist denn auch die geistige Erkenntnis und Reifung neben der technischen Sicherheit und körperlichen Beherrschung unabdingbarer Bestandteil und Ziel vollendeter Schwertkunst. Die geistige Erkenntnis äußert sich in der sogenannten »Natürlichkeit des Herzens«, deren meditativ verankerte Grundhaltung alle Zen-Wege im Alltag charakterisiert. Ohne jede Ablenkung durch Gefühle, Absichten oder sonstige Irritationen entspricht der Übende in Zen und Ken ganz und gar spontan der jeweiligen Situation, auf die er unmittelbar und unvermittelt reagiert, wie ein Spiegel ein Bild reflektiert, das er hält, ohne es festzuhalten (Mushin).

»Das Auge sieht ihn,
doch keine Hand kann ihn fassen –
den Mond im Wasser:
das ist meiner Schule Geheimnis« –

so formuliert es in Gedichtform ein alter Schwert- und Zen-

Meister. Viele klassische Texte sind dem Schwert-Weg gewidmet und werden im Kern noch heute zitiert oder rezitiert – von Takuans Brief an Yagyu Tajima-No-Kami unter der Überschrift: »Vom unbewegten Begreifen« oder dem »Tengu-geijutsu-ron« des Shissai Chozan aus dem frühen 18. Jahrhundert bis zu modernen Autoren wie Hiromasa Takano oder auch Dave Lowry (Autumn Lightning: The Education of an American Samurai). Letzterer berichtete beispielsweise in der anspruchsvollen monatlichen Bord-Zeitschrift der Japan Air Lines, »Winds« vom Februar 1986, über die Zen-Wege in Japan, deren Meisterlichkeit allesamt nur einem Ziele dient: der Meisterung des eigenen Selbst.

»Im Angriff abzuwarten und im Abwarten anzugreifen – im Gehen ohne Form und im Kommen ohne Spur – unbewegt in der Bewegung, ruhelos in der Ruhe« – das sind die paradoxen Anleitungen Chozans, der die menschliche Leidenschaft als die Wurzel des Falschen bezeichnet. »Innere Reinheit bedeutet, daß man sein Herz reinigt und vom Schmutz selbstsüchtiger Gedanken und zügelloser Phantasien befreit, zu seinem wahren Wesen der Begierdelosigkeit und der Ichlosigkeit zurückkehrt und seine ursprüngliche angeborene himmlische Natur pflegt. – Gibt es ein Ich, so gibt es auch einen Gegner. Wenn das Ich frei vom Denken ist, dann bietet die Form keine Angriffspunkte. – Ich erkläre ihnen nichts weiter als die Vorteile der Waffe ihres eigenen Ich. Denn wenn sie die nicht beherrschen, ist es nutzlos, daß sie die Waffe ihrer jeweiligen Schulmethode in der Hand führen«...

»Sieg gehört nur dem Einen,
vor des Kampfes Beginn schon,
der seines Ich nicht gedenkt,
der im Ursprung, im Nicht-Ich wohnt.«

»In der Kunst des Kämpfens geht es nicht um Sieg oder Niederlage«, sagt auch Takuan zu Beginn seines Taiaki, und: »Räuber im Walde sind leicht zu werfen, nicht so der Räuber in uns.« Der eigentliche Feind im Ken-Do ist also nicht draußen, sondern drinnen in der Brust des Kämpfenden selbst. Das Schwert schleifen bedeutet, sich selber schleifen. Rechtes Handeln ist handeln »ohne zu tun« (Musa). »Befangen ist das Handeln derer, in denen ihre Vergangenheit nachwirkt. Unbefangen ist das Handeln derer, die in jedem Augenblick ihre Vergangenheit aufheben und so ganz und gar im Augenblick drin sind und eben dadurch die Gegenwart beherrschen.«

Hat man das Glück, einen Waffengang zwischen zwei Meistern mitzuerleben, so entsteht wahrlich kein Eindruck von Kampf mehr, sondern eher von Tanz und Spiel, getreu dem Wort von Meister Kinoshita »Spiel auf dem Weg«, das als Zeichen die Handtücher der Kendo-Schüler an der Kaiserlichen Universität zu Tokio zierte. Wo kein »Selbst« und kein »Anderer« mehr ist, da entsteht in »Nicht-Zweiheit« (Jitafuni) die Bewegung von zwei Wirkungsweisen eines Wesens. Die Wahrheit, die sich sichtbar ausdrückt und sich selber genießt – das ist die Sphäre, in der Meister sich bewegen, wenn sie ihre Klingen kreuzen. Doch bis es zu dieser Stufe der Meisterschaft kommt, die zu erreichen nur wenigen vergönnt ist, bedarf es schier unendlicher Übung, die den Weg zur inneren Notwendigkeit werden läßt. Auch wenn nur wenige den Weg so weit mitzugehen vermögen, so ist doch die Zahl der Übenden (7 Millionen) eindrücklich groß, und man kann ihnen im Alltag der Universitäten, Polizeischulen und öffentlichen Übungshallen begegnen. Wird man etwa beim Spaziergang im Schloßpark von Osaka am Abend durch die lauten Schreie und hellen Schläge der Bambusstöcke angezogen, so kann man schließlich selbst das Kendo-Training beobachten. Scheinbar unbeteiligt, aber ruhig, gesammelt und konzentriert sitzen zahlreiche Schüler auf ihren Fersen am Rande der Halle in meditativer Haltung am Boden. Nur einige wenige Paare bewegen sich jeweils übend in der Mitte der Halle: den Bambusstock in beiden Händen – handschuhgeschützt – hoch erhoben, um den Schlag auf dem Kopfschutz des Gegners zu landen, blitzschnell und begleitet von Sprung und Schrei. Die Parade – wenn geglückt – läßt die Hölzer im hellen Schlag gegeneinander erklingen. Auch der Oberkörper ist ledergeschützt, nur die Füße sind nackt und übersetzen direkt die Kraft und Grazie von Sprung und Bewegung in Angriff und Ausweichen. Es ist ein faszinierendes Bild, auch wenn man nicht alle Regeln und Rituale selbst kennt und erfaßt. Aber etwas von jener Ruhe in der Bewegung des unbewegten Begreifens liegt über jeder Übungshalle, auch Do-jo, Weg-Ort oder »Ort der Erleuchtung« genannt.

Von daher gewinnt es dann auch eine andere Dimension, wenn man Prominenten wie etwa dem früheren Ministerpräsidenten Zenko Suzuki auf einem Bild in traditioneller Übungs-Kleidung und mit dem Bambus-Schwert begegnet oder im Privathaus der Arzt-Familie Toyoda den Samurai-Schwertern begegnet, wovon der Gastgeber das eine zu kurzer Demonstration zückt und zeigt: er selbst 7. Dan und Vizepräsident der Kendo-Freunde, wie die Visitenkarte später ausweist, und auch der Sohn bereits fortgeschrittener Übender. Es wird somit klar, daß Ken-Do nicht nur zum Übungsprogramm von Sportlern, Polizei oder Militär zählt, wo es sich auch unmittelbar in die berufliche Aufgabe und Sicherheit umsetzen läßt, sondern daß sein Weg (Do) als einer der klassischen Bestandteile japanischer Weg-Kultur noch heute von Menschen unterschiedlichsten Bildungsstandes praktiziert und begangen wird.

5.2 Kyu-Do, der Bogen-Weg

Für den westlichen Menschen ist »Zen in der Kunst des Bogenschießens« vielleicht eine der eindrücklichsten Weisen, wie dieser geistige Weg Ausdruck und gelegte Gestalt gewinnt. Dies gilt schon seit dem einfühlsamen und mittlerweile klassischen Bericht des deutschen Gelehrten Eugen Herrigel von 1930 unter diesem Titel, mit dem er über seinen fast sechsjährigen Übungsweg bei Meister Kenzo Awa in Japan berichtet. Auch Karlfried Graf Dürckheim berichtet über seine Erfahrungen im Japan des Zweiten Weltkrieges und bei Meister Kenran Umeji, bevor in den letzten Jahren vermehrt und in verschiedenen Medien in Wort und Bild von Kyu-Do berichtet wurde.

Der Hamburger Feliks Hoff, seit 1969 einer der erster Kyudoka in Deutschland, der von seinem Lehrer Genshuro Inagaki in Japan den 6. Dan (von 10 möglichen) mitgebracht hat, betreut hier eine vergleichsweise kleine Gruppe von vielleicht 250 Schülern gegenüber etwa einer halben Million in Japan, die sich dort in der altehrwürdigen Bogen-Kunst üben. Für die ungebrochene Aktualität solcher Übung spricht unter anderem ein Plakat der Japan Air Lines, das einen alten Bogenmeister gemeinsam mit einer

Schülerin in Schußposition vor dem Hintergrund des Bambuswaldes zeigt: bildgewordene Harmonie und scheinbare Unbewegtheit im Zustand offensichtlich höchster Anspannung direkt vor dem Schuß, der sich jedoch fast wie von selbst lösen wird: »wie Schnee, der vom Bambusblatt abrutscht, so fällt der Schuß vom Schützen ab, noch ehe er es gedacht hat.« Wie die Bogenmeister sagen: mit dem oberen Ende des Bogens durchstößt der Bogenschütze den Himmel, während am unteren Ende – mit einem Seidenfaden befestigt – die Erde hängt. Wird der Schuß nicht geschmeidig, sondern mit starkem Ruck gelöst, so besteht die Gefahr, daß der Faden reißt – und der Schütze Himmel und Erde verlöre. Für den Absichtsvollen und Gewalttätigen wird dann die Kluft endgültig, und der Mensch verbleibt in der heillosen Mitte zwischen Himmel und Erde – die nur er selbst in gewaltloser Kraft und absichtslosem Gespanntsein existentiell zu bewältigen vermag.

Für das wache und noch wachsende Interesse am Zen-Weg der Bogen-Kunst spricht auch die erste Reise nach Europa, zu der 1986 Kanjuro Shibuta kam, Bogenmeister des kaiserlichen Hofes und zugleich kaiserlicher Bogenmacher in der zwanzigsten Generation, wo sich 400 Jahre vererbter Familientradition versammeln.

Beim Kyu-Do, dem Bogen-Weg und seiner Übung, geht es nicht darum, im Wettbewerb mit anderen eine möglichst große Zahl von Treffern zu erzielen. Der wichtigste Wettbewerb ist vielmehr der mit sich selbst, der idealerweise dazu führt, daß der Schütze sein Ich völlig vergißt und ganz in dem rituell vorgeschriebenen Ablauf der Bewegung aufgeht, bis »es« schließlich schießt. Nicht mehr er hat den Schuß gelöst, sondern dieser fiel von selbst – Schütze und Scheibe, Pfeil und Bogen sind untrennbar Teil einer einzigen Wirklichkeit, die sich jenseits der beherrschten Technik manifestiert im gemessenen Ablauf der »kunstlosen Kunst«, die aus dem Einen kommt und in das Eine führt.

Natürlich geht dem voraus die bedingungslose, unbedingte Beherrschung der Form und der Technik – geübt in den ersten beiden Jahren meist nur mit Griffstück und Gummizug in der Simulation der Spannung des Bogens, der als Instrument erst sehr viel später in die Hände des Übenden gelangt. Und auch dann noch schießt er für Jahre aus nächster Nähe auf die Tonne aus Stroh, die erst spät der Scheibe in etwa 30 oder dann 60 Meter Entfernung weicht. Einüben, Wiederholen und Wiederholung des Wiederholten sind auf weite Strecken die Kennzeichen des japanischen Unterrichts − in Kyu-Do wie in allen Zen-Traditionsgebundenen Künsten. Vorführen, Vorbilden − Sich-einfühlen, Nachahmen, das sind die fundamentalen Relationen der Unterweisung vom Meister zum Schüler, die eine Konzentration aller körperlichen und seelischen Kräfte verlangt. Aber selbst wo der Ablauf der Schritte, Griffe und Stellungen, das Können in der Bewegung ein müheloses Stadium erreicht haben mag, ist es noch weit bis zur echten Meisterschaft. Für diese sind Absichtslosigkeit, Ichlosigkeit und meditative Versunkenheit bei gleichzeitig absoluter Geistesgegenwart erforderlich − der allgemeinen Übung des Za-Zen entsprechend, die sich gelöst hat von dem Hin und Her zwischen Lust und Unlust, gelöst auch vom Meister und seiner kundigen Führung − gelöst schließlich vor allem von sich selbst und allem eigenen Wollen.

Ein weiter Weg, wahrlich und sicherlich − und nur des Schweißes derer wert, die ihn bedingungslos als den ihren erkoren, zu ihrem Sein und Nichtsein gemacht haben. Herrigel berichtet, daß er seinerzeit die härteste Schule seines Lebens durchgemacht hat, bis er schließlich die Prüfung des Meisters bestanden hat: ...»Jetzt eben ist die Bogensehne mitten durch sie hindurchgegangen.«

Wie es im Ken-Do nicht auf Sieg und Niederlage ankommt, so im Kyu-Do nicht auf die Zahl der Treffer. »Wenn dein Bogen zerbrochen ist und deine Pfeile verschossen sind, dann schieße mit deinem ganzen Selbst«, so heißt es im Zen und meint die kunstlose Kunst, ohne Bogen und Pfeil die Mitte zu treffen. Ganz konkret aber auch werden viele Geschichten berichtet von meisterlichen Treffern etwa in den Docht einer Kerze im dunklen Raum oder vom zweiten Pfeil, der den Schaft des ersten im Ziele spaltete − und dies alles, während der Meister im Schuß den Blick gar nicht dem äußeren Ziele zugewandt hatte, sondern unter gesenkten Lidern erkennbar nach innen gerichtet hielt, von wo »Es« stattfindet in Ausgang und Eingang.

Solche Meisterschaft findet sichtbaren Ausdruck in den Abbildungen der Meister, wie beispielsweise Koun Suhara vom Enkakuji in Kamakura, der mit Pfeil und Bogen eins geworden scheint. Verständlich nun auch, warum Kenzo Awa von Herrigel beim Abschied aus Japan – wozu er ihm seinen besten Bogen schenkte – als Fortschrittsbericht für die Zukunft nur ein gelegentliches Foto verlangte, aus dem er sehen könne, wie er den Bogen spanne. Mehr als auf allen anderen Zen-Wegen ist gerade im Kyu-Do der körperliche Ausdruck absolut untrügliches Zeichen der Stufe der Meisterschaft. So überrascht auch nicht der Bericht von jenem Wettkampf, bei dem schließlich der ganz große, alte Meister angekündigt wird, der schon gebeugt mit weißem Bart und Haar herzutritt und das Schieß-Ritual durchführt. Zwar fällt der Pfeil noch vor dem Ziel zu Boden, doch berührt von der Ausstrahlung des Meisters fallen gleichzeitig eine ganze Reihe der Zuschauer hernach in einen Zustand tiefen Samadhis. Mit den Worten einer Legende aus dem alten China: »So lange man noch Bogen und Pfeil braucht, ist man noch an der Außengrenze der Kunst. Wahre Bogen-Kunst befreit einen von Pfeil und Bogen. Das letzte im Schießen ist das Nicht-Schießen. Die letzte Stufe der Aktivität ist die Nicht-Aktivität.«

5.3 Ju-Do, der Weg des Ringens

Wenn man im Zusammenhang mit Japan von Ringen spricht, dann mag manch einer an die Abbildungen jener nur mit Lendenschurz und Gürtel gekleideten Kolosse denken, deren 130 bis 240 Kilogramm schwere Leiber im traditionellen Ring der Sumotori, dem erhöhten »Dojo« von 4 1/2 Metern Durchmesser, markiert von Hanfseilen am Tatami-Boden, klatschend aufeinandertreffen. Dabei handelt es sich um ein durchaus eindrückliches National-Schauspiel, das seit dem 18. Jahrhundert nach dem immer gleichen Sumo-Ritual abläuft, das der in kostbarem Brokat gekleidete Schiedsrichter überwacht. Aufstampfen im Ring vor dem eigentlichen Gang, Mundspülung aus der Bambuskelle, in den Ring geworfene Salzprise, das Zeigen der (waffenlosen) Handflächen, Händeklatschen, Schenkelklopfen und schließlich die tiefe Verbeugung aus der Spreiz-Hocke, bis das Gesicht den Boden berührt: all' das sind vorgeschriebene Teile des Rituals vor dem Kampf, der dann in bis zu 15 Runden abläuft und wo jeder den Gegner mittels 70 zugelassener Griffe und Tritte in den Sand oder aus dem Ring zu befördern sucht, wofür unschwer der körperliche Einsatz von Kraft und Gewicht ausschlaggebend erscheint. Aber trotz rituellem Ablauf und großer Beliebtheit handelt es sich beim Sumo um eine Abart des Ringens, wie es für den klassischen und ästhetisch unvergleichlich höher stehenden Weg des Ringens mit Körper und Geist, Ju-Do, steht, der sich auch hierzulande großer Beliebtheit erfreut.

Betritt man etwa heute in Frankfurt auf der Zeil das »Sport und Fitness-Center Judokan«, wo sich junge und mittel-alterliche Menschen mit und ohne Apparate fit machen und in Form halten wollen, mit Body-Building, Body-Shaping, Aerobic, Sauna und Solarium, aber auch beim chinesischen Karate, koreanischen Taekwondo oder eben Judo, Jiu-Jitsu, Aikido und Yoga, dann bleibt zunächst ein Eindruck reiner Leiblichkeit. Vom Geist und Stil des japanischen »Do-jo« oder Weg-Ortes ist auf Anhieb wenig spürbar, was sich jedoch bald ändert im Gespräch mit Norbert Buhl, Träger des 3. Dan, der das Center betreibt und seit 20 Jahren deutsche Judoka in die Geheimnisse des Ringens einweist.

Persönlich eher unauffällig und bescheiden, berichtet er von seinen Erlebnissen in Japan, wo er fast vier Jahre zugebracht hat, nachdem er 1961/62 als Träger des 1. Dan mit schwarzem Gürtel Mitglied der deutschen Nationalmannschaft geworden war. Bei Meister Kotani im Kodokan und bei Meister Osawa an der Waseda-Universität (beide 8. Dan) lernte er die Arbeit an sich selbst, ohne die man den Judo-Weg nicht gehen kann, lernte er die körperliche und geistige Konzentration und Beweglichkeit, die er den Übenden vermitteln möchte, lernte er vor allem erkennen, wie eindrücklich sich bei fortgeschrittenen Japanern großes Können mit ausgeprägter Bescheidenheit verbindet. Auch wenn sich heute in der Wettkampf-Atmosphäre manches von dem ursprünglichen, mehr meditativen Weg-Charakter verloren haben mag – insbesondere seit Judo mit den Spielen von Tokio 1964 olympische Disziplin geworden ist –, liegt ihm noch immer an der möglichst optimalen Entwicklung von Körper und Geist im Einklang bei sich und seinen Schülern – und noch vor der Wettkampf-Orientierung, die natürlich für zukünftige Olympioniken im Vordergrund stehen mag, von deren Härte mancherlei blaue Flecken, Zerrungen oder auch Knochenbrüche nach dem Training zeugen. Allerdings ist in der Arena des Wettkampfes nur der 5. Dan erreichbar – die höheren Grade bleiben wie auf den anderen Zen-Wegen den Riten und Stufen der Einweihung persönlicher Reife und Tiefe vorbehalten, die nur der echte und meist ältere Meister in Japan an- und zu-erkennen kann.

Im Gegensatz zum Schwert des Kendo und dem Bogen des Kyudo verfügt der waffenlose Weg des Judo nur über den eigenen Körper und dessen Kraft und Gewandtheit. Während die kriegerische Übung des »Jiu-Jitsu« zur Zeit der Samurai gelegentlich auch den Gebrauch von Waffen einbezog und insgesamt mehr auf die Anwendung von Technik und Geschicklichkeit (Jitsu = Kunst oder Kunstgriff) ausgerichtet war, die die Schwäche des Gegners sucht und nutzt, dient der Weg des Ju-Do der Kräftigung und Konzentration des Kämpfenden selbst. Begründet wurde dieser »Weg« als ein eigener erneut im Jahre 1880 durch Professor Jigoro Kano, Gründer und Präsident des »Kodokan«, was so viel bedeutet wie »Schule zum Studium des Weges«. Gemeint ist der Weg des Lebens überhaupt, mit besserer Bewältigung des Alltags und seiner Probleme, wofür das systematische Training von Körper und Geist in der schließlich möglichst vollkommenen Kontrolle über beides die Voraussetzung schafft – und wofür die meditative Vertiefung zu Anfang und Ende jeder Übung unabdingbar ist.

Ernst und aufrichtig, vorsichtig und aufmerksam entwickelt der Judoka mit der Zeit und aus verinnerlichter Haltung heraus einen hohen Grad von geistiger Gemütsruhe, die ihm im Wettkampf mit dem Gegner ebenso zustatten kommt wie mit den Widrigkeiten des Lebens und seiner selbst. Neben Mut und Ausdauer zeichnen ihn Respekt, Freundlichkeit und Höflichkeit aus, die jeden Kampf und Übungsgang begleiten; trotz aller Anwendung zugelassener Griffe und Kniffe ist es das gemeinsame Ziel, sich gegenseitig nicht zu verletzen – und neben den Techniken von Wurf (Nage-waza), Griff (Katame-waza) und Schlag (Atemi-waza) gehört charakteristischerweise auch die Wiederbelebung (Kuatsu) zu den Künsten, die es zu beherrschen gilt! Zur Schulung gehört es auch, daß der Lernende bei Anwendung entsprechender

Griffe nur so viel Kraft einsetzt, wie für den jeweiligen Zweck zur Überwältigung des Gegners erforderlich ist – ohne das jugendliche Ungestüm des Übermaßes an roher Gewalt, die sich mit zunehmender Gewandtheit immer mehr verfeinert.

Die Kunst des Judo – selbst auf dem Weg olympischen Wettstreits – liegt also nicht so sehr darin, den Gegner zu schwächen oder durch großen Kraftaufwand zu besiegen. Der Judo-Kämpfer versucht vielmehr, durch Druck oder Zug, durch Nachgeben oder Ausweichen die Kraft des Gegners auszunutzen, um ihn dann überraschend zu werfen – weshalb »Fallen-Lernen« am Anfang aller Übungen steht. Dieser »sanfte Weg« fördert im besonderen Maße Selbstbeherrschung, Konzentration und Entschlußkraft. Die Harmonie der Bewegungen und die sportliche Haltung gegenüber dem Partner sind dabei auch für Judo als Sport ebenso wichtig wie die Entscheidung über Sieg oder Niederlage. Höflich begonnen und höflich beendet, ist ein Judo-Gang immer ein Kampf nach Regeln der Fairneß und der Freundschaft, unabhängig von seinem Ausgang im Einzelfall.

»Sanft« ist auch der Weg des Aiki-Do, das sich ebenfalls aus dem »Budo«, den kriegerischen Wegen der Samurai und ihrer Nachfahren entwickelt hat. In seiner heutigen Form verdankt sich Aikido dem Begründer Professor Morihei Uyeshiba, von dem berichtet wird, daß er bis zu seinem Tode mit 86 Jahren täglich trainierte – und dabei manch' wesentlich jüngeren Partner verblüffte und besiegte. Aikido heißt auch: »die eigenen Bewegungen mit denen des Gegners in Einklang zu bringen«, womit ihm kein Widerstand entgegengesetzt wird. Statt dessen wird jeder Stoß oder Zug eines Angreifers in der Bewegung weitergeführt – wodurch er schließlich das Gleichgewicht verliert und besiegt werden kann. »Aikido ist der Weg der Harmonie – der Harmonie mit sich selbst, mit dem Gegner, mit der Gesellschaft, mit dem Universum. Seine Technik ist die Resonanz von Körper und Geist in vollkommener, harmonischer Einheit«, sagte Uyeshiba.

Eine konsequente Fortentwicklung der kriegerischen Übungswege stammt von Meister Masamichi Noro, der seit 25 Jahren in Paris lebt und lehrt und zuletzt für Graf Dürckheim zur 30-Jahr-Feier in Todtmoos-Rütte noch eine eindrückliche Demonstration von Jai-Do mit dem Schwert gegeben hatte. Überzeugt von der

Notwendigkeit friedlicher Übungen für eine friedlichere Welt, wurde bei ihm aus dem sanften Umgang mit der Aggression des Aikido das »Kinomichi«, das keinerlei Angriff mehr kennt. Exakte, ausgewogene und harmonische Körperbewegungen der Beteiligten führen zu einem fast tänzerischen Ablauf, in den zwar der beherrschte Körper voll eingebracht wird, der jedoch keine Gegner mehr zu besiegen braucht. Rückkehr zur Harmonie des Uranfänglichen, Natürlichen und Integration des Energieflusses – das ist das Ziel von Kinomichi, das sich als »Lebenskunst des 21. Jahrhunderts« versteht.

5.4 Ka-Do, der Weg des Blumensteckens

»Ikebana«, das Wort unter dem der japanische Blumenweg als Kunst eigener Art auch hierzulande bekannt wurde, heißt wörtlich »In-Wasser-stellen« – der lebenden Blumen, deren wohlwollende und achtungsvolle Pflege hierin eingeschlossen ist. Lange bevor Ikebana-Kurse zum Lehrangebot der Volkshochschulen gehörten oder Ikebana-Center – wie in Frankfurt – zum Treffpunkt wurden für Gleichgesinnte und zur Gelegenheit für Ausstellung und Kauf der zugehörigen Utensilien, war es Frau Gusty Herrigel (von deren Mann der schöne Bericht über das Bogenschießen stammt), die schließlich erst spät nach der Rückkehr aus Japan im Jahre 1930 in einem überaus einfühlsamen Bericht über »Zen in der Kunst der Blumen-Zeremonie« in den fünfziger Jahren ihren eigenen Blumen-Weg in Japan schilderte, auf dem sie es bis zur anerkannten Meisterschaft durch öffentlich abgelegte Prüfung im Jahre 1929 bei Meister Bokuyo Takeda gebracht hatte. Von ihm, einem Vertreter der Hongen-Enshju-Lehre in Japan, stammt auch ein erstes, grundlegendes Werk über Ikebana in vier Bänden, das gleichzeitig mit der noch immer gebräuchlichen Übung brach, die Kunst des Blumenstellens – wie jeden Zen-Weg – nur durch die direkte Überlieferung von »Herz zu Herz«, vom Lehrer zum Schüler, zu übertragen. Dennoch bleibt auch er für seine Schüler und Schülerinnen ein verehrungswürdiger »Sensei«, der seinem Namen Bokuyo = der Einfache, Schlichte offenbar alle Ehre macht.

Es wird berichtet, daß mittlerweile in der Blumenkunst die Anzahl der Schülerinnen überwiegt, wenngleich die Übung ursprünglich durchaus Sache der Männer war und bei den Samurai etwa in
hohem Ansehen stand. Heute gehört es dagegen zu den wohlver-
standenen Pflichten einer gebildeten Frau, daß sie die Wohnung
auch mit einem Blumengesteck zu schmücken versteht. So gehören entsprechende Kurse und Lehrangebote auch zum entsprechenden Personal- und Sozial-Programm von Unternehmen, die
ihren Angestellten Gelegenheit zur Übung der traditionellen Künste bieten, zu denen das Blumenstellen ebenso paßt wie die Tee-
Zeremonie. Nicht zuletzt bereiten die Firmen damit zukünftige
Hausfrauen auf Pflichten vor, die mit der Eheschließung traditionell auf sie zukommen – die sehr häufig auf die entsprechende
Vermittlung oder doch zumindest gelenkte Begegnung im beruflichen Umfeld zurückgeht!

Wie jede Kunst, so kennt auch die des Blumensteckens ihr
Handwerk und den schließlich gekonnten Umgang mit den Utensilien – Vasen, Schalen, Steck-Kissen und Zweige und Blüten verschiedenster Größe, Art und Herkunft, die unter kundiger Hand
zu bewunderungswürdigen Gebilden nach der jeweiligen Technik
(Seikwa, Nageire oder Moribana) werden.

Abgesehen von der Abstufung in Farbe und Form und der Zu-
einanderstellung in Größe, Winkel und Neigung gibt es gewisse
Grundprinzipien, die immer zu beachten sind, wie etwa die Drei-
heit als Symbol für Himmel, Mensch und Erde – wobei der
Mensch immer als Angelpunkt und lebendiger Schlußstein gesehen wird und selbst sich sieht.

Der eigentliche Blumen-Weg beginnt aber erst jenseits der beherrschten Technik und berücksichtigten Prinzipien. Er ist ein
Weg der Selbsterkenntnis und Selbstbeherrschung bis zur Selbstlosigkeit: erst wenn der Übende absichtslos genug geworden ist,
dem Gesteck nicht mehr seine persönliche Note geben, aufdrän-
gen zu wollen, dann kann sich durch das Werkzeug seiner spontan
gestaltenden Hände direkt etwas vom Geist der Blumen und des
Weges manifestieren, das ihn als Medium transzendiert.

»Erst wenn der Künstler völlig darauf verzichtet, sich selbst in
den Vordergrund zu stellen, kann er – im Zusammenhang mit
dem greifbaren Bestand der Blumen, in welchen sich der Kosmos

manifestiert – durch solche absichtslose Hingabe das Wesensgesetz der Welt innerlich erfahren« (G. Herrigel) – und äußerlich darstellen.

Dieses geistige Prinzip ist Anspruch und unverwechselbares, unabdingbares Kriterium des Zen in allen seinen Wegen, wobei es hier – ähnlich wie beim Schreibweg – wenigstens für einige Zeit die Möglichkeit gibt, das vollendete Werk in Form des Blumengestecks auch noch konkret zu sehen und zu bewundern. Wichtig aber ist für den Übenden nicht das Ergebnis – so wenig wie die Treffer beim Bogenschießen; wichtig ist für ihn allein der Weg, auf dem ihn zwar der Meister führt, den er aber ganz allein und höchstpersönlich, wenn auch zugleich über-persönlich und sozusagen ganz von innen heraus gehen muß.

»Die äußere Form soll man bei der Arbeit von innen her suchen«, sagt ein Meisterwort dazu, und: »niemals nachlässig sein in Haushalt und Beruf«, aber: »der richtige Umgang mit Blumen verfeinert die Persönlichkeit«.

Diese Verfeinerung der Persönlichkeit ist es auch schließlich, die man bei meisterlichen Menschen spürt, wenn sie intensiv einen Weg der Übung wie etwa den des Blumensteckens gegangen sind: ohne äußerliche Auffälligkeit, in Einfachheit und Bescheidenheit spiegeln sie etwas von dem Zen-Geist wider, der in ihnen und durch sie entsteht und häufig zu einem Leuchten in stiller Freude führt, das sich in den Augen zeigt und andere Menschen ihre Nähe suchen läßt. So etwas kann man nicht machen, nicht wollen – man kann sich dafür nur bereiten, auf welchem Wege auch immer, wobei die tägliche Übung dazugehört, ob man es nun Meditation, Konzentration, Za-Zen oder Stille-Übung nennt. Eben darin sind alle Meister Vorbild und wirken schon allein durch ihre Haltung und Präsenz in Körper und Geist – und sei es auch im beredten Schweigen.

Nach alten Texten gibt es für den Blumenweg zehn Tugenden, in denen man sich vor allem zu üben hat, um in den echten Geist der Lehre von der Leere einzudringen, als da sind:

1) Hohe und Niedere stehen im geistigen Verkehr durch das Blumenstellen.
2) Das Nichts = das All im Herzen tragen.

3) Ruhige, klare Gesinnung – ohne Denken kann man Lösungen finden.

4) Freimachen von allen Sorgen.

5) Vertrauter, schonender Umgang mit den Pflanzen und den Wesen der Natur.

6) Alle Menschen lieben und achten.

7) Den Raum mit Harmonie und Ehrfurcht erfüllen.

8) Echter Geist ernährt das Leben, das Blumenstellen mit religiöser Gesinnung verbinden.

9) Einklang von Leib und Seele.

10) Selbstlosigkeit und Zurückhaltung – frei von Bösem.

Daß ein solcher Weg innere Disziplin und eine strenge Zucht des Geistes verlangt, versteht sich leicht und geht sich doch so schwer – und sicher sind die Millionen Frauen und Übenden mit den Blumen in Japan von heute vielfach noch weit davon entfernt, ihn überhaupt so zu sehen, geschweige denn zu gehen. Und dennoch gibt es schöne Zeichen, wenn zum Beispiel zur geliebten und gepriesenen Kirschblüten-Zeit im April Tag und Nacht alle Welt unterwegs ist zur Rast in den Parks unter den glückbringenden Zweigen. Niemand jedoch käme auf die Idee, dort Blüten abzureißen – selbst nicht von tief herabhängenden Zweigen, so daß der »vertraute und schonende Umgang mit Pflanzen« doch noch Allgemeingut zu sein scheint.

5.5 Cha-Do, der Tee-Weg

Was dem christlichen Abendland und seiner eher lärmenden Gesellschaft der Wein und dem geschwätzigen islamischen Vorderen Orient der Kaffee, das ist der Stille und Introvertiertheit des Fernen Ostens der Tee, den schon Kaiser Ching-Nung in China (2737 – 2697 v. Chr.) mit den Worten gepriesen haben soll: »Tee weckt den guten Geist und weise Gedanken. Er erfrischt den Körper und beruhigt das Gemüt. Bist du niedergeschlagen, dann wird Tee dich ermutigen.« Als »Schaum gewordene Jade« von den Dichtern des alten China besungen, soll der Tee wie das Zen etwa zur Zeit der T'ang Dynastie vom kulturellen Mutter- und Festland China her

164

nach Japan gebracht worden sein. Die Legende um Bodhidharma, den Buddha-Jünger und Begründer des Zen, weist gar noch auf indische Herkunft, wenn sie davon erzählt, daß der Heilige eines Nachts in der einsamen Meditation vom Schlaf übermannt wurde. Unbedingt entschlossen, nicht ein weiteres Mal menschlicher Schwäche nachzugeben, soll er sich die Augenlider abgeschnitten haben. Wo sie zu Boden fielen, da wuchs der erste Teestrauch, dessen Blätter auch heute noch den meditierenden Zen-Mönchen zum belebenden Trunke dienen, der den gefürchteten »Schlummer-Sitz« verhüten soll. Wer Japanisch lernt und dabei erfährt, daß dasselbe Wort und Schriftzeichen für »Tee« und für »Augenlid« steht, der mag sich jener legendären Radikalkur und der von ihr so früh bezeugten anregenden Wirkung des Tees erinnern!

Während Lu-Yu (740 − 804) in China in seinem »Buch vom Tee« (Tschaking) erstmalig das Wissen um Zubereitung und Wirkung des grünen (nicht fermentierten) Getränks sammelte und dabei auch das Wesen und die Feierlichkeit der Tee-Zeremonie beschrieb, war es in Japan wohl jenes berühmt gewordene Teefest im Wald bei Kyoto im Jahre 1587, von Hideyoshi und dem großen Teemeister Rikyu veranstaltet, das den Tee-Weg und seinen ästhetischen Kult begründete. »Auf dem Teeweg gibt es kein Gewitzigtsein des Verstandes, kein laues Handeln − allein die Hingabe an ein natürlich-schönes Gestalten ist wesentlich«, sagt Rikyu, der auch von einer »Teezeremonie der Erlösung« sprach und damit den höchst vorstellbaren Anspruch stellt.

In unserer Zeit formulierte dies Kakuzo Okakura in seinem 1949 auch auf Deutsch erschienenen »Buch vom Tee« so: »Der Teekult wurde bei uns mehr als nur eine Idealisierung der Form des Teetrinkens; er ist eine Religion der Lebenskunst. Das Teetrinken wurde allmählich ein Vorwand für die Verehrung der Reinheit und der Verfeinerung, es wurde eine heilige Handlung, zu der sich Gastgeber und Gast zusammenfanden … der zarte Versuch, etwas Mögliches zu vollenden in diesem Unmöglichen, das wir Leben nennen. Das ganze Ideal des »Teeismus« ist ein Ergebnis der Anschauung des Zen, daß auch in den kleinsten Begebenheiten des Alltagslebens das Größte liegt.«

»Cha Zen ichi mi« sagt man auf japanisch, das heißt: Tee und

Zen sind vom gleichen Geschmack, und wer »Tee in sich hat«, von dem meint man, daß er es zu Lebensweisheit gebracht hat. Im Tee und seinem Kult kommt also sicher Wesentliches vom Wesen der Japaner bildhaft und erlebnisfähig zum Ausdruck, auch wenn heute die echten Meister des Zen-Tee-Weges (Cha-Do) selten geworden sein mögen und man meist mit der rituellen Form der Tee-Zeremonie (Cha-no-yu) vorliebnehmen muß, wie sie in den dafür traditionellen Schulen (z.B. Urasenke in Kyoto) geübt und gelehrt wird. Nicht nur für den durchaus ehrenwerten Beruf der Geisha, sondern zur Erziehung der jungen Dame und zukünftigen Hausherrin überhaupt gehörte neben dem Blumenstecken insbesondere die Schulung in der Kunst des Teekults, wovon zahlreiche Berichte und Abbildungen Zeugnis geben: so etwa wiederum auf einem der meistgebräuchlichen Plakate der Japan Air Lines oder auf dem Titelblatt der stilvollen Broschüre »Introducing Japan«, mit der die nationale Fluglinie den verehrten Gast auf Kultur, Sitten und Gebräuche in ihrem insularen Heimatland auf der anderen Seite des Globus einzustimmen sucht. Was dabei zum Ausdruck kommt, gibt etwas von dem wieder, was mit Harmonie, Ehrfurcht, Reinheit und Stille für jede Tee-Zeremonie maßgebend ist. Der Weg dazu beginnt mit dem schmalen Weg zum Tee-Raum (Sukiya) oder Tee-Haus, das mit seinen vier Tatami nur knapp neun Quadratmeter groß ist. Aus dem Holz von Kiefer und Bambus, Zeder und Zypresse erbaut, kann man ein solches »Häuschen« seit den Olympischen Spielen originaltreu in München im Englischen Garten stehen sehen – oder auch in Juchheims japanischem Restaurant beim Goethehaus in Frankfurt.

Auf dem Gartenpfad zum Haus, dessen Trittsteine oft von besonderer Form und Anordnung zeugen, kommt der Gast zu Quelle oder Wasserbecken, wo er mit einer Bambuskelle das Wasser zur Reinigung von Mund und Händen schöpft. Die kleine Schiebetür zum Eingang dann ist niedrig und erfordert im gebückten Eintreten – natürlich ohne Schuhe – eine Gebärde der Demut, die nicht nur äußerlich vollzogen sein will. Das Innere des Raumes ist leer; nur in der Wandnische, dem tokonoma, hängt ein Rollbild, meist eine »Tusch-Spur« (s.u.) von Meisterhand, und steht vielleicht ein Blumengesteck (s.o.). Erst wenn der Gast oder die Gäste ihren Sitz auf den Fersen am Tatami-Boden eingenommen haben, betritt der Meister oder Gastgeber den Raum, wohin er die Teegeräte mitbringt – die er auch am Ende wieder mitnimmt: zurück im Raum bleibt dann wieder nur die Leere, erfüllt von der vollzogenen Zeremonie.

Die gegenseitige Verneigung zu Beginn und Ende ist tief und echt, kein Wort stört die Stille, die im Singen des Wassers im Teekessel hörbar wird, wenn das Feuer im Holzkohlenbecken glüht, das an bestimmter Stelle im Boden versenkt ist. In ritueller Bewegungsfolge werden die Geräte gereinigt und schließlich das grüne Teepulver in der Schale mit dem siedenden Wasser aus der Bambuskelle übergossen und mit dem Bambusbesen (in Rasierpinselgröße) schaumig geschlagen. Wiederum mit gebührender Verneigung ergreift der Gast die dargebotene Tee-Schale, die oft von erlesenem Geschmack in Material und Form zeugt und je nach Alter und Herkunft trotz scheinbarer Unscheinbarkeit viele tausend Mark wert sein kann. Gebührlich ist denn auch die Betrachtung und Bewunderung der auf der Hand vom Gast langsam gedrehten Schale, bevor er sie andächtig zum Munde führt. Dort hat das zuvor gereichte Gebäck mit seiner Süße den Gaumen für den bitteren Geschmack bereitet, den die »Schaum gewordene Jade« erzeugt, die in wenigen Schlucken gemessen genossen wird. In Versunkenheit verfolgt der Gast sodann die Beendigung der Zeremonie mit der Reinigung von Schale und Gerät wie zu Beginn. Lautlos verabschiedet sich der Gastgeber mit den Geräten und hinterläßt den Gast in der erfüllten Stille des Raumes, bis auch er schließlich wieder aufbricht.

Noch einmal Meister Okakura mit einem poetischen Zitat zum Ablauf der Tee-Zeremonie: »Die Spätnachmittagssonne bescheint den Bambus, die Quellen glucksen voll Entzücken, der Wind in den Kiefern tönt in unserem Teekessel wider. Laßt uns von Vergänglichem träumen und bei der wundersamen Torheit der Dinge verweilen.« Daß man sich nicht zu sehr von den äußeren Dingen wie kostbaren Tee-Schalen blenden lasse, verlangt ein Tee-Gedicht: »Ob es vorhanden, ob nicht, gutes Teegerät, wie unwesentlich! Der allein wahre Teeweg bedarf nicht dieser Dinge.«

Schon in den frühen Anweisungen des Meisters Tokugawa Setsuna klang ähnliches durch, wenn er zeit- und kulturkritisch formulierte: »Man vollziehe die Tee-Zeremonie, um seinen eigenen

Geist zu reinigen, nicht aber um ungemein teures Gerät zu kaufen und es selbstgefällig den Leuten vorzuführen, oder auch um in schönen Kleidern umherzustolzieren. Die Teegesellschaften, wie sie von den Reichen veranstaltet werden, sind ein Abfall vom wahren Geist des Teekults.«

Der Weg der Tee-Zeremonie entspricht einer idealisierten Gestaltung des ursprünglichen menschlichen Zusammenlebens gemäß japanischem Lebensgefühl.

Harmonie drückt sich aus in der Leere des Raumes und seiner ästhetischen Gestaltung mit sparsamsten Mitteln aus einfachem Material, in der Zusammenstellung der geschmackvoll gewählten Utensilien, schließlich vor allem in der schweigend übereinstimmenden Haltung von Gast und Gastgeber.

Respekt oder Ehrfurcht gilt dem Menschen ebenso wie der Natur – auch den Teegeräten, die »Wabi« und »Sabi« atmen müssen – Einfachheit und Einsamkeit, die sich dem Teilnehmer mitteilen, wenn er seinen gereinigten Geist dafür öffnet.

Reinheit bedeutet daher unbedingte Sauberkeit und Ausdruck von Schönheit in Körper und Geist, wozu die ganze umgebende Atmosphäre gehört, die sich mitteilt und an der man ungeteilt teilhat. Sie bedeutet vor allem anderen Sauberkeit der Gedanken, die sich nicht in »Gedankenlosigkeit« manifestiert, sondern im Transzendieren des Denkens in die Geistesgegenwart reiner Aufmerksamkeit, von der jegliche Diskriminierung abgefallen ist: Trinkender und Trunk sind eine Einheit, Subjekt und Objekt fallen zusammen – »Nur Trinken« bleibt als gelebtes Erlebnis.

Stille schließlich bedeutet nicht nur Ruhe im Außen und Innen, sondern Versammeltheit bei sich selbst und dem Vorgang im Zwischen. Diese Stille bedeutet nicht nur Abwesenheit von Lärm und allem Lauten, sie bedeutet »Abwesenheit von Dingen, die nie waren«, womit Professor Hungerleider das Wesen von »Sabi« auszudrücken sucht. Auch »Wabi« als ein Grundprinzip der Teekunst hat hier seine Heimat. Es bedeutet ursprünglich so viel wie Armut und Einfachheit, aber auch Schlichtheit und Ruhe bei gleichzeitiger tiefer innerlicher Freude, die ihre Wurzeln in Bescheidung und Bescheidenheit hat. Stille ist hier der Weg zur Erkenntnis selbst, zur Läuterung in Selbsterkenntnis. Nicht Weltflucht oder Rückzug ist ihr Sinn, sondern Rückbezug und Rückbesinnung auf den Urgrund und die uranfängliche Einheit von Körper und Geist, in der die Wirklichkeit mit der Wahrheit in Einklang ist, wo Zeitloses sich in der Freiheit zur Zeitlichkeit im Jetzt und Hier vergegenwärtigt.

Man sitzt im Teeraum in absoluter Ruhe und »erblickt an einem Mondscheinabend bei einer duftenden Schale Tee die Schatten der fernliegenden Kiefer am Meer zwischen den Bäumen des Gartens«, wie die Teemeister seit Alters her sagen – oder man hört das Schnattern der Enten vom See, der im Englischen Garten in München das Teehaus auf der Insel hinter dem Haus der Kunst umschließt.

Auch wenn vielleicht nicht immer gleich das Herz des Gastes voll erreicht wird, wie es für die Tee-Zeremonie eigentlich gefordert wird, so bleibt doch selbst dem westlich-uneingeweihten und unvoreingenommenen Besucher sicher ein eindrückliches Erlebnis von der Tee-Zeremonie, an der teilzunehmen er Gelegenheit hat, ein Erlebnis, dessen Wirkung nachklingt in staunend wahrgenommener Beruhigung und Vertiefung bei sich selbst.

5.6 Sho-Do, der Schreib-Weg

Wie wichtig in und für Japan die Kunst des Schreibens mit Pinsel und Tusche ist, zeigt wiederum augenfällig eine Broschüre der Japan Air Lines mit dem charakteristischen Kanji-Zeichen für »Nihon« oder Nippon – in schwungvoll-kräftig-schwarzem Pinselstrich auf weißem Deckblatt, wobei der kleine runde rote Kranich noch quasi wie ein Stempel den Eindruck der Zen-Schrift verstärkt. Auf die Bedeutung des Handschriftlichen für Japaner selbst im Zeitalter des Telefax wurde bereits hingewiesen: sowohl im Geschäftsleben wie in Wissenschaft und Forschung und selbst in Zeitungsredaktionen ist die Handschrift das gebräuchlichste Mittel zur Übertragung, auch wenn der Computer dann für die Vervielfältigung sorgt.

Demgemäß hat Schreibgerät einen hohen Stellenwert, ob in moderner Form als Füller (wofür sich deutsche Fabrikate großer Beliebtheit erfreuen), Filzstift, Pinselfüller mit Kunsthaar oder in der ganzen Breite verschiedenster klassischer Pinsel aus Naturhaar, ob aus Hasen-, Ziegen- oder Mäuse-Haar oder auch aus Vogelfedern, jungem Bambus oder anderen Pflanzen. Der echte ostasiatische Pinsel, schon in vorchristlicher Zeit in China erfunden, besteht aus festen Kernhaaren und längeren Deckhaaren, die zwischen sich einen Hohlraum bilden, der die Tusche halten kann. Auf Papier gebracht, verlangt dieses klassische Ausdrucksmittel präzise und akkurate Strichführung, die keine nachträgliche Korrektur erlaubt. Dafür wird der Pinsel senkrecht-locker in der Hand gehalten, was Kinder schon in der Volksschule lernen und üben müssen. Gelegentlich wird dazu auf das obere, abgeflachte Ende des Pinsels eine kleine Münze gelegt, die in der Gleichmäßigkeit und Ruhe der geführten Bewegung nicht herabfallen darf.

Ob in der normalen Umgangsschrift mit Kanji-Zeichen, ob im »Poesie-Album« japanischer Art, das man auf Pilgerschaft mitnimmt und in den verschiedenen Klöstern »unterzeichnen« läßt, ob im kultivierten Gästebuch (aus dem die Zeichen auf der Rückseite des Einbandes zu diesem Buche stammen) oder schließlich von der Hand angesehener Schrift-Künstler: immer gibt das Schriftbild als »Kalligraphie« einen spontanen und unmittelbaren Eindruck vom Rang und Zustand des Schreibenden, wie er ja auch hierzulande zur Entwicklung der Graphologie als einer psychologischen Wissenschaft geführt hat.

Noch über normale Kunst oder Kunstfertigkeit hinaus aber wurde solches Schreiben mit Pinsel und Tusche Gegenstand der Zen-Übung, und es gibt kaum einen angesehenen und anerkannten Zen-Meister, der sie nicht beherrschte. Über alle anderen beschriebenen Wege (Do) des Zen hinaus hat dieser den unschätzbaren Vorteil, über den möglichen Akt des Miterlebens und der Teilnahme hinaus noch die bleibende Spur auf dem Papier zu hinterlassen, die zu Anschauung, Betrachtung und meditativem Nacherleben dient und einlädt. Daher auch der Name »bokuseki« oder Tuschspur als »terminus technicus« für die Schriftbeispiele bedeutender Vertreter des Zen, denen zahlreiche Veröffentlichungen und Ausstellungen gewidmet sind wie beispielsweise auch im Museum für ostasiatische Kunst der Stadt Köln die Sammlung von Seiko Kono, dem achtzigjährigen Abt des Daian-ji in Nara, die zahlreiche Blätter und Zeichen japanischer Meister der Gegenwart enthält.

170

Immer wieder dienen solche Schriftbilder der geistvoll-
ästhetischen Belebung und Zierde des japanischen Hauses, insbesondere etwa im tokonoma des Teeraumes. Solche Tusch-Spuren
sind offengelegte und öffentlich abgelegte Bekenntnisse von Rang
und Stufe der inneren Entwicklung, sind unwiderrufliche Seelen-
spiegelungen der Meister. Dem Eingeweihten verleihen sie direkt
und unmittelbar Zugang zum Zen und Sein des Lehrers, das sich
in seinem Schreib-Weg bildhaft ausdrückt. »Ein Pinselstrich deu-
tet auf den Ursprung allen Seins, auf die Wurzel unzähliger Er-
scheinungen«, so sagte es Tao-chi in einer maltheoretischen
Abhandlung im 17. Jahrhundert und weist damit hin auf das immer neue Werden von Bild und Strich, wie man es noch heute im
japanischen Zen miterleben und bewundern kann. Auch wo das
normale Gespräch vielleicht nur über einen Dolmetscher möglich
ist, erlaubt das Wiedererkennen des einen oder anderen klassischen Schriftzeichens in der Tuschspur des bokuseki beim Besuch-
ten den befreienden direkten Kontakt unter Zen-Leuten. So will
es auch die Sitte, daß sich der Zen-Mann oder -Meister bei seinem
Besucher für Gespräch und Gastgeschenk seinerseits mit einem
Tusch-Zeichen bedankt, das man dann sogar schwarz und weiß
und mit dem zusätzlichen roten Signum des jeweiligen persönlichen Stempels mit nach Hause tragen kann.

Einer, der seit 20 Jahren als Lehrender in der Gemeinsamkeit
der »Sesshin« mit seinen Schülern und Übenden in Deutschland
solche Tusch-Spuren zahlloser Art hinterlassen hat, ist Professor
Tetsuo Kiichi Nagaya, von dessen Takuboku-Dojo in Tokio noch
in einem eigenen Kapitel berichtet werden soll. Aus Anlaß seines
neunzigsten Geburtstages wurde ihm hier 1985 eine Fest-Schrift
mit seinen eigenen »Tusch-Spuren« gewidmet (Theseus-Verlag),
die er in zwei Jahrzehnten verschenkt und hinterlassen hat: kein
Teilnehmer eines sesshin mit ihm blieb je ohne ein eigenes Zeichen, vor seinen Augen und im meditativen Zusammensein und
Sitzen entstanden. Von Nagaya stammen auch wichtige Hinweise
auf die Art der Übung und Ausübung des Zen-Schreib-Weges
(Sho-Do), der beispielsweise für einen ernsthaften Schüler für die
ersten zwei Jahre nur im Reiben des Tusche-Steins bestehen kann
– bevor er überhaupt Pinsel und Papier in die Hand bekommt!
Geduld, Gelassenheit und Beherrschung, nicht nur der Technik

des Schreibens, sondern vor allem seiner selbst, sind unabdingbare Voraussetzungen für das Gehen auf dem Zen-Weg, der in die Wesensschau der Tiefe der eigenen Natur führt. Bokuseki, Tuschspuren, sind Zeichen auf diesem Weg. Sauberkeit und Reinheit sind Voraussetzungen dafür wie auf dem Tee-Weg: das vorherige Bad und die frischen Kleider geben äußeres Zeichen davon; die meditative Sammlung sorgt für die Reinheit von Seele und Herz, woraus dann auch keine unreinen Worte, Gedanken, Handlungen und Haltungen entstehen können.

Es sind immer wieder ähnliche, klassische Zeichen, die entstehen und für den Weg stehen, wie zum Beispiel Wa = Harmonie, Jaku = Stille, Ju = langes Leben, Mu = Nichts, Ho ho kore do jo = Schritt für Schritt, das ist der Weg. Ein beliebtes Zeichen unter Zen-Leuten ist auch der Kreis (enso), kraftvoll freihändig aus dem Hara heraus gerundet, wofür man mit Nagayas Worten »mit dem Kosmos eins« sein muß. Dieses Einssein mit dem Kosmos außen und innen ist das Ziel des Zen-Weges im Satori, der Erleuchtung, wenn man denn ein Ziel nennen sollte, das es andererseits gar nicht gibt, denn: »Der Weg ist das Ziel«, und : »Das Alltägliche ist der Weg« – also: gar nichts im besonderen (Mushin).

Auch für Professor Hoseki Shinichi Hisamatsu, einen der ganz Großen des zeitgenössischen Zen in Japan, ist der Schreib-Weg eine geschätzte Art der Ausdrucksweise, die stärker noch als Malerei oder andere Zen-Künste dem selbstlosen Selbst zur unmittelbaren Gestalt des Gestaltlosen verhilft, die den Pinsel senkrecht über dem Papier hält und dann mit Leichtigkeit herabsenkt, als käme er direkt vom Himmel, den er mit seinem Strich auf die Erde, das Papier, holt. Ein Sonderheft der japanischen Zeitschrift Bokubi (Nr. 242) zu seinem 85. Geburtstag im Juni 1974 dokumentierte mit über 120 Abbildungen seiner Zeichen und Schriften eine überaus eindrucksvolle Retrospektive seines Weges und Werkes, das ihn auch in den fünfziger Jahren als Gastprofessor nach Harvard in USA und nach Europa geführt hatte.

Noch einmal wieder ist es schließlich die japanische nationale Fluglinie, die ihr Monatsheft »Winds« vom Februar 1986 unter den Titel: »Wege zur Erleuchtung« stellt, wofür die Abbildung eines Schreib-Meisters in Aktion steht. Und auch, daß die Beherrschung all' dieser japanischen Wege im Zen wurzelt und Selbst-

Beherrschung meint, drückt schon die Überschrift aus. Besser noch als in vielen persönlichen Begegnungen, denen immer noch der Vorwurf des Singulären, Gesuchten und Subjektiven anhaften könnte, wird hier bildhaft und banal in einer Werbeschrift des heutigen, offiziellen Japan auf Zen und seine Wege Bezug genommen, womit wohl eindeutig sein Stellenwert auch in der rationalen Gegenwart im Alltag Nippons von heute dokumentiert wird.

5.7 Haiku, das Zen-Gedicht

Das Haiku ist eine im 14. Jahrhundert in Japan unter dem Einfluß des Zen-Buddhismus entstandene und dort bis heute von allen Volksschichten praktizierte Gedichtform aus 17 Silben in der Zeilenfolge 5-7-5, das sich mittlerweile auch hierzulande zunehmender Beliebtheit erfreut.

So wird beispielsweise von dem heute 76-jährigen Münchner Pharma-Unternehmer Günther Klinge berichtet, daß er nicht nur 100 Jahre alt werden möchte − wie es in Japan häufiger der Fall ist als hierzulande −, sondern daß er seit Jahren (und lange vor der finanziellen Beteiligung einer japanischen Firma an seinem Unternehmen) täglich drei Haiku dichtet, wovon bereits 1972 eine erste Sammlung auch auf japanisch veröffentlicht wurde und im Heimatland der Haiku wohlwollende Beachtung fand.

»Ein Haiku ist wie:
siebzehn harmonische Schläge auf einen Gong« −

formuliert er in Übereinstimmung mit der 17-Silben-Forderung, die dem entsprechen soll, was man »in einem Atemzug« aussprechen kann − der eben diese 17 Silben natürlicherweise umfaßt.

Dieser kürzesten aller lyrischen Ausdrucksformen, die in der Weltliteratur irgend zu Bedeutung gelangten, sind in Japan allein etwa 50 Monatsmagazine ausschließlich gewidmet, und fast jede Zeitung bietet dort wöchentlich eine ganze Seite für die Teilnahme der Leser durch ihre eigenen Gedichte in der traditionellen Form von Waka oder Haiku an − mit kurzen kritischen Bemerkungen auswählender Dichter. Über eine Million Haiku entsteht daraus jährlich neu, und noch immer wird im November das Thema gestellt für den Haiku-Wettbewerb am Kaiserhof. Zwanzig Gedichte davon werden jeweils ausgewählt und in feierlicher Zeremonie dem Kaiser und dem ganzen Hofe vorgelesen – »ein mindestens ebenso wichtiges Ereignis wie eine Präsidentschaftswahl« sagt Toshimitsu Hasumi in seiner klassischen Einführung in »Zen in der japanischen Dichtung« von 1961 (O.W. Barth-Verlag). »In der Dichtung Japans offenbart sich das Urgesetz des Kosmos – tritt das Letzte, Höchste und Tiefste, nach östlicher Auffassung das Nichts, in sprachliche Erscheinung. … Wie jede andere Kunst erfordert auch die Kunst der Dichtung die vollkommene Beherrschung ihrer – sprachlichen – Mittel, doch ist diese äußerliche Technik noch nicht Kunst. Erst durch lange, seelische Übung wird der Dichter zu der eigentlichen, inneren Technik geführt, widerfährt ihm der innere Vorgang der »kunstlosen Kunst«, wird das Anordnen der Wörter zum Weg der Dichtung als seelische Entfaltung der Persönlichkeit …« lesen wir bei Hasumi.

Bei aller Metaphysik und Metaphilosophie muß jedoch ein Haiku ganz konkret sein. Es bezieht sich fast immer auf einen Naturgegenstand, das Wetter oder eine Jahreszeit, die zumindest symbolhaft angedeutet wird. Es beinhaltet ein einmaliges Erlebnis – oft banaler, trivialer Art – und hält diese Stimmung des Augenblicks fest – die Ewigkeit in der Sekunde. Es will mit den wenigen, zugemessenen Worten das Geheimnis aufhellen, das hinter jedem noch so unscheinbaren Naturereignis verborgen liegt, gleichsam im Blitz der Erkenntnis oder Erleuchtung. Immer wird dabei die Einbildungskraft des Lesers oder Hörers angesprochen, das Bild selbst auszufüllen oder fortzusetzen, da wo der Dichter aufgehört hat – mitzugestalten und dadurch seelisch mitzuerleben. Es handelt sich um eine stets gegenständliche, naturnahe Kunstgebärde, die in ihrer Leichtigkeit Raum läßt für vielfältigen und vieldeutigen Reichtum an Assoziationen.

Dabei ergibt nicht jedes Haiku sich und seinen Sinn auf ersten Anhieb: oft braucht es der Versunkenheit von Jahren, ein einziges Haiku richtig zu lesen und lebendig zu erfassen, mit einem einzigen Haiku richtig zu leben. Nicht eigentlich Gedicht im europäischen Sinne, ist ein Haiku (nach Professor Hungerleider) »ein

Winken mit der Hand, eine halbgeöffnete Tür, ein reingewischter Spiegel, ein Weg, zur Natur zurückzukehren – zu unserer Mond-Natur, zu unserer Kirschblüten-Natur, zu unserer Blätter-Fall-Natur – zu unserer Buddha-Natur.« Eine Blume steht für den ganzen Frühling, ein Blatt steht für den ganzen Herbst – für jeden Herbst – für den zeitlosen Herbst aller Dinge.

Ein Blütenblatt,
das an seinen Zweig zurückkehrt?
Ein Schmetterling! (Moritake)

Beneidenswerte Ahornblätter!
Schön ist es, wunderbar zu werden
und dann zu fallen. (Shino)

Immer ist Natur im Spiel und oft der volle Mond, der als Symbol und Bild für Wahrheit, Wirklichkeit und Weisheit steht, wie etwa bei Basho, dem großen Meister der Haiku (1644 – 1694):

Vollmond im Herbst.
Die ganze Nacht bin ich
rund um den Teich gegangen.

oder:

Abend im Herbst.
Auf einem dürren Ast
hockt eine Krähe.

oder:

Nichts, was du siehst,
was nicht eine Blume wäre.
Nichts, woran du denkst,
was nicht der Mond wäre.

Dazu von Matsushito:

Mondnacht – Jedesmal
wenn die Brandungswogen zurückweichen
erglänzt der feuchte Sand wie Silber.

175

Auch ganz konkrete, eher unerfreuliche Situationen können Anlaß für ein Haiku geben, wenn etwa Ryokan zu seiner ausgeraub-
ten Hütte zurückkehrt und schreibt:

Den Mond im Fenster
hat der Dieb
zurückgelassen.

Trauer und Tragik spiegelt sich meist bei Issa (1763 – 1827), der
ein sehr schweres Leben hatte:

Mond und Blumen, ach –
neunundvierzig Jahre umhergegangen
und die Zeit vertan.

Nach dem Tode seines Kindes entsteht es aus ihm:

Oh diese Welt der Tautropfen –
Es mag nur ein Tautropfen gewesen sein –
und dennoch, und dennoch!

Doch er blieb auch fröhlich, im Frühling, wenn er etwa sang:

Sogar mein Schatten
ist durch und durch gesund
an diesem Frühlingstag.

oder wenn er frühmorgens auf der Wiese lag und sagte:

Paß auf, Heuschreck,
daß du mir nicht den schönen Tau
in Scherben trampelst,

während Saigyo fragt:

Was es ist, weiß ich nicht.
Doch aus Dankbarkeit
fallen meine Tränen.

Es kann hier nicht der Ort sein für eine Anthologie japanischer
Haiku, doch sollte ihre Art am ehesten eigener Aussage gemäß gezeigt werden. Für ihre Geisteshaltung im Lichte des Zen zählt Professor Hungerleider nicht weniger als dreizehn Aspekte auf, als da
sind: Selbstlosigkeit, Einsamkeit, dankbares Annehmen, Wort-

losigkeit, Nicht-Intellektualisieren, Widerspruch (Paradoxie), Humor, Freiheit jenseits der Moral, Einfachheit, Körperlichkeit, Liebe und Mut. Er nennt sie auch Liebesgedichte – als Ausdruck der Freude über unsere Vereinigung mit Dingen, von denen wir nur durch unser Selbstbewußtsein getrennt wurden. Haiku sind eine Art von »Guckloch«, durch das man direkt und unmittelbar einen Schimmer der japanischen Seele erhaschen kann. Dieses Phänomen gehört im japanischen Kulturklima noch immer fast zur Selbstverständlichkeit, daß aber eine Zeitung wöchentlich eine Seite für Gedichte der Leser anbietet (anstatt für belanglose Leserbriefe), ist an sich nicht ganz selbstverständlich, sondern ein Ausdruck eines gepflegten Lebensstils, der unter Einfluß von Vorbild der Zen-Übung der Wege steht. Auch die Gedenk-, Gedicht- oder Haiku-Steine mit ihren teilweise schon vermoosten oder verwitterten Kanji-Zeichen, die man an zahllosen Stellen in der japanischen Landschaft entdecken kann, sprechen dieselbe Sprache. Auf etwa 10 Millionen wird die Zahl der Japaner geschätzt, die auf die eine oder andere Weise heute Haiku-Erfahrung haben.

Noch ein letzter Aspekt verdient hierzu Erwähnung, den Professor Ueda von der Kyoto-Universität folgendermaßen formuliert: »Unter den Zen-Leuten ist es eine Sitte, auf dem Sterbebett ein ganz kurzes Gedicht zu verfassen, das ein »hinterlassenes Gedicht« genannt wird. Es ist der allerletzte Abschiedsgruß mit der Selbst-Zusammenfassung des Ganzen seines Lebens. Dem Sterbenden ist beim Sterben das Ganze seines Lebens in seiner Ganzheit abschließend und gesammelt gegenwärtig. Im Sterben gefaßt, faßt er dieses Ganze zu seiner letzten Selbsterkenntnis im Gedicht zusammen, um es zu lassen, wie es vom Tode hinweggenommen wird, und zugleich um es als allerletzten Gruß den anderen zu schenken.« Und als Beispiel für ein hinterlassenes Gedicht führt er dann an:

Vorderseite, Rückseite
Herbstblätter fallen ab.

Von Hisamatsu, dem bereits erwähnten Meister und Philosophen heutiger Zeit (1889 – 1980), stammt das Vermächtnis-Gedicht:

Zum gestaltlosen Selbst erwacht,
sterbe ich unsterblich den Tod.

Zum ungeborenen Leben geboren,
spiele ich in den drei Welten.

Basho, der große Zen- und Haiku-Meister des 17. Jahrhunderts, hatte konsequenterweise schon am Vorabend seines Sterbens erklärt, jeder seiner Verse der letzten zwanzig Jahre (!) sei ein Todesvers gewesen, bevor er hinterließ:

Krank von der Reise
jagen auf trockenem Felde
Träume im Kreise.

Und schließlich sei noch angefügt das besonders schöne und berühmte Abschiedsgedicht von Altmeister Dogen, dem erwähnten Begründer des Soto-Zen in Japan (1200 – 1253):

Oh diese Welt – womit kann ich sie vergleichen?
Mit dem Spiegelbild des Mondes,
in einem Tropfen Tau –
glitzernd am Schnabel der wilden Ente.

6. Zen in Japan — heute

6.1 Takuboku-Dojo, Tokio (Professor Tetsuo Kiichi Nagaya)

6.2 San'un-Zendo, Kamakura (Yamada Koun-Roshi)

6.3 Shokokuji, Kyoto (FAS-Gruppe, nach Professor Hisamatsu)

6.4 Tenryuji, Kyoto (Takashi Hirata-Roshi)

6.5 Kanozan Kokusai Zen Dojo und andere Orte

6.1 Takuboku Dojo, Tokio
(Professor Tetsuo Kiichi Nagaya)

Wenn man mit einem Zug der Yamanote-Linie, die als eine Art von großem Eisenbahn-Kreisverkehr durch und um die Hauptgebiete Tokios bald auch dem Fremden vertraut wird, bis zur Nippori-Station fährt und dort den Bahnhof bergwärts durch den Nord-Ausgang verläßt, dann steht man an einer Mauer und an einem Treppenaufgang vor einer großen weißen Hinweistafel mit schwarzer Kanji-Schrift und rotem Pfeil, der den Weg weist zum Takuboku-Dojo, einer Laien-Zen-(japanisch: Koji-Zen)Übungs-Halle, die zu ihren gemeinsamen regelmäßigen Za-Zen-Übungs-Abenden einlädt. Die Teilnahme ist relativ formlos möglich, und so versammeln sich – derzeit meist dienstags abends von 18.00 bis 20.00 Uhr – zwischen 12 und 20 Personen verschiedenen Alters und Berufs, Frauen und Männer, zum gemeinsamen Za-Zen und anschließendem Gespräch bei Tee und Gebäck. Die Zen-Do oder Übungshalle besteht aus einem großen Raum, der mit den typischen Tatami-Reisstrohmatten ausgelegt ist, wie man sie in allen original japanischen Häusern findet, und der selbstverständlich ohne Schuhe und meist barfuß betreten wird. Insofern hat die übliche Reinigung mit dem großen Besen aus Reisstroh nach der gemeinsamen Sitzung fast nur symbolischen Charakter.

Wer zu spät kommt – und leider lassen die katastrophalen Verkehrsverhältnisse der monströsen Hauptstadt Japans nicht alle Teilnehmer immer pünktlich erscheinen – entschuldigt sich mit Verbeugung und »gasshô« bei dem der Schiebetür Nächstsitzenden, der für die Ordnung in der Zen-Halle verantwortlich ist, und setzt sich dann still mit untergeschlagenen Beinen auf sein Sitzkissen an einen freien Platz in der Runde, immer am äußeren Rand entlang und der Rinzai-Sitte gemäß mit dem Gesicht zum Innenraum, den Blick zum Boden gesenkt und nach innen gerichtet. Außer dem regelmäßigen Rauschen der Yamanote-Züge in der Ferne ist sodann bald nur noch der eigene Atem zu hören, bis das Glöckchen des Aufsichtführenden schließlich nach etwa 1 1/2 Stunden das Zeichen zum Ende der gemeinsamen Übung im Schweigen setzt.

Das Besondere an diesem Takuboku-Dojo in Tokio, das im Jahre 1937 von Professor Shuej Ohasama, Schüler des 42. Patriarchen nach Rinsai, Sokatsu Shaku, gegründet wurde, ist nicht nur seine weltoffene und einladende Lage in einer eher einfachen Wohngegend am Rande eines Friedhofes, sondern vor allem sein jetziger Präsident, der dort zugleich mit seiner Frau wohnt: Professor Kiichi Nagaya, mit Zen-Namen »Tetsuo«, »der weise Alte«, der ihm bereits in frühen Jahren von seinem Lehrer und Meister Sokatsu Shaku verliehen worden war.

Geboren am 28. August 1895 in der japanischen Provinz Gifu-Ken als eines von 7 Kindern einer Bergbauernfamilie, lernte er früh deren einfaches und arbeitsames Leben kennen, bevor er – nach dem Besuch der Kaiserlichen Universität von Tokio – von 1922 bis 1925 zum Studium der Philosophie nach Berlin und Marburg kam – was damals auf dem Landweg über Sibirien keine unbeschwerliche Reise war. Den Rückweg auf derselben Route trat er im Herbst 1925 an, versehen mit einem Empfehlungsschreiben von Professor Rudolf Otto an Professor Ohasama samt dem Text des wohl ersten in Deutschland erschienen Buches über: »Zen – Der lebendige Buddhismus in Japan« von eben jenem Ohasama, herausgegeben von August Faust 1925 bei Gotha in Stuttgart. Der Übung des in Japan lebendigen Zen wollte sich der Student Nagaya deshalb widmen, weil er bei seinen deutschen akademischen Lehrern (Nikolai Hartmann, Heidegger, Heiler, Natorp, Rudolf Otto u.a.) neben der als richtig akzeptierten Aussage, daß man »zu den Sachen selbst« kommen müßte, den Weg dahin und die gelebte Methode vermißte – die eben Zen bereithält, das der Dreißigjährige unter der kundigen Leitung des Patriarchen Sokatsu Shaku übte, der seinerseits in der direkten Linie der Rinzai-Meister Soen und Koshen stand.

Nach Promotion und Habilitation wurde Nagaya selbst Professor für Philosophie und Ethik an der kaiserlichen Universität in Tokio, wo er bis zu seinem 85. (!) Lebensjahr lehrte. Im Gegensatz zu westlich-akademischer Sitte benutzte er dazu allerdings kein Manuskript, sondern sprach frei im Zen-Sinne, wonach der Lehrer nur lehren darf, was er selbst gelebt hat – und womit er glaubhafter zu überzeugen weiß als durch an- und vor-gelesene Texte. Nicht Vor-Lesung, sondern Vor-Trag (im Zen »teisho« genannt) also war es, womit Nagaya lehrte, und natürlich mußten auch seine Studenten Zen-gemäß aufrecht sitzen und kon-zentriert zuhören, ganzheitlich oder »von Herz zu Herzen«, wie man im Zen sagt und wofür der Intellekt nur eine Trägerrolle spielt, die man nicht überbewerten soll.

Seit 1967 bringt der inzwischen 92-jährige Lehrer (japanisch »sensei«) und Meister sein Zen in regelmäßigen Sesshins – also Wochen des gemeinsamen Sitzens im Za-Zen – zu seinen Schülern und Freunden in Deutschland und Österreich. Als seine persönliche Besonderheit zeigt er dort während der Woche des Schweigens auch etwas von seinem »Weg der Tuschspuren« (Bokuseki), wie er bereits bei den Zen-Wegen beschrieben wurde und wovon zahlreiche Blätter mit den berühmten Kanji-Zeichen an vielen Orten lebendig beredtes Zeugnis geben. Zu seinem 90. Geburtstag am 28. August 1985 wurde ihm auch hier (im Theseus Verlag, Zürich) eine eigene Festschrift mit einer Sammlung seiner Zeichen aus zwanzig Jahren gewidmet, die ihn einreiht in die Tradition vieler großer Zen-Meister, deren Schriften in Japan als Zeichen menschlicher Reife und Dokumentation ihrer persönlichen Entwicklung Anerkennung und Wertschätzung finden – und gelegentlich zu beachtlichen Preisen gehandelt werden.

Im Takenomo der Bild-Nische in seinem eigenen 8-Tatami-großen Dokusan-Zimmer im Takuboku-Dojo in Tokio, das dem Zwiegespräch der Schüler mit dem Meister während der Übung vorbehalten ist, hängt eine wertvolle Bild-Rolle mit einem Bodhidharma von der Hand Hakuins, des Erneuerer des Zen im Japan des 18. Jahrhunderts. Auch in anderen Häusern mit noch traditionell-japanischem Stil der Einrichtung kann man solchen Roll-Bildern mit Schrift-Zeichen der Zen-Meister begegnen – wie sie nun eben auch in Deutschland und Österreich vielerorts von Nagaya Kiichi Tetsuos gelebtem Zen lebendiges Zeugnis ablegen.

Wenn man also wohl zu Recht gerade in Deutschland von einer gewissen Bekanntheit oder Berühmtheit des Laien-Zen-Lehrers Nagaya, des »alten Weisen« (Tetsuo) sprechen kann, dessen Name für authentische Übung und Übertragung des Zen steht, wovon sogar Hirata-Roshi in seinem japanischen Zen-Buch schreibt, so gilt dies auch in Japan, wo er noch über sein eigenes Dojo hinaus an der Verbreitung von Zen mitwirkt. So ruft ihn beispielsweise der berühmte Daruma-ji-Tempel von Shorinzan in Takasaki immer wieder zur Leitung von Za-Zen-Übungen am Sonntag, wofür er den mühevollen Weg der zwei Stunden Bahnfahrt mit dem Vorortzug nicht scheut. Und am Freitag Nachmittag von 16.00 bis 18.00 Uhr leitet er regelmäßig das Za-Zen für Manager, die sich in einem speziell dafür reservierten Tatami-Raum fünf Stockwerke tief unter dem Fernsehturm von Tokio versammeln, dem Tokio Tower, der als Wahrzeichen dem Pariser Eiffelturm nachgebildet wurde. Es war der Präsident der Tokio-Tower-Association, der diesen Raum für Za-Zen vorsah und damit auf seine Weise etwas für die von ihm als nötig empfundene spirituelle Erneuerung Japans und insbesondere seiner führenden Männer der Wirtschaft tun wollte. Wenn auch die Teilnehmerzahl wechselt, weil viele am Freitag Nachmittag noch an ihrem Arbeitsplatz unabkömmlich sind: einige maßgebliche Männer sind immer zugegen und teilen die Kraft aus der Stille des Za-Zen, die sich über sie hinaus dann auch wieder ihrer Umwelt und Gefolgschaft mitteilt. Auch Yamada Mumon − Roshi, der inzwischen zurückgezogen in Kobe lebt, aber früher die leitende Funktion des obersten Priesters im Myoshin-ji-Rinzai-Zen-Tempel in Kyoto innehatte und unter anderem im April 1980 den internationalen Zen-Dojo von Kanozan (s.u.) mitbegründete, kam öfters zu den Za-Zen-Übungen in den Tokio-Tower, wovon er im Gespräch mit dem Supermarkt-Chef Isao Nakauchi berichtete.

»Mu Shi = Nichts Wesentliches« − so heißt eines der Zeichen, die Professor Nagaya gerne in Tusch-Spur hinterläßt, und er meint damit, daß es im Zen − und im Leben − nicht auf irgend etwas Besonderes ankommt. Ausschlaggebend ist allein die (auf-) rechte Haltung in Körper und Geist, aus der und mit der alle Tätigkeiten des Alltags richtig bewältigt werden können − im Sitzen, Liegen, Stehen, Gehen, Lesen, Sprechen, Schreiben − wofür die wichtigste Grundvoraussetzung immer wieder die ernsthafte Übung des Za-Zen ist, das schließlich alles Tun und Lassen zu durchwirken vermag.

Nicht auf die Worte und ihre Wahl kommt es an − kein »Zungenspitzen-Zen« der Lippen-Bekenntnis gilt es zu üben, das man in Japan auch Ya-Ko-Zen oder Wildfuchs-Zen nennt. Worauf es ankommt, ist die aufrichtige Bemühung aus und um Geist und Haltung des Za-Zen, ganz und gar wach, ernst, aufmerksam und lebendig – den Dingen und Menschen des Alltags voll und ohne Vorbehalt oder Vorurteil zugewandt und zugetan, so daß sich schließlich inmitten lebendiger Aktivität – Jetzt und Hier – die ewig unbewegte Kontemplation und Konzentration des Za-Zen und seiner meditativen Grundstimmung wiederfindet, ohne daß es einer Trennung in Übung und sonstige Tätigkeit bedürfte. Wer so in sich zu ruhen vermag, wird unweigerlich auch in seiner Umgebung mehr Ruhe als Verwirrung stiften und damit zur Klärung seines eigenen wie auch anderer Geister und Verhältnisse beitragen – als echter, wahrer Mensch = Shin Nin, mit einem anderen Zeichen von Nagaya Tetsuo gesprochen oder geschrieben.

6.2 San'un-Zendo, Kamakura (Yamada Koun – Roshi)

Nicht weit von der berühmten, großen Buddha-Statue in Kamakura liegt abseits der Hauptstraße und ein wenig von Bäumen und Sträuchern verdeckt der Eingang zum Haus Nummer 1-6-5 Hase: Zen-Übungs-Halle und Privat-Haus zugleich mit der Wohnung des im achtzigsten Lebensjahr stehenden Koun Yamada – Roshi. Von Tokio ist es ein Weg von etwa einer Stunde hierher mit dem Zug – eine Fahrt, die Yamada zusammen mit seiner Frau, die Dermatologin ist, jeden Tag zweimal macht, um in Tokio seine berufliche Aufgabe als Präsident der Kambikyo Public Health Foundation wahrzunehmen. Früher war er als Manager in der Industrie tätig bei einer Tochtergesellschaft der bekannten Firma Nissan – Nr. 14 auf der schon öfter zitierten Liste der bestverdienenden Unternehmen Japans 1984/85.

Geboren 1907 in Nihonmatsu in der Fukushima-Provinz im Nordosten Japans, verlebte Kyozo Yamada eine traditionell geprägte Kindheit. Sein Großvater war früherer Samurai, der die japanische Seidenindustrie durch die Einführung neuer Techniken aus den USA revolutionierte. Natürlich studierte er an der »Nummer Eins« (Dai Ichi)-Universität von Tokio (Rechtswissenschaften), um sich auf eine Tätigkeit in der Wirtschaft vorzubereiten.

Sein damaliger Zimmernachbar und Studienfreund war der spätere (1984 gestorbene) Rinzai-Zen-Meister So-en Nakagawa – Roshi, bei dem auch die jetzt in Deutschland lebende Schülerin von Nishitani und Heidegger, Yoshiko Oshima (»Zen – anders denken?«) geübt hatte. Auch später kreuzten sich noch die Wege von Yamada und Nakagawa, als sie 1945 gemeinsam in die Mandschurei reisten: der eine als jungverheirateter Geschäftsmann, der anders als junger Mönch und Schüler von Gempo Yamamoto – Roshi. Seit 1948 lebt Yamada mit seiner Frau und drei Kindern in Kamakure, wo er Anfang der siebziger Jahre die Zen-Übungs-Halle bei seinem Privathaus baute.

Nachdem er 1945 mit regelmäßiger Za-Zen-Übung begonnen hatte, erfuhr er im November 1953 ein ungewöhnlich tiefes Erleuchtungserlebnis, von dem er dem alten Freund Nakagawa in einem Brief berichtet, den er auf Anraten seines Lehrers Yasutani – Roshi schrieb und der in Philip Kapleaus Buch: »Die drei Pfeiler des Zen« unter den Initialen K.Y. abgedruckt ist. Kapleau selbst, der heute in Rochester/USA ein Zen-Center leitet, mußte seinerzeit noch 5 Jahre warten und hart üben, bis Yasutani – Roshi auch bei ihm ein Erleuchtungserlebnis anerkannte.

Nach 8 Jahren weiterer Übung und der Lösung von über 600 Koans wurde Kyozo Yamada von Yasutani-Roshi 1961 als Yamada-Koun-Roshi zu seinem authentischen Nachfolger im Dharma ernannt und wurde 1970 Präsident des von Yasutani gegründeten Sambo Kyodan. Seinerseits ein Schüler und Nachfolger von Harada – Roshi, hatte Yasutani in den frühen sechziger Jahren auch in den USA gelehrt, wo er neben Büchern von Daisetz Tetaro Suzuki einer der Wegbereiter klassischer Zen-Praxis wurde.

»San'un-Zendo« steht für »3 Wolken«-Übungshalle und bezieht die geistige Gemeinsamkeit Yamada-Kouns mit seinen beiden verstorbenen Lehrern, Harada und Yasutani, und deren Namen ein: Harada-»Daiun« hieß »große Wolke«, Yasutani-»Haku'un« hieß »weiße Wolke«, und Yamada »Koun« heißt »ziehende« Wolke, womit in dem San'un alle drei »un« enthalten sind und gleichzeitig auf die gemeinsame Grundlage der ziehenden Wolken – ein im Zen typisches Bild – verwiesen wird. Zugleich wird deutlich gemacht, daß es sich um eine Laien-Zen-Halle (Koji-

Zen) handelt, was wohl dazu geführt haben dürfte, daß zahlreiche Ordensleute aus dem Westen hier regelmäßig Za-Zen üben, zu denen beispielsweise Pater Hugo Makibi Enomiya Lassalle S.J. gehört, der selbst – inzwischen 89-jährig – regelmäßig nach Deutschland kommt, um Zen-Sesshins zu leiten, obwohl er in den Bergen bei Tokio eine eigene, christliche Zen-Halle eingerichtet hat und auch durch zahlreiche Bücher bekannt wurde. Sicher kann es gläubigen Kirchen-Christen helfen, wenn sie im Schweigen nicht nur mit den Statuen von Buddhas und Bodhisattvas konfrontiert sind, sondern der Schrein-Raum daneben in vorbildlicher Ökumene auch Platz hat für das Kreuz und Marienbilder neben dem benediktinischen Phoenix, einem Papstbild und den Fotos der Gründer, Harada und Yasutani – Roshi.

Wie der einzelne sein Zen mit seinem Glaubensleben vereint, bleibt ohnehin seine eigene Sache, wozu der Schweizer Pater Niklaus Brantschen S.J. den charakteristischen Hinweis von Yamada – Koun berichtet:»Wie Sie mit dem Koan eins werden, dazu kann ich Ihnen helfen; wie Sie mit Christus eins werden, das ist Ihr Problem!«

Neben den Ordensleuten von nah und fern gehören – gemäß seiner eigenen beruflichen Laufbahn – zahlreiche führende Persönlichkeiten aus Staat und Wirtschaft zu Yamada – Roshis Schülern. Hohe Offiziere der japanischen Marine leitet er persönlich seit 26 Jahren im Za-Zen an. Konosuke Koike, der kürzlich verstorbene Inhaber der von seinem Vater gegründeten Yamaichi-Shoken-Kaisha übte hier ebenso Za-Zen wie Akira Kubota, der Direktor der Daitokyo-Kansai-Feuerversicherung, und viele andere – natürlich auch seine Söhne, die nach dem Studium (natürlich auch an der Tokio-Universität!) inzwischen leitende Positionen bei Mitsubishi innehaben. Von der persönlichen Lebensgeschichte Yamadas ebenso wie von seinem Umfeld und der Schar seiner Schüler im Tokio-nahen Kamakura ist sein Zendo ein typisches Beispiel von gelebtem, lebendigem Zen im Japan von heute – ein Brückenkopf aktiver Ruhe in der Hektik der pulsierenden Welt des Yen.

Auch wenn er selbst, der gelegentlich nach Hawai, zu den Philippinen oder auch nach Deutschland reist, sich pessimistisch äußert über die Zukunft des Zen in Japan, das nicht zuletzt durch falsche Lehrer verfälscht würde, so behält man doch bei ihm und seinen »Drei Wolken« ein gutes und solides Gefühl. Vielleicht hängt es damit zusammen, daß der Zugang für neu Interessierte erschwert wird, die grundsätzlich einer Empfehlung oder Einführung aus dem Kreis der angenommenen Schüler bedürfen. Getreu dem Zen-Bild, das den um Aufnahme nachsuchenden Schüler zunächst drei Tage abgewiesen vor den Toren des Zen-Tempels sitzen ließ, um die Ernsthaftigkeit seines Begehrens nach Anleitung und Übung zu prüfen − ebenso kommt man nur als ernsthaft Suchender zu Yamada − Roshi, was nicht ausschließt, daß er sich dann im Gespräch auf echter Zen-Basis durchaus aufgeschlossen und auch heiter erweist und den akzeptierten Gast nicht ohne das Gegen-Geschenk des von ihm selbst geschriebenen Buches mit neuen Übersetzungen und Erläuterungen der berühmten Koan-Sammlung »Mumonkan« (in englischer Sprache) entläßt.

Die Sorge um das echte Zen hat Yamada gemeinsam mit anderen Lehrern und Meistern wie Nagaya, der auch vor dem »Zungenspitzen-Zen« der selbsternannten Meister warnt, die vielleicht irgendwo einmal einen Zipfel von dem erwischt haben, was man im Zen Kensho oder Wesensschau nennt − ganz zu schweigen von der Erleuchtungserfahrung des satori. Yamada − Koun selbst mit seinem ernsthaften Übungsweg unter Yasutani − Roshi von acht Jahren seit dem ersten Erleuchtungserlebnis 1953 bis zur Übergabe der Nachfolge in der Lehre 1961 ist dafür ein eindrückliches Beispiel.

Ob allerdings die aus dem Rinzai-Zen entnommene Methode der Koan-Übung für westlich ohnehin meist überintellektualisierte Gehirne das Richtige ist, muß bezweifelt werden. Sicher kann dieser Weg unter der Leitung des stets persönlich präsenten Meisters dazu führen, daß er dem Schüler wirksame Hilfen auf den Weg gibt und gleichzeitig Einblick gewinnt in das jeweilige existentielle Stadium der Entwicklung des Übenden, wenn diese »communio« sich über eine genügend lange Zeit von Jahren erstreckt. Wenn andererseits daraus dann eine Art von falsch verstandenem Leistungs-Wettbewerb wird, nämlich 400, 450, 600 oder mehr Koan gelöst zu haben, wie er sich unter zielorientierten Schülern auch im Zen gerne ausbreitet, dann wird die Skepsis anderer Meister verständlich, die vor dem Koan-Mißbrauch warnen, wie etwa Hisamatsu (siehe unten). Immerhin ist ein – echtes – Koan eine existentielle Sinn-Frage auf Gedeih und Verderb, deren scheinbare Sinnlosigkeit sich dem Intellekt dauerhaft verschließt und nur durch die totale Einverleibung, durch Einswerdung mit dem Problem als allem Seienden gelöst werden kann – wozu manchmal schon für ein Koan die Spanne eines Lebens gar nicht ausreichen mag.

Zu dieser Problematik gesellt sich noch der Ausschließlichkeits-Anspruch, den auch die hierzulande tätigen Schüler von Yamada – Koun – Roshi für ihre Schüler wiederum – selbst gegenseitig – erheben. Neben zwei Frauen, Brigitte d'Ortschy in München, die auch seinerzeit das Buch von Philip Kapleau aus dem Englischen übersetzte, und Joan Rieck in der Schweiz, ist dies vor allem Pater Willigis Jäger OSB im Haus St. Benedikt in Würzburg, wo neben Za-Zen mittlerweile auch Kontemplation, Sacred dance, Sensory awareness, Aktive Imagination, Taichi und Ikebana angeboten werden. Pater Willigis selbst trägt zusätzlich den Namen Ko-un Roshi, den ihm Yamada Koun – Roshi in einer feierlichen Zeremonie mit dem Siegel der Bestätigung (inka shomei) zur Lehrberechtigung im September 1983 in Würzburg verlieh. Zuvor war Pater Willigis seit 1975 für 6 Jahre zur intensiven Zen-Übung in Kamakura gewesen. Zwar gibt es in den USA und auf Hawai bereits einige anerkannte Zen-Roshi, auch aus der Schule von Yamada in Kamakura, doch war der Tag damals in Würzburg wohl der erste, an dem ein japanischer Zen-Meister im vollen Ornat hierzulande einen Bruder und Nachfolger im Dharma ordinierte. Vielleicht gewinnt die Zen-Praxis dadurch auch bei uns weiter ernsthafte Adepten, die sich bislang überwiegend aus der Umgebung kirchlicher Orden rekrutieren. Die Richtung des Laien- oder Koji-Zen, in dessen Tradition Yamada – Koun ja selbst steht, wäre auch hier noch eine weitere Verbreitung zu wünschen: zeigt es doch, daß man den Freuden und Leiden des gewöhnlichen Menschen nicht ausweicht, sondern sie im »Alltag als Übung« durchlebt und dann zu transzendieren vermag – vorausgesetzt allerdings die kontinuierliche und ernsthafte Übung auch des »Zu-Hause-Zen« (Zaike-Zen).

188

6.3 Shokokuji, Kyoto
(mit FAS-Gruppe nach Professor Hisamatsu)

Der Shokokuji ist ein verhältnismäßig kleiner Rinzai-Zen-Tempel in Kyoto, von dem allerdings seit seiner Gründung 1392 in früheren Jahrhunderten nicht unerheblicher Einfluß auf das Shogunat ausgeübt wurde. Aus neuerer Zeit dient eine Aufnahme aus seiner Zendo als Plakat der Japan Air Lines: in ihren grauen Kutten sitzen die kahlköpfigen Mönche im Za-Zen, während der Aufsichtführende (Jikijitsu) mit dem erhobenen Warnstab (Kyosaku) vor ihnen entlang geht.

Dieses Kloster war auch der Ort, wo Lies Groening (»Die lautlose Stimme der einen Hand«, Econ) von 1956 bis 1959 und von 1966 bis 1968 unter Meister Ohtsu − Roshi Zen übte, von dem sie sich 1978 noch einmal auf dem Sterbelager verabschiedete. Als eine Kostbarkeit besonderer Art verwahrt sie seinen Roshi-Stab, den er ihr zum Abschied vermachte. Ohtsu − Roshi war auch der Meister von Professor Shizuteru Ueda, der an der Universität von Kyoto Philosophie lehrt und auch in Deutschland mit Veröffentlichungen, auch als Teilnehmer der Eranos-Tagungen in der Schweiz, hervorgetreten ist.

Schließlich ist der Shokokuji neuerdings auch Gast-Tempel für die samstag-nachmittäglichen Za-Zen-Treffen der FAS-Gruppe, die früher in der Reiun-in des Myoshinji stattgefunden hatten. FAS steht für:

F = Formless Self − gestaltloses Selbst
A = All Mankind − die ganze Menschheit
S = Superhistorical History − zeitlose Geschichte

und wurde als eine Laien-Zen-Gruppe unter diesem Namen 1958 aus dem seit 1944 bestehenden »Seminar für die den Weg Lernenden« weitergeführt. Gründer dieses Seminars war − zusammen mit Professor Masao Abe, der zur Zeit in den USA lehrt (»Zen and Western thought«, Macmillan), und anderen Schülern − einer der Großen des Zen in neuerer Zeit: Hoseki Shinichi Hisamatsu.

Früher Professor für Religionsphilosophie an der ehemals Kaiserlichen Universität von Kyoto, gilt Hisamatsu in Japan als Leh-

rer der Zen-Meister und Reformator des traditionellen Zen-Buddhismus. Auch als Meister der Tuschspur (bokuseki) bekannt
(s.o.), lebte Hisamatsu in den letzten Jahren bis zu seinem Tode
am 27. Februar 1980 (fast 91-jährig) zurückgezogen in seiner Hei-
matprovinz Gifu, wo man ihn nur noch gelegentlich und etwa auf
Empfehlung eines befreundeten Schülers wie Professor Senichiro
Higashi – der inzwischen ganz als Zen-Mönch lebt – besuchen
konnte. Das Kernstück seiner vielen Schriften liegt auch auf
deutsch vor:»Die Fülle des Nichts«, japanisch:»Toyoteki Mu«
(bei Neske), wobei die Übersetzung von einem anderen Meister
des Rinzai-Zen stammt, dem das nächste Kapitel gewidmet ist:
Takashi Hirata – Roshi vom Tenryuji.

1957/58 war Hisamatsu nach Amerika und Europa gereist. Er
hielt Vorlesungen an der Harvard Universität und begegnete Daisetz Teitaro Suzuki, der ihm zu jener Zeit noch wenig optimistisch
über das Zen-Verständnis im Westen und noch weniger hoff-
nungsvoll über echte und authentische Zen-Praxis berichtete. Es
bedurfte in der Tat der Rückkehr Philip Kapleaus aus Japan, der
Reise Yasutani – Roshis Anfang der sechziger Jahre in die USA
und noch anderer Mittler, wie hierzulande Pater Lassalle, Karlfried Graf Dürckheim und Professor Fritz Hungerleider, um Zen
in Wort und Werk eine neue Wahlheimat zu bereiten. In Europa
traf Hisamatsu seinerzeit mit Paul Tillich, Martin Buber, Gabriel
Marcel, Rudolf Bultmann, Carl Gustav Jung und Martin Heidegger zusammen – und manches dieser Begegnungen klang 1975 in
Japan im Gespräch noch an und nach, teilweise sogar mit deutschen Ausdrücken.

Auch Helmut Thielicke berichtet in seinem Reisetagebuch
»Vom Schiff aus gesehen« von seiner eindrücklichen Begegnung
mit Hisamatsu im August 1958 in Japan, wo ihm dieser während
eines sehr tiefen und zugleich ungemein menschlich-heiteren Ge-
sprächs das Zen-Prinzip nahezubringen suchte, das »Eins in allem
und alles in Einem« zu erkennen. Auch wenn Thielicke sich respektvoll und sichtlich berührt um Verständnis bemüht, so wird
doch eindeutig klar, welche Welten das Kopf-Denken des christlichen Theologen und seines Wissens von der integralen Sicht des
Zen-Meisters und seiner existentiellen Weisheit trennen. Mit Thie-
lickes eigenen Worten an anderer Stelle seiner Reise: «... Mir wird

beklemmend deutlich, wie wenig ich die Menschen kenne, die mir normalerweise – in der Kirche, aber auch im Hörsaal – zuhören, und wie oft ich darum an ihnen vorbeirede.« Dies kann sich aus der Sicht des Zen-Mannes nur ändern, wenn man lernt, mit den Augen zu hören und mit den Ohren zu schauen, was das Gespräch von Herz zu Herzen erst ermöglicht.

Daß dies nicht leicht und nicht ohne weiteres, schon gar nicht ohne die ernsthafte Übung des Za-Zen mit Leib und Seele möglich ist, das weiß und sagt auch Hisamatsu. Aber er führt auch im gütigen Gespräch immer wieder auf den Punkt des Weges zurück, wo jeder selbst gehen muß, auch ohne zu wissen, wohin – auf der Suche nach dem »tiefsten wahren Anthropos« in uns.

Weil er selbst um die zeitlose Geschichte des gestaltlosen Selbst der ganzen Menschheit wußte – deshalb gründete er das FAS-Zen-Institut auch als eine Stätte der Begegnung zwischen Ost und West, Gestern und Heute, Japanern und Ausländern, die zu den Sitzungen an Samstagen und den Sesshins willkommen sind, wenn sie nur zu ernsthafter Übung gewillt sind.

Aber anders als an klassischen Orten wie Tempeln, wo dem Neuling kaum etwas erklärt oder gezeigt wird, schließt sich an das FAS-Za-Zen mitsamt der üblichen Sutra-Rezitation doch noch ein geselliger Teil mit Tee und Gespräch an, das auch auf englisch geführt wird. Zwar werden dabei meist auch klassische Zen-Texte besprochen, etwa aus dem Nachlaß von Hisamatsu, doch zumindest besteht die Gelegenheit zu Frage und Antwort, so daß neben Japanern immer eine Reihe von Ausländern, meist Studenten aus den USA oder anderen Ländern, teilnehmen und sich im regelmäßigen gemeinsamen Za-Zen und Gespräch ergänzen können. Wahrscheinlich ist dies genau das, was Shinichi Hisamatsu als Erneuerer des Zen anzuregen beabsichtigte – und dem man nur einen weiter guten Verlauf und Erfolg wünschen kann. Dafür spricht auch ein unregelmäßig erscheinender »Newsletter« beziehungsweise das »FAS-Society-Journal« in englischer Sprache, das die ehemals miteinander Übenden in aller Welt erreicht und die Gemeinsamkeit aufrechterhält.

In diesem Journal erschien kürzlich ein Interview mit einem anderen lebenden Alt-Meister der philosophischen »Kyoto-Schule« (die Kitaro Nishida begründet hatte), dem zur Jahrhundertwende geborenen und also jetzt auch schon 87-jährigen Professor Keiji Nishitani, dessen wichtiges Buch: »Was ist Religion?« (japanisch: »Shukyo towa nanika«) 1982 im Insel-Verlag erschien.

Nishitani war mit Hisamatsu befreundet und ist gleich ihm nicht nur Philosoph, sondern durch und durch Zen-Mann. Als solcher übte er auch schon früh im Shokokuji, der seiner Wohnung in Kyoto am nächsten gelegen war. Immer bewegte ihn der »große Zweifel«, die existentielle Frage: was bin ich?, das Koan: was ist der Mensch? Und er scheut sich auch nicht, christlichen Theologen mit einem »biblischen Koan« zuzusetzen, wenn er sagt: »Was Paulus im Galater-Brief bekennt, nehme ich als Zen-Buddhist ganz und gar ernst. Ich glaube, ich kann das verstehen: ich lebe, doch nicht ich, Christus lebt in mir – sagt Paulus. Nicht er lebt, nicht er selbst. Doch – wer ist es dann, der da spricht?«

Nicht leicht ist es, das Denken des Nichtdenkens anzunehmen; »wirf alles weg – aber: wirf auch das Wegwerfen weg!« – heißt es bei Nagaya. »Unendlichkeit als Realität entzieht sich der Vernunft. Wahrer Unendlichkeit als Realität begegnen wir nur auf dem Weg der Existenz – der ek-statischen Ex-sistenz, die wir realisieren müssen (to realize), das heißt verwirklichen und verstehen« – sagt Nishitani. Und dann fragt er Jeff Shore, den amerikanischen Zen-Schüler, der das Interview mit ihm führte, wie er selbst die fortschrittliche Art der reformierten Zen-Übung der FAS-Gruppe mit der traditionellen Praxis bei Fukushima – Roshi im Tofukuji vereinbaren könne, der als sehr streng gilt – was den Fragenden seinerseits in Verlegenheit bringt und Zen-gemäß offen bleiben muß, wobei der sympathische und ernsthafte Jeff Shore die Frage nur für sich selbst »realisieren«, das heißt leben kann. Er tut damit auch genau das, was bei einem anderen FAS-Übungsnachmittag das schwierige Thema war, nämlich: »... to live philosophy« – Philosophie zu leben. Nicht denken, machen, tun, verstehen, passiv erleben, nachvollziehen, zulassen – nein: selbst, bewußt und aktiv leben, das ist die schwierige Forderung, die der Zen-Weg für alle Fragen, Koans und Probleme an uns stellt und deren Lösung nur durch Einswerdung, das heißt Seinswerdung möglich ist.

6.4 Tenryuji, Kyoto
(Professor Takashi Hirata – Roshi)

Der »Tempel des Himmels-Drachen«, wie die Übersetzung von Ten-ryu-ji lautet, wurde im Jahre 1339 vom regierenden Shogun Takauji Ashikaga (1305 – 58) gegründet zum Andenken an Kaiser Godaigo, der in jenem Jahr im Exil starb. Die Residenz des früheren Kaisers Gosago (1242 – 46) eignete sich durch ihre großzügige Weitläufigkeit vorzüglich für die Gestaltung einer kunst- und stilvollen Gartenanlage, die noch heute zu einer der Attraktionen der alten Kaiserstadt gehört, Muso Kokushi Soseki (1275 – 1351), ein berühmter Zen-Meister und Landschaftsgärtner, gab dem Gelände seine jetzige Form – eine gelungene Mischung aus dem Symbolismus der Heian-Zeit und den klaren Linien des Zen-Stils der späten Kamakura-Periode, der auch den berühmten Steingarten des Ryoanji charakterisiert.

Außer für seine Gärten ist der Tenryuji heute berühmt für seinen Abt, Takashi Hirata – Roshi, wenngleich sich dieser weigern würde, eine solche Bezeichnung für sich anzunehmen. Geboren am 26. August 1927 im Sho-gan-ji, einem kleineren Unter-Tempel innerhalb des Tenryuji, studierte er später an der Kaiserlichen Universität von Kyoto Buddhismus, deutsche Sprache und Philosophie. Mit einem Stipendium des DAAD (Deutscher Akademischer Austausch-Dienst) studierte er 1963 bis 1965 in Deutschland Philosophie in Berlin, Heidelberg und München, wobei sein besonderes Interesse Heidegger galt. Heute ist Hirata – Roshi Professor für Zen-Buddhismus an der Hanazono-Universität in Kyoto und als Zen-Meister seit 1971 Abt des Tenryuji. Vorausgegangen war dem eine lange und intensive Schulung und Übung im Zen von 11 Jahren unter dem Zen-Meister Bokuo-son. Das Rinzai-Zen des heutigen Japan hat hier einen bedeutenden geistigen und persönlichen Mittelpunkt.

Da Hirata sehr gut Deutsch spricht – was er auch gelegentlich auf Reisen hier und in der Schweiz auffrischt –, bleibt es nicht aus, daß er immer wieder zum Anziehungspunkt für Zen-Leute aus Deutschland wird, die er nach Möglichkeit auch zum Gespräch empfängt – vor allem aber zum Za-Zen mit seinen Mönchen einlädt! Ausländer haben teilweise Jahre der Übung im

Tenryuji zugebracht, wie etwa der deutsche Bildhauer Heinz Anneser, der von 1970 bis 1981 dort als Zen-Mönch unter Mönchs-Brüdern lebte. Gerne denkt er an die Zeit zurück, auch wenn sie anstrengend war, wozu gelegentlich eine Woche Doku-Sesshin, das heißt Allein-Sitzen im Freien auf dem Berg Atago-Yama hinter dem Tempel gehörte. Während dieser Übung, die über sieben Tage geht, bekommt der mit sich allein Za-Zen übende Mönch pro Tag eine Schale ungeschälten Reis und zwei Liter Wasser gebracht; geschlafen wird während dieser ganzen Woche nicht.

Zu den wichtigsten Aufgaben, in die sich die Mönche im Tempel immer neu teilen, gehört der Küchendienst – hatte doch auch Huang-Po, einer der historischen Begründer des Zen, seinerzeit die Erleuchtung beim Reisschälen bekommen!

Der Dienst der Nahrungszubereitung für andere wird als eine besondere Gelegenheit angesehen, Gutes zu tun – was im Tenryuji sogar dazu geführt hat, daß Besucher der berühmten Gärten und des Tempels bei Anmeldung auch eine einfache, aber geschmackvolle Mahlzeit (shojin ryori) zu sich nehmen können – wenn die Küchenvorräte ausreichen.

Auf das Thema »Japan zwischen Yen und Zen« angesprochen (im April 1986), faßt sich Hirata zunächst einmal in der charakteristischen Geste über den kahlen Schädel, lacht ein wenig (wie übrigens fast alle Japaner, die auf das Thema hin angesprochen wurden) und antwortet dann mit einem Koan, das auch Professor Nishitani zuvor schon dazu angeführt und in Kanji aufgeschrieben hatte: »Auch der Heilige liebt Geld – aber es gibt einen Weg!« Und dieser Weg (Do), Zen-Weg also im weitesten und auch ganz konkreten Sinne, muß der des Geschäftsmannes sein. Nach Hirata sind es eigentlich zwei Wege – nämlich der eine, das Geld zu bekommen, und der andere, es zu benutzen. Dazu meint er dann, daß in der japanischen Politik und Wirtschaft eine ganze Reihe von Leuten den ersten Teil des Weges schon ganz gut beherrschen – um den zweiten Teil sei es aber meist noch schlecht bestellt!

Geld, Gewinn und Besitz sind also an sich und a priori nichts Schlechtes, auch nicht im Zen, wie schon der alte Hinweis auf den Heiligen und seine Neigung dafür zeigt, den Hirata ebenso wie Nishitani aktualisierte. Allerdings liebt der Heilige oder Edle (der

»Gentleman«, wie Nishitani sich ausgedrückt hatte) das Geld auf Zen-gemäß selbstlose Weise, nicht einfach um es zu besitzen, sondern um es in der rechten Weise zu benutzen – wozu schon die korrekte Art gehört, es zu bekommen, nämlich auf dem Weg der Übung (Do), den auch die Geschäftstätigkeit richtig verstanden darstellen muß. Selbst dem Mönch und Zen-Meister geht es also nicht um Weltflucht, sondern um Welt-Bewältigung, wozu für ihn persönlich auch die richtige Erfüllung seines Berufes als Philosophie-Professor gehört, den er ganz und gar ernst nimmt im Wort-Sinne der ursprünglichen »Berufung« – japanisch: »Ten Shoku« oder Himmels-(Be-)Ruf.

In diesem Sinne befindet sich Hirata in guter Nachbarschaft zu einem Laien-Zen-Meister der Tokugawa-Zeit, Shosan Suzuki (1579 – 1655), den er zitiert und der auch von anderen schon als der Begründer der Ethik des japanischen Kapitalismus bezeichnet wurde. Während man im Japan jener Zeit – wie oben gezeigt wurde – noch dazu neigte, den Stand der Kaufleute mit Geringschätzung oder Verachtung zu betrachten, hatte er in Shosans Sicht die vom Himmel zugewiesene Aufgabe, »die Freiheit im ganzen Lande zu fördern« – die sich aus dem freien Zugang zu Waren allenthalben ergab. Weit davon entfernt, die Kaufleute gering zu achten, schätzte sie Shosan – selbst als Samurai geboren – wegen ihrer lebenswichtigen Funktion. Doch nicht dem Handel schlechthin galt seine Wertschätzung, sondern der Art und Weise, wie man ihn betrieb – ob man ihn nämlich als Zen-Übung sah oder nicht.

Eines seiner wichtigen Werke: »Shimin nichiyo – Das alltägliche Leben für die vier Klassen« – enthält in der für Japaner besonders eingängigen Form von Fragen und Antworten, die der üblichen Art der Belehrung vom Meister zum Schüler entspricht, folgende Sätze für einen Kaufmann:

»Ein egoistischer Mensch, der nur sein eigenes Interesse sieht und zum Schaden anderer übergroßen Profit schindet, der lädt den Fluch des Himmels auf sich und stürzt sich selbst ins Elend ... Laß ab von den weltlichen Interessen und gehe deinen Geschäften ohne Profitgier nach, dann wird der Himmel dich beschützen, und die Götter werden dich segnen. Der Wohlstand wird sich einstellen, aber du wirst es verachten, nur ein reicher Mann zu sein.«

Was bei Max Weber der Erwerbstrieb, das ist bei Shosan Suzuki die Habgier: ein geistiges Gift. Gewinne und Wohlstand als Folge von Fleiß sind nur natürlich, akzeptabel aber werden sie erst, wenn sie nicht begierig entnommen, sondern behutsam wieder investiert und zum Wohle des Werkes wieder angelegt werden.

Alle Berufe sind für Shosan Gelegenheit zu buddhistischer Praxis – gerade durch Arbeit vermögen wir nach seiner Ansicht Buddhaschaft zu erlangen, keine Tätigkeit, die nicht geheiligt werden könnte, durch die Art, wie man sie ausübt – eben im Sinne des Zen-Weges (Do).

Geld als solches ist also nichts Schlechtes, auch der starke japanische Yen »stinkt nicht« (pecunia non olet), wenn man mit ihm nur in der richtigen Weise umgeht – »wenn das Herz des Menschen und die Gesellschaft mit der natürlichen kosmischen Ordnung in Einklang stehen«. Ob und wo dem so ist, dafür gibt die innere Stimme des Gewissens untrügliche Zeichen – wo es erst einmal erwacht ist.

Wenn allerdings die Arbeit selbst schon religiöse Praxis ist, dann braucht die Gesellschaft auch weniger Priester – und der Professor-Abt-Hirata-Roshi lächelt, denn gerade er setzt sich an vielen Fronten gleichzeitig voll ein.

Professor Shizuteru Ueda hat es unter der Überschrift der »Weltverantwortung im Zen-Buddhismus« einmal so formuliert:

»Indem ein Mensch auf diese Weise in zwei verschiedenen Welten, zur konkreten Bewährung der Doppelwelt, wohnt, ist er von der Weltgebundenheit befreit und kommt, von der unendlichen Offenheit durchdrungen, wieder in die begrenzte Welt zur Weltverbundenheit zurück. Diese Weise des Daseins gilt schon als genuin religiös, ohne sich eigens religiös zu nennen.«

Man sieht es den Menschen dann an. Wie sagte doch einmal jemand angesichts eines Fotos von Meister Hirata in Meditationshaltung: majestätisch und demütig zugleich sehe er aus. Stimmt – genauso ist er auch, und es ist schön, daß es solche Menschen gibt und man ihnen auch heute noch persönlich begegnen kann. Auch

196

wenn sie nicht im grellen Schein des Rampenlichts der Öffentlichkeit stehen, so prägen sie doch subtil und präzise das Bild von Japan zwischen Yen und Zen. Sie leben das Bild, das die Welt vom Menschen braucht.

6.5 Kanozan Kokusai Zen Dojo und andere Orte

Wieder war es die schon öfters zitierte nationale Fluglinie der Japan Air Lines, die eines der monatlichen Hefte ihrer Bord-Zeitschrift »Winds« (im März 1986) unter dem Titelbild eines Zen-Mönches mit dem »Warnstab« (Kyosaku) in der Titelgeschichte dem Zen und seiner nach wie vor aktuellen und aktiven Verbreitung in Japan widmete. Dazu diente vor allem die Besprechung eines unlängst in englischer Sprache in Japan erschienenen Zen-Führers (»Zen Guide«, by M. Roth and J. Stevens), mit dem zwei kundige »Westler« aus den USA und Neuseeland einem offensichtlich wachen und noch immer wachsenden westlichen Interesse und Informationsbedürfnis in bezug auf Zen entsprechen.

Wenn sie auch einleitend sehr zu Recht vor einer intellektuellen oder euphorischen Zen-Begeisterung warnen, die im knochenharten Alltag eines Zen-Klosters – und sei es auch nur auf Zeit – sicher sehr rasch schmerzhafter Ernüchterung weichen würde, so geben sie dann doch außerordentlich umfassende und konkrete Hinweise (einschließlich Adressen, Fahrplänen und Telefonnummern) für die verschiedenen Regionen und Orte des Zen in Japan, die dem wirklich Interessierten den Zugang sehr erleichtern können.

So ist beispielsweise eine der vermerkten Adressen die des »Kanozan Kokusai Zen Dojo« in den Boso-Bergen der Chiba-Provinz an der Tokio-Bay, südlich von Narita, dem neuen internationalen Flughafen gelegen und erst im Frühjahr 1980 als Rinzai-Zen-Übungsort eröffnet.

Mit Yamada Mumon – Roshi, dem bereits mehrfach erwähnten früheren Abt des Myoshinji, und Omori Sogen – Roshi, früherer Präsident der Hanazono Universität in Kyoto und Leiter des Tesshukei in Tokio, standen – neben dem örtlichen Leiter Ikoma Doken – Roshi – zwei sehr berühmte Namensträger der Rinzai-

Tradition Pate für die Neugründung, die allerdings schon bald mehr Japaner als Ausländer anzog. Heute ist gerade dieses Zentrum bekannt dafür, daß vielfach Gruppen von Firmen oder Schulen zum Zen-Training kommen, wo Raum ist für bis zu 130 Teilnehmer. Die ursprünglich speziell für Ausländer konzipierte Orientierung (Kokusai steht für International) ist demgegenüber wohl aus Mangel an Interessenten immer mehr zurückgegangen.

So wie er immer eine offene Tür für interessierte Ausländer hatte, so war Yamada Mumon auch vielfach im Gespräch mit Männern der Wirtschaft wie etwa Isao Nakauchi, dem Gründer der Daiei-Supermärkte, der seinen über 30.000 Mitarbeitern eine Zen-gemäße Orientierung zu geben versuchte. Dabei galt und gilt unverändert der auch bei uns bekannte Grundsatz: »Probieren geht über Studieren«, denn genauso wenig wie die Reise mit dem Finger auf der Landkarte Ortskenntnis vermittelt oder das Lesen der Speisekarte den Hungrigen sättigt, genauso wenig kann man Zen ohne eigene Übung kennenlernen. Nicht das Sprechen über die Süße, sondern nur das Stück Zucker im eigenen Mund vermag das Geschmackserlebnis zu begründen!

Der »Zen-Guide« gliedert sich sehr übersichtlich nach der Geographie Japans und kommt damit zu natürlichen Schwerpunkten in und um Kyoto und Tokio, wo es allein Dutzende von Tempeln und Laien-Orten (Dojos) gibt, die zu regelmäßigem Za-Zen einladen und wofür vorstehend charakteristische Beispiele beschrieben wurden. Hierzu gehört unter anderem mit Zenshoan im Stadtteil Yanaka-Ueno der Ort sonntäglicher Übung des Ministerpräsidenten Nakasone, den man des öfteren auch in deutschen Zeitungen schon in Za-Zen-Haltung oder bei der Tee-Zeremonie abgebildet sehen konnte, wozu er auch das Ehepaar Reagan bewirtete, die allerdings beide erkennbar Schwierigkeiten hatten mit der ungewohnten Art des japanischen Sitzens auf dem Kissen am Tatami-Boden. Sollte Nakasone wirklich ein Zen-Erleuchtungs-Erlebnis gehabt haben, wie im vergangenen Sommer aus seiner Umgebung berichtet wurde, so könnte dies sicherlich den Regierungsgeschäften Japans nur förderlich sein.

Von Kamakura, der Hauptstadt aus früherer Zeit, wird von Roth und Stevens neben dem berühmten »großen Buddha« über die ebenso berühmten Gründungen der Tempel aus dem 13. Jahrhundert berichtet, die für noch immer lebendige Rinzai-Tradition stehen: Kenchoji und Engakuji. In letzterem – dessen öffentliche Za-Zenkais bereits erwähnt wurden – hatte der große und greise Daisetz T. Suzuki einen späten Ort kontemplativer Ruhe gefunden, nachdem er zuvor aktiv wie kein anderer für die Verbreitung des Zen in zahlreichen Schriften im Westen, vor allem in den USA, wo er lange lebte, gesorgt hatte. Heimgekehrt lebte er im Engakuji bis zu seinem Tod im Jahre 1966, 96 Jahre alt.

Auch der Kenchoji ist noch heute bekannt als Ort aktiver Übung für Männer aus Wirtschaft und Verwaltung, wie ein persönlicher Vermerk auf der Visitenkarte des Konsuls Akira Nishie zeigt, der dort seinerzeit die ersten Tage seiner Ausbildung im öffentlichen Dienst zubrachte, woraus sich für manchen jungen Kollegen die ersten Schritte auf dem späteren Weg regelmäßigen Sitzens im Zen ergaben. Bekannt für die Übungen eines anderen Regierungschefs Japans aus früher Zeit, Tokimoro, unter dem Gründungsabt Sogen ist schließlich der Yengakuji, dem heute Shokatsu – Roshi vorsteht.

Mit dem Blick noch einmal zurück nach Kyoto, der »anderen Hauptstadt« Japans aus der Zeit von 800 bis 1600, verdient Erwähnung der wenig bekannte, kleine Soto-Zen-Tempel Sosenji, wo Kosho Uchiyama – Roshi, der frühere Abt des in die Hyogo-Bergwelt verlegten Antaiji, jeden dritten Samstag im Monat um 14.00 Uhr ein Za-Zenkai abhält, das sich bei ausländischen Besuchern vor allem dann besonderer Beliebtheit erfreut, wenn sie seine Bücher kennen.

Erwähnt wurde bereits Mampukuji, der führende Obaku-Tempel nahe Kyoto, wo praktizierende Besucher aus dem Ausland und der Wirtschaft willkommen sind – nicht zuletzt wegen des angeschlossenen »Young Men's Culture Training Center«, wo die klassischen Zen-Künste und -Wege zum Übungsprogramm gehören.

Ohne damit auch nur die Spur eines Anspruchs von Vollständigkeit in der Erwähnung der beschriebenen Orte erheben zu wollen, sei der Kreis hier geschlossen mit einem der berühmtesten Tempel in Kyoto, dem 1319 gegründeten Daitokuji mit seinen 23 Unter-Tempeln, von denen einige der Öffentlichkeit zugänglich sind. Abgesehen von den sehenswerten Schätzen an Architektur und Gartenkunst war dieser Tempel immer wieder eine Stätte der Lehre und Übung für Ausländer, wie beispielsweise den in China aufgewachsenen Österreicher Professor Fritz Hungerleider, der hier bei Kobori – Roshi einen Blick auf die Wahrheit tun durfte. Ruth Fuller Sasaki, die 1967 verstorbene Amerikanerin, hatte hier 1958 die Leitung des Ryosen'an übernommen, nachdem sie zuvor jahrelang im gleichfalls berühmten Nansenji, nahe beim Heian-Schrein, geübt hatte.

Ob man nun an einem der beschriebenen Plätze »Zen-Gäste« neben den Mönchen beim Za-Zen trifft oder den Präsidenten von Mitsumi Electric, Hajime Moribe, an seinem Schreibtisch im Büro mit einem Buch über Zen antrifft; ob man von Toshio Doko, dem früheren Präsidenten des KEIDANREN in Tokio erfährt, daß er praktizierender Zen-Buddhist ist, oder ob man im Lufthansa-Büro in Osaka bei dem überaus hilfsbereiten Stationsleiter Helge Stavonhagen der jungen japanischen Angestellten mit den strahlenden Augen begegnet, die das Buch über Zen von Yamada Mumon – Roshi und Hirata – Roshi studiert; ob man mit Roth und Stevens glaubt, daß der lebendige Buddhismus des Zen in Japan im Aussterben begriffen sei und im Westen wieder auferstehen müsse, oder ob man mit Professor Eshin Nishimura von der Hanazano Universität in Kyoto zu der Ansicht neigt, daß es noch nie eine Zeit gab, in der Zen so verbreitet war wie heute, wo man ihm – wie beschrieben – nach wie vor vielerorts in ungebrochener Lebendigkeit und Leibhaftigkeit gemäß ununterbrochener Tradition begegnen kann: ohne Zen ist Japan jedenfalls nicht denkbar, ist japanische Geist-Kultur nicht vorstellbar, wäre Japan nicht Japan. Nicht umsonst empfiehlt gerade der Amerikaner und frühere Zen-Mönch John Stevens in dem erwähnten »Winds«-Artikel vom März 1986 allen ausländischen Geschäftsleuten, die wirklich etwas über das echte japanische Geschäftsleben erfahren wollen («...who really want to understand what makes Japanese management tick...«), sich intensiv mit Zen zu beschäftigen.

Auch wenn der kürzliche »Spiegel«-Artikel (Nr. 3/1987) unter der Überschrift: »Ihr werdet Japan doch niemals verstehen« in »Spiegel«-gemäßem Sarkasmus vor allem das neue nationale Selbstbewußtsein der Japaner anprangerte – das Franz-Joseph Strauß den Deutschen erst wieder zu verordnen sucht –, so wurde

200

das Studium des Artikels doch noch belohnt mit dem Hinweis auf das in Kyoto geplante »Internationale Institut zum Studium Japans«, für das Professor Takeshi Umehara auf Anregung des Premierministers Nakasone selbst die Vorarbeiten leitet. Daß bisher mehr Japaner Rilke zu zitieren vermögen als umgekehrt Deutsche die Haikus von Basho (s.o.), dürfte ebenso unstrittig wie bedauerlich sein, und sicher wird auch hierzulande durch vermehrte Beschäftigung mit Zen ein besseres Verständnis für die japanische Andersheit und Eigenart gefördert werden können − wie es nicht zuletzt das Anliegen dieses Buches ist.

7. Was geht »Japan zwischen Yen und Zen« den Westen an?

Die Bedeutung des Yen für die Weltwirtschaft ist unübersehbar geworden, seit Japans Banken sich zum Jahresende 1985 mit Auslandsforderungen von netto 480 Milliarden Dollar noch vor den USA (mit 350 Milliarden Dollar) an die Stelle des Weltgläubigers und Kreditgebers Nr. 1 gesetzt haben.

Mit einer Sparquote von 20 % stehen Japaner ebenfalls weltweit an erster Stelle, noch vor der bekanntermaßen sparintensiven Schweiz oder der Bundesrepublik Deutschland, ganz zu schweigen von den nach wie vor primär konsumorientierten USA.

Während in Japan bisher erst ca. 2 % des Geldgeschäftes in den Händen ausländischer Banken liegen – darunter führende deutsche Institute –, ist Japan umgekehrt am ausländischen Bankgeschäft beispielsweise in den USA mit etwa 15 % oder zwei Dritteln des dortigen Auslandsanteils von 20 % beteiligt.

Trotz des anhaltenden Höhenflugs des Yen im Geschwader der Welt-Währungen, wo der US-Dollar immer niedriger bewertet wurde, hat Japan im Jahre 1986 seine Handelsbilanz mit dem Rekordergebnis von 83 Milliarden Dollar Überschuß abgeschlossen, davon allein 52 Milliarden aus dem Handel mit den USA. Dennoch wird das »Jahr des hohen Yen« (endaka no toshi) als eine der bisher stärksten Erschütterungen für Nippons Wirtschaft seit dem Wiederaufbau nach dem Zweiten Weltkrieg in die Geschichte eingehen – nach den Öl-Schocks (»oilu-shokku«) von 1973 und 1980 und dem Dollar-Schock (»doru-shokku«) von 1978, die ebenfalls für ökonomische Erdbeben gesorgt hatten. Auch wenn die produzierenden Unternehmen durch die veränderten Relationen im Export von teilweise drastischen Gewinneinbußen berichten, so spricht doch vieles dafür, daß die dort angelaufenen Restrukturierungsprogramme zu einer positiven Umsetzung der Herausforderung führen können, selbst wenn damit im Einzelfall Opfer und der Verlust nicht weniger Arbeitsplätze einhergehen werden. Auch die von MITI geförderte Grundlagenforschung und »High Tech«-Entwicklung ist in diesem Zusammenhang zu sehen, woraus sich Verlagerungen von Aktivitäten und Beschäftigung ergeben werden. Dafür dürfte auch das allgemeine Preisniveau eine Rolle spielen, wo beispielsweise die Autopreise in den letzten acht Jahren um knapp vier Prozent stiegen – gegenüber mehr als dreißig Prozent hierzulande!

Selbst wenn der neue Haushalt der Regierung Nakasone auf vielfaches Drängen vor allem der USA in den Verteidigungsausgaben mittlerweile die magische Marke der Selbstverpflichtung von 1 % minimal überschritten hat, so werden doch Kugeln nach wie vor mehr für das führende National-Spiel-Vergnügen »pachinko« gefertigt als für Gewehre.

Gerade noch rechtzeitig vor dem Tokioter Weltwirtschaftsgipfel zu Beginn der »goldenen Woche« Anfang Mai 1986 hatte die von Ministerpräsident Nakasone am 31. Oktober 1985 eingesetzte Sonderkommission unter Leitung des ehemaligen Zentralbankpräsidenten Haruo Maekawa ihren Bericht veröffentlicht. Einleuchtendes wird darin vorgeschlagen: eine grundlegende Transformation der Industrie und der Märkte Japans mit einer Verlagerung der Abhängigkeiten vom Export zum Binnenmarkt, einschließlich infrastruktureller Großprojekte im Straßen- und Wohnungsbau samt angestrebten Veränderungen in der Haltung von Arbeitnehmern und Konsumenten ebenso wie Unternehmensleitungen und Administration. Wenn ein Mann wie Helmut Schmidt in seinem neuen Forum der ZEIT vom 11. Juni 1986 dazu feststellt, der Maekawa-Bericht sei ein Dokument von Dichte und Klarheit, wie man sie in den ökonomischen Jahresgutachten des deutschen Sachverständigenrates vergeblich suche, dann mag dies zur Qualifizierung genügen. Bleibt abzuwarten, was Japan unter der erneuerten Regierung Nakasone daraus zur möglicherweise historischen Erneuerung seiner weltwirtschaftlichen Aktivitäten machen wird, wofür der Regierungschef selbst die Losung von Marktoffenheit, Liberalisierung und Deregulierung ausgegeben hat.

In einem denkwürdigen Gespräch, das von SAT 1 am 7. Dezember 1985 ausgestrahlt und in der ZEIT vom 13. Dezember 1985 zusätzlich veröffentlicht wurde, antwortete Nakasone auf die Frage Theo Sommers nach der orientalischen Seele und dem Japanisch-Sein Japans:

> »... Japan steht vielleicht weltweit an einsamer Spitze, wo es um die Vereinbarkeit oder die Koexistenz der modernen Wissenschaften mit der überlieferten Kultur geht. In gewisser Weise hat sich der japanische Geist, hat sich die japanische Kultur die moderne Wissenschaft voll zunutze gemacht, um Wohlstand und Fortschritt zu erlangen.
> Unser Denken beruht auf dem von den Ahnen überlieferten Japanisch-Sein und seinem ausgeprägten Miteinander unterschiedlicher Gruppen und Schichten in der Gesellschaft. Ich brauche nicht zu betonen, daß wir jetzt alles stärker unter dem Aspekt der Demokratie und des humanitären Denkens sehen. Wir haben heutzutage größere Fortschritte im Wohlfahrtswesen zu verzeichnen, und wir sind friedfertig geworden.
> Aber grundsätzlich läßt sich schon sagen, daß sich die herkömmliche Denkungsart, das Wesen des japanischen Volkes nicht völlig oder entscheidend geändert haben. Ich sehe, daß der Wesenskern des alten japanischen Geistes, das Positive an ihm, immer noch in unserem Volk lebendig ist. Dies ist auch die eigentliche Ursache unseres wirtschaftlichen Aufblühens.«

Nakasone berichtet dann von der Meisterschaft im Umgang mit dem Personalcomputer durch seinen elfjährigen Enkel, dessen Generation einer Welt entgegenstürme, von der wir alle noch keine Vorstellung haben; da er jedoch in der Familie erzogen würde, hoffe Nakasone, daß er sich die grundsätzliche japanische Denkweise – den japanischen Geist erhalten werde! Bei aller Veränderung in Familie und Gesellschaft werde sich jener prinzipielle Aspekt, der sich im »Japanese Spirit« ausdrückt, seiner Meinung nach niemals wandeln.

Von diesem Geist spricht auch Richard T. Pascale unter der Überschrift »Zen und die Kunst des Managements« als der Zenähnlichen Qualität, die er als die »implizite Dimension« bezeichnet, welche nur aus der Perspektive fernöstlicher Philosophie, Kultur und Wertvorstellung sichtbar gemacht werden könne. Nach seiner Erfahrung und Untersuchung sieht die östliche Kultur diejenigen als Führer an, die »hinein«-ragen und nicht »heraus«-

ragen – getreu dem japanischen Sprichwort: »Nägel, deren Köpfe herausstehen, werden eingeschlagen!«

Um nicht herauszuragen, verhält sich der Japaner möglichst unauffällig und angepaßt, nicht laut, sondern eher leise, nicht exponiert, sondern introvertiert, ohne dabei die Umgebung aus dem aufmerksamen Auge zu verlieren, dem auch unter gesenkten Lidern nichts entgeht. Beim Zählen – wozu er gleich uns die Hände benutzt – streckt er nicht aggressiv nacheinander die Finger aus, sondern knickt die Finger der geöffneten Hand zu sich her, mit dem Daumen beginnend, so daß am Ende die Hand geschlossen zum Zählenden selbst zeigt – einbeziehend statt ausgreifend.

Gewisse Zahlen spielen in Japan eine besondere Rolle. So vermißt man in manchen Hochhäusern das vierte Stockwerk, weil die Zahl vier (shi) dem Wort für Tod entspricht, was man abergläubisch genauso gerne meidet wie die Neun (ku), was zugleich Leid bedeutet. Vielleicht gewinnt hier unsere abergläubische Dreizehn eine zusätzliche Rechtfertigung aus der Addition der beiden japanisch gemiedenen Zahlen vier und neun? Positiv dagegen oder als Glückszahl wird die Fünf gesehen – »go-en«, was von dem Wort für menschliche Beziehung (»en« oder »in-nen«) abgeleitet wird. Verschenkt man etwa ein Portemonnaie, so muß darin ein 5-Yen-Stück als »Glückspfennig« enthalten sein – für künftigen Wohlstand ebenso wie für weitere gute Beziehung zueinander.

Von den bankfrischen Scheinen für Geldgeschenke war schon die Rede und davon, daß es keine Trinkgelder gibt; als ausgesprochen unfein gilt es auch, am Schalter von Bahn, Post und Bank oder im Geschäft das Wechselgeld nachzuzählen, das man herausbekommt – vielleicht ein Relikt aus der geldfeindlichen Einstellung der Samurai-Zeit.

Die letzte Frage in dem vorerwähnten »ZEIT-Gespräch« von Theo Sommer an Nakasone lautete: was könnte, was sollte die übrige Welt von Japan lernen? Und charakteristischerweise begann Nakasone seine Antwort fern von neuerdings gelegentlich unterstelltem japanischen Hochmut mit dem Hinweis, daß wir alle miteinander und voneinander lernen sollten. Was er dann für Japan herausstellte, waren Disziplin, Fleiß, Verbundenheit mit und Loyalität gegenüber der Gruppe. »Das Wichtigste aber ist,« – so fährt er fort – »daß wir alle von den wertvollsten und nützlichsten Eigenschaften der anderen lernen sollten. Diese Einstellung würde auch die pazifische und die atlantische Welt näher aneinanderrücken.«

Darin ist sich der Regierungschef und Zen-Mann einig mit dem Zen-Philosophen Keiji Nishitani, dem ebenfalls die Begegnung mit einer andersartigen Kultur von größter Wichtigkeit erscheint. Ohne damit die Rückbindung der japanischen Kultur an den Zen-Geist imitieren zu wollen, wäre im Falle der westlichen Kultur sicher die Rückkehr zu den Ursprüngen ihrer Tradition oder die Erneuerung des klassischen Geistes wichtig zur Lösung der gegenwärtigen Probleme und ihrer Wandlungen. Einer bloßen Rückkehr zum Urchristentum oder zur griechischen Klassik – sozusagen in Neuauflage von Renaissance und Reformation – wäre dazu allerdings nicht das Wort zu reden. Auch käme es für solche Rückbesinnung weniger auf die Form an als auf die Inhalte. Schließlich war es der griechische – und nicht ein fernöstlicher – Philosoph Protagoras, der da sagte: »Der Mensch ist das Maß aller Dinge«, und solcher Anthropozentrismus gewinnt gelebten Ausdruck in der christlichen Mystik eines Meisters Eckehard oder Angelus Silesius, in der Arbeitsethik von Max Weber oder in der menschlichen Forderung von Papst Johannes XXIII. nach »Demut und Einfachheit, zu jeder Zeit und mit allen«.

Noch einmal mit den Worten Nishitanis: »Wenn es ein Zurück zur Ursprünglichkeit der geistigen Tradition des Westens geben soll, so müssen wir nach einer Möglichkeit suchen, um dieser Rückkehr mehr Weite zu verleihen, als sie den bisherigen Versuchen vor und in der Neuzeit eigen gewesen ist. Sollte das nicht möglich sein, so werden wir auch unsere gegenwärtigen Probleme nicht lösen können. Nötig ist vielmehr, daß wir unseren Horizont erweitern und einen neuen Ausblick gewinnen.«

Dazu beizutragen sollte der vielleicht unbescheidene Anspruch dieses Buches sein, dem Yen und Zen als Beispiele aus konkreter Fremde nur Zeichen waren zur Setzung im Zwischen des jeweiligen Menschseins, zu dem jeder einzelne wortlos in der Verwirklichung aufgerufen bleibt, an seiner Stelle und nach seiner Sicht und Einsicht.

Schlußbemerkung

»Yen Zen ichi nyo«, kann man von einem Zen-Mann in Japan hören. »Ichi« bedeutet »eins« und »nyo« besagt »wie«, woraus sich
der Sinn ergibt, daß Yen und Zen »wie eins« sind. Fügt man den
anderen buddhistischen Grundbegriff von »fu-ni« hinzu, was soviel heißt wie »nicht-zwei«, dann ergibt sich als Aussage die »Wie-
eins-heit« oder »Nicht-zwei-heit« von Yen und Zen. Daß damit
keine Identität gemeint sein kann, liegt auf der Hand, aber auch
die so ausgedrückte Art der Verwandtschaft ist westlichem Denken wohl nur schwer verständlich.

Und doch besagt gerade dieser Ausdruck in kürzest möglicher
Form genau das, was das vorliegende Buch zu ergründen suchte:
daß nämlich Yen und Zen, Geld und Geist, Wirklichkeit und
Wahrheit aus denselben Wurzeln, aus demselben Urgrund stammen. »Alles Seiende geht auf Eines zurück«, sagt ein Zen-Wort,
an das sich koan-gemäß die Frage anschließt: »Worauf geht das
Eine zurück?« Nachdem die Lösung eines Koans mit Allgemein-
gültigkeit nicht möglich ist − wie oben gezeigt worden war −,
bleibe auch hier der Widerspruch ruhig stehen mit der Einladung
zur je individuellen Annäherung und Auflösung.

Jedenfalls sind Yen und Zen über den semantischen Gleich-
klang hinaus auch im Japan von heute nicht völlig getrennt voneinander vorstellbar, durchdringen sich vielmehr noch immer die
Welten von Geld und Geist im Nippon der Neuzeit, leben Japaner ungeschadet materiellen Wohlstandes aus und in der Gebun-
denheit ungebrochener kultureller Tradition und unbestrittener
Werteorientierung, wie an zahlreichen konkreten und persönlichen Beispielen, erlebt zuletzt im Jahre 1986, gezeigt werden
konnte.

Ob man dies für den uns nahen Westen und seine Wirtschaft
und Gesellschaft mit gleichem Recht so sagen könnte wie für den
fernen Osten, bleibt zumindest fraglich und könnte einen Hinweis
ergeben für das, was wir vom Beispiel Japans lernen könnten: die
Rückbesinnung auf und die Rückbindung an die grundlegenden

Werte und Inhalte unserer eigenen Tradition und Kultur, durchaus im Sinne der »religio«.

Die eigentliche Schlußfolgerung kann der Betroffene nur persönlich ziehen – den ihm eigenen Lebensumständen gemäß. Zengemäß sei ihm dazu ein westliches »Zen-Mondo« mit auf den Weg gegeben, das sich aus dem freien Spiel von Frage und Antwort ergab:

Was ist Zen?
Ein potenziert-potentieller Weg.
Was ist das?
Eine Lawine aufwärts.

Personenregister

Literaturverzeichnis

Allgemeine Titel zu Japan (Deutsch)

Abegglen, James C. und Stalk, George Jr.
Kaisha. Das Geheimnis des japanischen Erfolgs
Econ Verlag, Düsseldorf 1986

von Barloewen, Constantin und Werhahn-Mees, Kai (Herausgeber)
Japan und der Westen
3 Bände, Fischer Taschenbuch-Verlag, Frankfurt/Main 1986

von Dürckheim, Karlfried, Graf
Japan und die Kultur der Stille
O.W. Barth/Weilheim – 1971

Düser, Thorsten
Die Bedeutung der Unternehmenskultur für den Unternehmenserfolg –
dargestellt an ausgewählten japanischen Beispielen
(Diplomarbeit von der Hochschule St. Gallen für Wirtschafts- und Sozialwissenschaften, 1985)

Erlinghagen, Helmut
Japan – Ein »deutscher Japaner« über die Japaner
DVA-Stuttgart, 1974

Erlinghagen, Helmut
Japan – Eine Landeskunde
C.H. Beck – München 1979

Fürstenberg, Friedrich
Erfolgskonzepte der japanischen Unternehmensführung und was wir daraus lernen können
Verlag Moderne Industrie, 2. Auflage, Landsberg 1981

Gaul, Richard / Grunenberg, Nina / Jungblut, Michael
Japan-Report, Wirtschaftsriese Nippon – die sieben Geheimnisse des Erfolgs
Die Zeit / Goldmann-München, 1981

Gaugler, E. und Zander, E. (Herausgeber)
Haben uns die Japaner überholt?
Sauer-Heidelberg, 1981

Griepenkerl, Heiko
Von den Japanern lernen, Heyne-Buch Nr. 22/182,
Kompaktwissen, Wilhelm Heyne Verlag München, 1987

Hanau / Kimoto / Markmann / Tezuka
Die Arbeitswelt in Japan und in der Bundesrepublik Deutschland – ein
Vergleich
Lichterhand, Neuwied 1985

Hall, Edward T. und Mildred Reed
Verborgene Signale – Über den Umgang mit Japanern
Stern-Buch, Gruner + Jahr – Hamburg 1985

Heiduk, Günter (Herausgeber)
Japan als führende Wirtschaftsmacht in einem zukünftigen pazifischen
Weltwirtschaftszentrum
Momos Verlag, Baden-Baden 1985

Henrich, Dieter (Herausgeber)
All-Einheit. Wege eines Gedankens in Ost und West
Klett-Cotta, Stuttgart – 1985

Herold, R. (Herausgeber)
Das Industrieunternehmen in Japan;
OAG-Reihe Japan modern,
Erich Schmidt Verlag, Berlin 1986

Ichihara, Kiichi und Takamiya, Susumu
Die japanische Unternehmung
Opladen 1977

Institut für Asienkunde, Hamburg (Herausgeber)
Wirtschaftspartner Japan
(Redaktion: Manfred Pohl, Hans von Schaper)
3. verb. Auflage, Hamburg 1985

Kenko, Yoshida
Betrachtungen aus der Stille
Suhrkamp-Taschenbuch 1227, Frankfurt/Main 1985

Kraus, Willy
Die japanische Herausforderung; Fernöstliche Mentalität und Strategien
Duncker und Humblot, Berlin 1982

Kreibaum, Gerd
Warum sind die Japaner besser? Die Geheimnisse einer Wirtschaftsmacht
Langen-Müller/Herbig, München 1983

Maruyama, Masao
Denken in Japan
edition suhrkamp 1398, Frankfurt/Main 1986

de Mente, Boye
Japaner als Geschäftspartner
Krausskopf Verlag, Mainz 1964

Merz, Hans-Peter und Park, Sung-Jo
Japanisches Management
Express Edition, Berlin 1986

Morishima, Michio
Warum Japan so erfolgreich ist
C.H. Beck, München 1985

Morita, Akio (mit Reingold, Edwin M. und Shimomura, Mitsuko)
Made in Japan – The genius behind Sony – Eine Weltkarriere
Hestia, Bayreuth 1986

Morse, Edward S.
Das Haus im alten Japan
Papyrus, Hamburg 1983

Musashi, Miyamoto
Das Buch der fünf Ringe
Econ, Düsseldorf-Wien 1983

Nakane, Chie
Die Struktur der japanischen Gesellschaft
edition suhrkamp N.F. 204, Frankfurt/Main 1985

Nitobe, Inazo
Bushido – Die innere Kraft der Samurai
Ansata-Interlaken, 1985

Ohmae, Kenichi
Macht der Triade – Die neue Form weltweiten Wettbewerbs
Gabler, Wiesbaden 1985

Oguro, Tatsuo
Die rätselhafte Nation; Mentalität und Denkweise der Japaner
Poller, Stuttgart 1982

Pascale, R.T. und Athos, A.G.
Geheimnis und Kunst des japanischen Managements
Heyne, München 1983

Payne, David
Bekenntnisse eines Taoisten an der Wall Street (Roman)
Droemer/Knaur, München 1986

Pohl, Manfred (Herausgeber)
Japan
Thienemann, Stuttgart-Wien 1986

Schinzinger, Robert
Japanisches Denken – Der weltanschauliche Hintergrund des heutigen
Japan
Erich Schmidt-Verlag, Berlin und Bielefeld 1983

Schneidewind, Dieter
Kulturelle Rollen japanischer Unternehmungen
Deutsch-Japanische Gesellschaft, München 1979

Schwind, Martin
Japan – Die neue Mitte Ostasiens
Dietrich Reimer, Berlin 1986

Simon, Hermann (Herausgeber)
Markterfolg in Japan. Strategien zur Überwindung von Eintrittsbarrieren
Gabler, Wiesbaden 1986

Stucki, Lorenz
Japans Herzen denken anders
Scherz, Bern und München 1978; revidierte Neuausgabe 1984

Thompson, William I.
Die Pazifische Herausforderung. Re-Vision des politischen Denkens
Dianus-Trikont Verlag, München 1985, Goldmann Taschenbuch, 1986

Wilkinson, Endymion
Japan ist ganz anders. Geschichte eines großen Mißverständnisses
Königstein/Ts. 1982

Yoshikawa, Eiji
Musashi (Roman)
Droemer/Knaur, München 1984

Yoshino, M.Y.
Japans Management – Tradition im Fortschritt
Econ, Düsseldorf u. Wien 1970

Englischsprachige Literatur

Adams, T.F.M., Kobayashi, N.
The world of Japanese Business – An Authoritative Analysis
Kodansha International Ltd., Tokyo/New York/ San Francisco 1974

Benedict, Ruth
The Chrysanthemum and the Sword
Tokyo (1946), 1970

Blyth, R.H.
Haiku / In Four volumes
Hokuseido/Tokyo (1949), 1973

Condon, Jane
A Half Step Behind: Japanese Women of the '80 s
Dodd, Mead + Co., Tokyo, 1986

Hisamatsu, Shinichi
Zen and the Fine Arts
Kodansha International Ltd., Tokyo 1971

Hitachi, Ltd. (Personal + Education Department)
Introkuction to Hitachi and Modern Japan, Tokyo 1983

Humphreys, Christmas
A Western Approach to Zen – An Enquiry,
George Allen + Unwin Ltd., London 1971

Kawai, Mitsu
Business and Zen – A dialogue between Mumon Yamada and Isao Nakauchi,
Self edited, Kyoto

Kobayashi, Shigeru
Creative Management
AMA, New York 1971

Lee, Sang M. and Schwendimann, Gary
Japanese Management – Cultural and Environmental Considerations,
New York 1982

Low, Albert
Zen and Creative Management
Anchor Books/Doubleday, New York 1976

Lyons, Nick
The Sony Vision
New York 1976

Nippon Steel Corporation (edit.)
Nippon – The land and its people
Gakuseisha Publishing Co. Ltd., Japan – 1982/1985

Norbury, Paul (edit.)
Introducing Japan
St. Martins Press – New York 1978

Roth, Martin and Stevens, John
Zen Guide − Where to meditate in Japan
Weatherhill, New York − Tokyo 1985

Sansom, George B.
Japan. A Short Cultural History
rev. ed. New York 1962

Seward, Jack and van Zandt, Howard
Japan: The hungry guest − Japanese Business Ethics vs. those of the
U.S.
Lotus Press, Tokyo 1985

Sony Corporation
Genryu Sony Challange 1946 − 1968
Sony 40th Anniversary − 1986
Tokyo 1986

Suzuki, Daisetz Teitaro
The Training of the Zen-Buddhist-Monk
Wingbow Press, Berkeley 1974

Yamada, Koun
Gateless Gate
Center Publications, Los Angeles 1979

Ausgewählte Zen-Literatur

Awakawa, Yasuichi
Die Malerei des Zen-Buddhismus. Pinselstriche des Unendlichen
Wien/München 1970

Bi-Yän-Lu (Wilhelm Gundert)
Niederschrift von der Smaragdenen Felswand
Carl Hauser/München, 3 Bände, 1964 − 1973

Bassho
Auf schmalen Pfaden durchs Hinterland
Dietrich, Mainz 1985

Deshimaru-Roshi, Taisen
Satori Hier und Jetzt − Yoka Daishis »Shodoka«
Kristkeitz, Berlin 1982

Dogen, Zenji
Shobogenzo − Die Schatzkammer der Erkenntnis des wahren Dharma
Theseus-Zürich, Band 1: 1977, Band 2: 1983

220

Dumoulin, Heinrich (edit.)
Mumonkan – Die Schranke ohne Tor
Grünewald, Mainz 1975

Dumoulin, Heinrich
Der Erleuchtungsweg des Zen im Buddhismus
Fischer Taschenbuch, Frankfurt/Main 1976

Dumoulin, Heinrich
Zen – Geschichte und Gestalt
Francke, Bern 1959

Dumoulin, Heinrich
Geschichte des Zen-Buddhismus
Band I: Indien und China, Band II.: Japan
Francke, Bern 1983/86

Fromm, Erich / Suzuki, Daisetz Teitaro / de Martino, Richard
Zen-Buddhismus und Psychoanalyse
Suhrkamp Taschenbuch, Frankfurt/Main 1974

Groening, Lies
Die lautlose Stimme der einen Hand – Zen-Erfahrungen in einem japa-
nischen Kloster
Econ, Düsseldorf 1983

Hasumi, Toshimitsu
Zen in der japanischen Dichtung
O.W. Barth, Weilheim 1961

Hasumi, Toshimitsu
Zen in der japanischen Kunst – Ein Weg geistiger Erfahrung
O.W. Barth, München 1960

Herrigel, Gusty L.
Zen in der Kunst der Blumenzeremonie
O.W. Barth/Scherz – 2. Auflage, 1985

Herrigel, Eugen
Zen in der Kunst des Bogenschießens
O.W. Barth, Weilheim – 9. Auflage 1960

Hisamatsu, Hoseki Shinichi
Die Fülle des Nichts – Vom Wesen des Zen
Neske, Pfullingen 1975

Hisamatsu, Hoseki Shinichi
Die fünf Stände von Zen-Meister Tosan Ryokai – Strukturanalyse des
Erwachens
Neske Pfullingen 1980

Hooykaas, Else Madelon und Schierbeek, Bert
Za-Zen
O.W. Barth, Weilheim 1972

Hungerleider, Fritz
Das Zen-Seminar; Ein Leitfaden für Übende und Lehrer
Herder, Wien 1976

Inahata, Teiko
Erste Haiku-Schritte — Eine Fibel
Günther Klinge — Haiku-Verlag, München 1986

Issa
Die letzten Tage meines Vaters
Dietrich, Mainz 1985

Kapleau, Philip
Die drei Pfeiler des Zen, Lehre — Übung — Erleuchtung
Rascher, Zürich u. Stuttgart 1969

Klinge, Günther
Ikarusträume / Deutsche Haiku
Nagata-Verlag, Tokyo 1986

Krusche, Dietrich
Haiku. Bedingungen einer lyrischen Gattung
Tübingen/Basel 1970

Lassalle-Enomiya, Hugo M.
Zen-Weg zur Erleuchtung
Herder, Wien 1969

Lassalle-Enomiya, Hugo M.
Zen-Buddhismus
Bachem, Köln 1972

Lassalle.Enomiya, Hugo M.
Wohin geht der Mensch?
Benziger, Zürich, Einsiedeln, Köln 1981

Lassalle-Enomiya, Hugo M.
Leben im neuen Bewußtsein
Kisel, München 1986

Nagaya-Roshi, Tetsuo Kiichi
Tuschspuren — Bokuseki
Theseus, Zürich 1985

Ohasama-Faust
Zen – Der lebendige Buddhismus in Japan
Gotha, Stuttgart 1925

Okakura, Kakuzo
Das Buch vom Tee
Frankfurt 1966

Oshima, Yoshiko
Zen – Anders Denken? Zugleich ein Versuch über Zen und Heidegger
Lambert Schneider, Heidelberg 1985

Shibayama, Zenkei
Zu den Quellen des Zen
O.W. Barth – 1976

Stachel, Günter (Herausgeber)
Munen Muso – Ungegenständliche Meditation (Festschrit zum 80. Geburtstag H.M.E. Lassalle)
Matthias Grünewald, Mainz 1978

Stürmer, Ernst
Zen – Zauber oder Zucht?
Herder, Wien 1973

Suzuki, Daisetz Teitaro
Zen und die Kultur Japans
Rowohlt, Hamburg 1958 – 1972

Uchiyama-Roshi, Kosho
Weg zum Selbst – Zen-Wirklichkeit
O.W. Barth, Weilheim 1973

Viallet, Francois Albert
Zen – Weg zum Andern
O.W. Barth, Weilheim 1972